Die Gründung des modernen japanischen Staates und das deutsche Staatsrecht

Der Beitrag Hermann Roeslers

Von

Johannes Siemes

Professor an der Sophia-Universität, Tokyo

DUNCKER & HUMBLOT / BERLIN

Gedruckt 1975 bei Buchdruckerei Bruno Luck, Berlin 65
Printed in Germany
ISBN 3 428 03221 7

Inhalt

Einleitung

Die Gründung des modernen japanischen Staates in den achtziger Jahren des vorigen Jahrhunderts beruht wesentlich auf der Übernahme des deutschen Staatsrechts. Das ist der deutschen Japanologie und Rechtswissenschaft im allgemeinen bekannt. Aber wie diese Übernahme sich im einzelnen vollzog und daß der Hauptvermittler der deutschen staatsrechtlichen Ideen an die leitenden Männer des Meijistaates der Regierungsberater Hermann Roesler war, ist selbst bei Fachmännern der Geschichte der deutsch-japanischen Beziehungen kaum bekannt. Das Studium seines Werkes in Japan gewährt einen Blick in die innerste Werkstatt, in der das moderne japanische Staatswesen geschmiedet wurde.

In Enzyklopädien, die einen Artikel über Roesler enthalten, kann man etwa lesen: „1879 folgte er einem Rufe der japanischen Regierung in das Kaiserliche Auswärtige Amt nach Tokyo. Seine Aufgabe war es, das dortige Staatswesen einschließlich der Justiz nach europäischem Vorbilde neu einzurichten[1].“ Was er in Japan geleistet hat, weiß man nicht. In Büchern, die über die deutsch-japanischen Kulturbeziehungen handeln, wird er gelegentlich kurz erwähnt als Ratgeber der Meiji-Regierung und als Verfasser des ersten modernen Handelsrechts Japans[2]. Aber zu den bekannten Figuren in der Geschichte der deutsch-japanischen Beziehungen gehört er nicht. Andere Regierungsberater, wie etwa Albert Mosse und Paul Mayet, haben eine weit größere Beachtung gefunden, um vom Ruhm eines Erwin Bälz und Jacob Meckel ganz zu schweigen.

Was sein Wirken der Kenntnis der Öffentlichkeit entzog, war gerade die Tatsache, daß er der intime Berater der leitenden Staatsmänner in den entscheidenden Jahren der Meijiära war und daß er an den wichtigsten Staatsangelegenheiten, insbesondere am Entwurf der Meiji-Verfassung, maßgebend beteiligt war. Diese Dinge aber wurden in Japan als Staatsgeheimnis behandelt. Es ist bekannt, daß Fürst Ito, der als Schöpfer der Meiji-Verfassung gilt, sich stets nur sehr zurückhaltend

---

[1] Handwörterbuch der Staatswissenschaften, 4. Aufl. Bd. VII (1926). Der Artikel „Roesler“ in Staatslexikon 6. Aufl. Bd. VI stützt sich schon auf meine neuen Forschungen.

[2] Otto Schmiedel, Die Deutschen in Japan, Leipzig 1920; Kurt Meissner, Deutsche in Japan, Stuttgart 1940.

und im allgemeinen über den Entstehungsgang der Verfassung ausgesprochen hat. Er war der Ansicht, daß die Verfassung, die als Geschenk des Kaisers an sein Volk betrachtet wurde, in den Augen des Volkes an Ansehen verlieren würde, wenn der menschliche Hergang ihrer Entstehung bekannt würde. Und so haben auch die engen Mitarbeiter Itos am Verfassungswerk und auch Roesler selbst das Geheimnis bis zu ihrem Tode bewahrt. Als dann in den dreißiger Jahren die schriftliche Hinterlassenschaft Itos und seiner Mitarbeiter allmählich der Forschung zugänglich wurde und aus den verstaubten Dokumenten der Geheimarchive das Bild der Mitarbeit Roeslers am Neubau Japans immer klarer und überwältigender hervortrat, da war die Geschichte bereits über sein Werk hinweggeschritten. Die Meiji-Verfassung war durch die herrschende Diktatur des Militärs bereits innerlich ausgehölt und ging mit der Niederlage Japans im Krieg ganz unter. Auf Grund der neuerschlossenen Quellen schrieb Yasuzo Susuki 1941 die erste umfassende Darstellung der Tätigkeit Roeslers in Japan[3]. Über den engen Kreis der japanischen Fachgelehrten hinaus ist sie kaum bekannt geworden. Japan stand im pazifischen Krieg, und dem Gedenken eines Ausländers, der die Meiji-Verfassung gemacht hatte, war die Zeit nicht günstig.

Nach dem Kriege schaute man auf die Meiji-Verfassung mit neuen, kritischen Augen. Die undemokratische Meiji-Verfassung schien jetzt mitverantwortlich für die verhängnisvolle politische Entwicklung, die zur Gewaltherrschaft des Militärs und zum unglücklichen pazifischen Kriege führte. Roesler, der an den antidemokratischen Tendenzen der Verfassung so entschiedenen Anteil hat, wurde ein Mitschuldiger der unglücklichen Entwicklung. Sein Werk für den Neubau Japans wurde jetzt eifrig studiert, aber Mißverständnis und ideologische Kritik verhinderten eine wahre Anerkennung seiner Leistung. Es fehlt in Japan vor allem die Kenntnis der soziologisch-juristischen Ideen, die er vor seinem Kommen nach Japan in seinen deutschen Schriften ausgearbeitet hat und die Grundlage seiner den japanischen Staatsmännern erteilten Lehren sind. Ohne Kenntnis dieser Ideen muß das Eigentliche, was er in Japan gewollt hat, unverstanden bleiben.

Man kann wohl sagen, daß von den Nichtjapanern, die am Aufbau des modernen Japans beteiligt waren, Roesler, der die entscheidenste Rolle darin gespielt hat, was seine eigentlichen Ideen angeht, der am wenigsten bekannte ist.

Hirobumi Ito schreibt in einem Brief aus Berlin vom 27. Aug. 1882, unmittelbar nach seiner Begegnung mit dem preußischen Staatsrechtler Rudolf von Gneist, an den damaligen Justizminister Akira Yamada:

---

[3] Y. Suzuki, Hermann Roesler und die Japanische Verfassung, in: Monumenta Nipponica (Tokyo) Vol. IV (1941) S. 53 ff., 428 ff., Vol. V (1942) S. 63 ff.

„Ich habe in Erfahrung gebracht, daß Roesler zur Freiheit hinneigt. Er ist ein Gegner Preußens." Das sollte einen stutzig machen, Roesler einfach als einen Verfechter der preußischen Staatsidee zu betrachten. Wenn man aber dann dem Leben Roeslers nachforscht, seinem wissenschaftlichen Lebenslauf nachgeht und sich in die großen wissenschaftlichen Werke, die er vor seinem Kommen nach Japan in Deutschland veröffentlicht hat, vertieft und aus ihnen die Grundlagen seines Denkens kennenlernt, dann liest man seine „konservativen" Gutachten für die Meijiregierung in einem neuen Licht. Man sieht sich gezwungen, die stets wiederholte These, daß er nichts weiter als ein Exponent des reaktionären preußischen Staatsrechts war, einer fundamentalen Kritik zu unterziehen.

Das Vergessen und Verkennen Roeslers läßt sich heute nicht mehr entschuldigen. In Deutschland haben die Forschungen Anton Rauschers und Heribert Roeskens die grundlegenden Ideen, die er in seinen großen wissenschaftlichen Werken entfaltete, aufgehellt und eine Wiederbesinnung auf sein geistiges Erbe eingeleitet[4]. Auf Grund der Kenntnis seines deutschen Werkes läßt sich heute aus dem reichhaltigen Material, welches die japanische Forschung über sein Werk in Japan zusammengetragen hat, ein neues, umfassenderes und tieferes Gesamtbild desselben zeichnen.

Über die Quellen, aus denen meine Darstellung schöpft, bemerke ich: Außer den Forschungen Rauschers und Roeskens über das wissenschaftliche Werk Roeslers in Deutschland, sind die Hauptquelle die hinterlassenen Papiere der Staatsmänner und Beamten, mit denen Roesler in Japan zusammengearbeitet hat. Die erste Stelle darunter nehmen ein die Papiere des Fürsten Itos und seiner engen Mitarbeiter Kowashi Inoue und Miyoji Ito[5].

[4] Anton Rauscher, Die soziale Rechtsidee und die Überwindung des wirtschaftsliberalen Denkens, Hermann Roesler und sein Beitrag zum Verständnis von Wirtschaft und Gesellschaft, München - Paderborn - Wien 1969, und Heribert Roeskens, Das soziale Verwaltungsrecht H. Roeslers (im Manuskript vorliegend, wird 1975 veröffentlicht).

[5] Mit Ausnahme des literarischen Nachlasses Kowashi Inoue's, der sich in der Bibliothek der Kokugakuin-Universität Tokyo befindet, sind die meisten dieser Papiere heute gesammelt in der Kokkai toshokan (National Library of Japan) Abteilung Kensei shiryo-shitsu (Materialien zur Verfassungsgeschichte). Die meisten Papiere Hirobumi Ito's wurden veröffentlicht in der 27-bändigen Sammlung Ito Hirobumi-den Hisho ruisan (Tokyo 1933 - 36) und dem 3-bändigen Ito Hirobumi-den, ed. Shumpokōtsuishō-kai (Tokyo 1940). Alle Dokumente, die sich auf die Entstehung der Meiji-Verfassung beziehen, sind aufgenommen in das 2-bändige Standard-Werk Masatsugi Imada's Meiji kempo seritsushi (Entstehung der Meiji-Verfassung) (Tokyo 1960 - 62). Ich zitiere diese Dokumente nach Inada. Von den japanischen Quellen meiner Darstellung nenne ich nur die wichtigsten direkt. Die übrigen verzeichnet mein japanisches Buch „Nihon Kokka no kindai-ka to Roesler" (Die Modernisierung des japanischen Staates und Roesler) (Tokyo 1970), auf das ich unter Zeichen JR verweise.

Einen Umriß des Lebens Roeslers gibt der ungezeichnete Nekrolog, der am 20. Dezember 1894 in der Wiener konservativen Wochenschrift „Vaterland“ erschien. Der Nekrolog ist nach Mitteilungen der Gemahlin Roeslers von einem Freund der Familie, Freiherrn Paul von Biegeleben, verfaßt. Er wurde der Vormund der unmündigen Kinder Roeslers und war ein Bruder des mit Roesler befreundeten österreich-ungarischen Gesandten in Tokyo, Freiherrn Rüdiger von Biegeleben. In dem Nekrolog sind einige außenpolitische Angelegenheiten, an denen Roesler in Japan beteiligt war, ungenau gekennzeichnet.

Es lagen mir ferner vor „Erinnerungen an Prof. Hermann Roesler“, die von seiner Tochter, Frau Elisabeth Borell-Roesler († 1962) in den Jahren 1939 - 40 niedergeschrieben wurden. Sie enthalten das, woran sich die Gemahlin Roeslers († 1921) und die Tochter Elisabeth aus der Zeit, wo sie mit Roesler in Tokyo lebten, erinnern. Diese Erinnerungen, lange nach den Ereignissen aufgezeichnet, sind nicht absolut zuverlässig, aber sie geben doch wertvolle Informationen über den Charakter, das persönliche und Familienleben, den geselligen Umgang Roeslers und einiges auch über seine berufliche Tätigkeit.

Andere Quellen sind im Fortgang dieses Buches angegeben.

Erstes Kapitel

Roeslers wissenschaftliches Werk in Deutschland

Karl Friedrich Hermann Roesler[1] wurde am 18. Dezember 1834 als einziger Sohn des bayerischen Appellationsgerichtsadvokaten Karl Christof Roesler zu Lauf an der Pegnitz in Mittelfranken geboren. Mittelfranken war seit 1806 bayrisches Staatsgebiet. Unter seinen Ahnen und Verwandten väterlicher- und mütterlicherseits finden sich eine Reihe bedeutender Pastoren und Gelehrte. In der Familie herrschte ein streng religiös-lutherischer Geist, und Roesler verdankt seine das ganze Leben durchgehaltene lebendige Religiösität diesem Familiengeist. Mit sechs Jahren verlor er seinen Vater, und er hatte in der Jugend manche Entbehrungen zu ertragen. Nach Absolvierung des Melanchthon-Gymnasiums in Nürnberg studierte er von 1852 - 56 an den Universitäten Erlangen und München Rechts- und Staatswissenschaften. Er hatte ausgezeichnete Lehrer: In Erlangen A. Brinz für das römische Recht und G. H. Gengler, den Führer der Schule für das germanische Recht; in München J. C. Bluntschli und J. Poezl für das Staatsrecht und W. Hermann für Volkswirtschaft. Seine ausgedehnte Kenntnis des römischen und germanischen Rechts und ihrer Geschichte, die er in seinen späteren Schriften verrät, und seine Aufgeschlossenheit für die Verbindung des Rechts mit der Wirtschaft und dem Sozialleben verdankt er diesen Lehrern. Nach Bestehen des 1. juristischen Staatsexamens cum laude war er eine Zeitlang bei den Gerichten in Hersford und Nürnberg und beim Sekretariat des Gesetzgebungsausschusses der bayrischen Kammer in München tätig. Das bayrische Richter-Examen bestand er mit der Note I. Es drängte ihn aber zur akademischen Laufbahn, und zwar auf dem Gebiet der Staatswissenschaften. 1866 erwarb er sich in Er-

[1] Ich gebe nur einen Abriß des wissenschaftlichen Werks R's in Deutschland, wobei ich diejenigen seiner Ideen hervorhebe, die auch in seinem Wirken in Japan hervortreten. Eine ausführliche Darstellung seiner volkswirtschaftlichen Ideen gibt A. Rauscher (siehe Einleitung Anm. 4). Seinen Beitrag zur deutschen Verwaltungsrechtwissenschaft behandelt H. Roeskens (siehe ebenda). Rauscher schildert ausführlich den äußeren Lebensweg, den geistigen Werdegang und die Gelehrtenlaufbahn R's; er gibt auch eine vollständige Bibliographie der literarischen Werke R's, die ich mit seiner Erlaubnis am Schluß ds. Buches beifüge. Ich stütze mich im 1. Kap. auf die kompetenten Forschungen Rauschers und Roeskens.

In Zitaten aus älterer Zeit folge ich der heutigen deutschen Rechtschreibung.

langen mit der Dissertation „Über die rechtliche Natur des Vermögens der Handelsgesellschaften“ den Doktor beider Rechte. Noch im gleichen Jahr legte er der staatswirtschaftlichen Fakultät der Tübinger Universität eine Dissertation „Über den Wert der Arbeit“ vor und erlangte mit Auszeichnung den Doktor der Staatswirtschaft. Ohne sich eine Atempause zu gönnen, steuerte Roesler sein Habilitation in den Staatswissenschaften an. Die Staatswissenschaften gehörten an der Universität Erlangen zur philosophischen Fakultät. Dieser Fakultät legte er die Habilitationsschrift „Von dem Einfluß der Besteuerung auf den Arbeitslohn“ vor. Am 27. März 1861 wurde er, ohne daß man eine eigene philosophische Promotion von ihm forderte, von der Fakultät als Privatdozent anerkannt und begann im Sommersemester 1861 Vorlesungen über Kameralwissenschaften. Schon im August erging an ihn ein Ruf zum ordentlichen Professor der Staatswissenschaften an der philosophischen Fakultät der Universität Rostock. Die Fakultät verlieh ihrem neuen Mitglied den philosophischen Ehrendoktor. Im Herbst 1861 begann Roesler seine Vorlesungen an der Rostocker Universität. Er war damals noch nicht 27 Jahre alt.

Roesler las in Rostock Kameralwissenschaft, Finanzwissenschaft, Statistik und Volkswirtschaft. Die Universität Rostock, im äußersten Norden Deutschlands an der Ostsee gelegen, hatte einen guten wissenschaftlichen Ruf, aber sie war die kleinste Universität Deutschlands. Zahlreiche Hörer hat Roesler dort nicht gehabt. Desto mehr Zeit blieb ihm für wissenschaftliche Arbeiten.

Die gesellschaftliche Ordnung der Wirtschaft

Die deutsche Nationalökonomie folgte damals im Grunde der klassischen Nationalökonomie englischen Ursprungs, wenn sie auch im einzelnen mannigfache Bedenken dagegen erhob. Roesler fühlte bald, daß ihre Aussetzungen an den Gedanken Adam Smiths und seiner Nachfolger nicht tief genug gingen. In seinem „Über die Grundlehren der von Adam Smith begründeten Volkswirtschaftstheorie“ (Erlangen 1868, ganz neu bearbeitete 2. A. 1871, fortan zitiert: Volkswirtsch.) legte er eine ganz neue Auffassung der Wirtschaft vor.

Er untersucht die Grundlehren der klassischen Nationalökonomie, wie sie von Smith, Ricardo, Say, J. St. Mill u. a. entwickelt wurden, und sucht zu zeigen, daß sie die Grundstruktur der Wirtschaft verfehlen, weil sie die Wirtschaftsgesetze zu Naturgesetzen machen und übersehen, daß die Wirtschaft durch geschichtliche gesellschaftliche Rechtsverhältnisse oder „soziale Lebensgesetze“ bestimmt ist. Roesler bekämpft nicht die praktischen Lehren des Smithianismus, also die Befreiung der Wirtschaft von Staatsbevormundung, die Gewerbefreiheit, den Freihandel usw. Er wendet sich gegen die theoretischen Lehrsätze, die man daraus machte, und die falschen Konsequenzen, die man daraus zog.

Nach Adam Smith verläuft das Wirtschaftsgeschehen nach eigenen Gesetzen, die in der abstrakt gefaßten Natur des nur auf seinen Profit bedachten homo oeconomicus begründet sind. Demgegenüber zeigt Roesler, daß die Wirtschaft nicht primär bestimmt ist durch das Marktgeschehen, durch Angebot und Nachfrage usw., sondern durch die sozialen Lebensverhältnisse der Menschen, die eine feste rechtliche Gestalt annehmen. So ist z. B. die Marktwirtschaft konstituiert durch die geschichtlich sich entwickelnde Rechtsordnung der Marktfreiheit. Und diese ist ein Ausfluß des „sozialen Rechts". Das „soziale Recht" als Strukturelement, Form und Wesensnorm des gesellschaftlichen Lebens ist der Zentralbegriff im wissenschaftlichen Denken Roeslers. In ihm liegt die primäre Gesetzmäßigkeit des wirtschaftlichen Lebens.

Ich gebe zunächst eine allgemeine Charakteristik des Roeslerschen sozialen Gesetzes. Die sozial-rechtliche Organisation der Wirtschaft besteht bei Roesler keineswegs in erster Linie in den positiven Staatsgesetzen über wirtschaftliche Dinge. Das soziale Recht ist grundlegend eine den Staatsgesetzen vorausliegende und sie begründende dynamische Erscheinung des gesellschaftlichen Kulturlebens. Es offenbart sich in der geschichtlich geprägten Tendenz zur Kooperation für Kulturzwecke, insofern dieser auf Grund der geistigen Freiheitsbestimmung des Menschen eine rechtliche Norm zur Gestaltung der Kulturverhältnisse innewohnt. Die geistige Freiheitsbestimmung ist die sittliche Vollendung des Menschen, die letztlich, metaphysisch betrachtet, auf die Vereinigung des Menschen mit Gott hinzielt. Das Ziel der in gemeinsamer Kulturarbeit zu verwirklichenden sittlichen Freiheit ist der eigentliche Geltungsgrund des sozialen Rechts, während die mannigfaltige Kooperation für Kulturzwecke den materiellen Inhalt bildet, der auf Grund der geistigen Freiheitsbestimmung gestaltet ist oder gestaltet werden muß. Die Kulturzwecke der Kooperation versteht Roesler als solche, welche die Sphäre des Einzeldaseins (einschließlich Familie) und des Staates übersteigen. Das soziale Recht der Kooperation für gemeinsame Kulturzwecke bindet die persönliche Freiheit an das Zusammenwirken mit anderen in der Weise, daß das Zusammenwirken der Realisationsmodus der Freiheit ist.

Das soziale Recht hat eine sittliche Wurzel, insofern es aus der sittlichen Freiheitsbestimmung des Menschen fließt. Aber es ist mehr als rein sittliche Norm; es ist wirkliches Recht, wenn auch am Anfang der Kooperation nur erst materielles, noch nicht formelles Recht. Das soziale Recht ist eine geschichtliche Erscheinung. Es tritt erst mit einer bestimmten Kulturepoche hervor, weil es an einem entwickelten Stand des Zusammenwirkens für Kulturzwecke, den Roesler den der „freien Gesellschaft" nennt, haftet und das dieses Zusammenwirken gestaltende Freiheitsbewußtsein erst in neuerer Zeit zur vollen Entfaltung kommt[2].

Der konkrete Inhalt der das Wirtschaftsleben beherrschenden sozialen Gesetzmäßigkeit ergibt sich aus einer Analyse der wirtschaftlichen Erscheinungen unter Berücksichtigung ihres geschichtlichen Werdens und in Hinblick auf die Gesellschaftlichkeit und Freiheitsbestimmung des Menschen. Roesler hat seine sozial-rechtliche Betrachtung der Wirtschaft, mit der er in seinem Smith-Buch in Neuland vorstieß, in der Abhandlung „Über die Gesetzmäßigkeit der volkswirtschaftlichen Erscheinungen" (1875) und dem Buch „Vorlesungen über Volkswirtschaft" (1878) weiter ausgebaut. Eine Klarstellung und wesentliche Vertiefung seiner Lehre findet sich in der Abhandlung „Die alte und die neue Nationalökonomie" (1876). (Die drei Schriften sind im Folgenden zitiert: Gesetzm., Vorles., Nationalök.) Roesler bietet in seinem Smith-Buch und diesen drei nachfolgenden Schriften, zusammengenommen, ein ganzes System der Volkswirtschaft, das die Herausarbeitung der sozial-rechtlichen Struktur aller Grundphänomene der Wirtschaft zum Thema hat[3].

Grundlegend für die richtige Auffassung der modernen Wirtschaft ist nach Roesler die Bestimmung des Wesens der Produktion und der Rolle von Kapital und Arbeit in der Produktion. Produktion ist Herrschaft über die Natur, durch welche die Natur den Zwecken des menschlichen Lebens dienstbar gemacht wird. Kapital ist der produktive Besitz, der durch Einsatz der Arbeit die Produktion von Gütern realisiert. Die Produktion besteht wesensgemäß im Zusammenwirken von Kapital und Arbeit, wobei dem Kapital die Leitung und Organisation der Produktion, der Arbeit die Ausführung der Produktion zukommt. Ohne Leitung der Arbeit durch Kapital, die natürlich einschließt, daß das Produkt der Arbeit dem Kapitalbesitzer als Eigentum gehört, zerrinnt die Arbeit ohne Ergebnis. Ohne Eigentum keine Pro-

---

[2] Zum Ganzen der Rechtsauffassung R's. siehe Volksw. Kap. I: Die Wirtschaftsgesetze im Allgemeinen, darüber Rauscher, S. 211 ff.; Roesler, Das soziale Verwaltungsrecht I, bes. 13 - 17; S. 34 ff. ds. Buches.

[3] 1. Über die Grundlehren der von Adam Smith begründeten Volkswirtschaftstheorie, 2. Aufl., Erlangen 1871, zitiert: Volkswirtsch.

2. Über die Gesetzmäßigkeit der volkswirtschaftlichen Erscheinungen, in: Annalen des Deutschen Reichs für Gesetzgebung, Verwaltung und Statistik, Bd. 8 (1875) 1 ff., zitiert: Gesetzm.

3. Die alte und die neue Nationalökonomie, in: Grünhuts Ztschr. für das Privat- und öffentliche Recht der Gegenwart, Bd. 3 (1876) 227 ff., zitiert: Nationalök.

4. Vorlesungen über Volkswirtschaft, Erlangen 1878, zitiert: Vorles.

duktion. Selbst in einem kommunistischen Gemeinwesen ohne Privateigentum müßte die Arbeit nach dem Willen des Kollektivbesitzes organisiert werden, „Die dienstliche Stellung der Arbeit wäre genau dieselbe, nur wäre mit dem Privateigentum ein Hauptfundament der persönlichen Freiheit der Gesellschaft entzogen und es wäre unmöglich, daß dann der soziale Zustand der arbeitenden Klasse mehr Freiheit enthalte als beim Bestand des Privateigentums" (Volkswirtsch. 101).

Um diese Thesen Roeslers voll zu verstehen, muß man sich vor Augen halten, was Roesler den „gesellschaftlichen Charakter" von Kapital und Arbeit nennt. Der Besitz und vor allem der produktive Besitz, das Kapital, ist mehr als ein Privatrecht des Einzelnen für private Zwecke. Der Besitz hat wesentlich eine gesellschaftliche Natur und gesellschaftliche Zwecke. Soll der Besitz eine wirksame Herrschaft über die Natur hervorbringen, müssen die Besitzer in der Bewirtschaftung ihres Besitzes nach gleichen Grundsätzen für gleiche Ziele zusammenarbeiten. Die Eigentums- und Vermögensrechte der Einzelnen findet erst auf dem Boden der gesellschaftlichen Beherrschung der Natur ihre reale Verwirklichung. Durch die notwendige Kooperation wird der Besitz zu einer gesellschaftlichen Macht für gesellschaftliche Kulturzwecke. Dieser gesellschaftliche Charakter des Besitzes ist die eigentliche Quelle seiner Legitimität. „Jeder einzelne Besitzer ist durch seine wirtschaftlichen Funktionen in Bezug auf die Natur und auf die Arbeit ein Organ der Gesellschaft, durch jeden Besitzer wird in allen Fällen der Wirtschaftsführung eine Macht ausgeübt, die von der Gesamtheit herstammt und deren Zwecken dient, wenn auch die äußere Form vielfach nur den Anschein eines Privatwillens ergibt ... Wenn daher auch formell die Einzelnen Besitzer, so ist doch der Besitz immer eine kollektive Gewalt, d. h. eine Gewalt, welche durch die Macht des Zusammenschlusses erzeugt wird." (Vorles. 72).

Der gesellschaftlichen Macht des Kapitals steht die gesellschaftliche Organisation der Arbeit gegenüber. Die Arbeit ist gesellschaftliche Arbeit durch die vom Besitz organisierte Arbeitsteilung, durch die die Arbeitsleistungen der einzelnen Arbeiter, sich einander gegenseitig bedingend und von einander abhängend, über das ganze Feld der Wirtschaft ineinandergreifen. Zur Arbeit gehören die sogenannten Produktionsmittel. Sie, die Smith das Kapital nennt, sind nicht ein Produktionsfaktor, der selbständig neben der Arbeit steht, sie sind eine Stufe in der Arbeitsteilung, d. h. sie fungieren in der Produktion als angesammelte Arbeit, die eine Kette vorangehender arbeitsteiliger Arbeiten voraussetzt und durch weitere Arbeit zu einem neuen Produkt vollendet wird. So steht auf der einen Seite die unendlich abgestufte und verzweigte Arbeit, auf der anderen Seite eine einheitliche Vermögensmacht, welche jenes Arbeitssystem in Bewegung setzt und in Zusammenhang bringt. Beide, Kapital und Arbeit, dienen demselben hohen Ziel, aber auf verschiedene Weise: Der Besitz repräsentiert die rechtliche, die Arbeit die technische Beherrschung der Natur, zunächst für die Zwecke des Erwerbs, aber letztlich für das Ziel der geistigen Kulturentfaltung.

Die Betrachtung der geschichtlichen Entwicklung der Wirtschaft lehrt die gesellschaftlich-rechtliche Organisation der Wirtschaft.

„Der Grundgedanke der neuen Nationalökonomie [R.s.] ist, daß — von Robinsonaden abgesehen — der einzelne Mensch nicht für sich allein die Natur beherrschen kann, sondern nur als Glied einer Gemeinschaft, daß er daher die Gesetzmäßigkeiten seiner wirtschaftlichen Handlungen nicht in seiner Person, sondern nur in der Ordnung der Gemeinschaft findet, welcher er angehört. Die menschliche Gemeinschaft aber ist durch das ständige Aufeinanderwirken aller menschlichen Kräfte einer ununterbrochenen Entwicklung in immer weiteren Kreisen unterworfen. Sieht man von dem Unwesentlichen und Zufälligen ab, so ist die Wirtschaftsordnung zunächst Familienordnung, dann Gemeindeordnung, ferner Stammes-, Staats- und Gesellschaftsordnung. Unter diesen sind es bis jetzt besonders der Stammes- und Staatsverband, welche als höhere und universell bestimmende Ordnungen über den niedrigen schweben und sie zur praktischen Einheit im Völkerleben verbinden. Alle die Ordnungen, als kombinierte Wirkungen elementärer menschlichen Kräfte, schichten sich im Laufe der Geschichte übereinander, bestimmen und modifizieren sich gegenseitig und ergeben den Grundstoff für die wissenschaftliche Betrachtung der Volkswirtschaft. In allem tritt uns das Grundverhältnis der Wirtschaft, das Verhältnis zwischen Besitz und Arbeit, in bestimmter, durchaus nicht willkürlicher und zufälliger Erscheinung entgegen. Stets befindet sich der Besitz in fester Verfassung, welche zugleich eine entsprechende Staatsverfassung bedingt, und die Arbeit in einem bestimmten Rechtszustand als Gegenstück der rechtlichen Konstitution des Besitzes. *In diesen Institutionen der menschlichen Gemeinschaft, welche notwendig einen Rechtscharakter haben und bisher von der festen Hand der Staatsgewalt zusammengehalten wurden, liegt die Gesetzmäßigkeit der Volkswirtschaft, und nicht in den Gewinntendenzen der Einzelnen, welche ohne solchen festen Anhalt wie Rauch in's Weite, zerfließen würde;* gerade so wie die Gesetzmäßigkeit des Gehens und Laufens in dem Knochenbau der Tiere und in dem organischen Zusammenhang ihrer Glieder liegt, und nicht in der Absicht zu gehen oder zu laufen. Dieser festen Gliederung gemäß verzweigen sich sodann die wirtschaftlichen Tätigkeiten und Zustände im Einzelnen, Produktion und Verkehr, Natural- und Geldwirtschaft, mit innerer Notwendigkeit, so daß in ihnen allen ein geschichtlich gegebener Gemeinschafts- und Entwicklungszustand sich ausprägt und durch alles Detail des Lebens sich vollzieht. Diese klare und überwältigende Gesetzmäßigkeit glaube ich in meiner vorhin erwähnten Abhandlung „Über die Gesetzmäßigkeit der volkswirtschaftlichen Erscheinungen“ nach den verschiedenen Hauptseiten des Erwerbslebens überzeugend nachgewiesen zu haben.

Es kann daher durchaus nicht die Aufgabe der Wissenschaft sein, die Gesetze der Volkswirtschaft nach einem gewissen idealen Zweck, dem sie dienen sollen, formulieren zu wollen ... gleichviel worin man jenen Zweck suchen mag, ob in Genuß und Reichtum [Smith usw.] oder in Gleichheit

[Sozialisten] oder verteilender Gerechtigkeit [Schmoller]. Das ist eben das Unwahre und trügerische der Naturrechtssysteme [der Aufklärung], daß jedes System auf einem solchen Zweck oder Trieb ausschließlich gebaut wird und dafür die volle Wirklichkeit des konkreten Menschendaseins zu Grunde geht. Bei Adam Smith ist jener ideale Zweck, aus dem alle Gesetzmäßigkeit fließen soll, der Volksreichtum oder die Konsumtion, der Gütergenuß oder die Gütervervielfältigung, was in dieser Hinsicht lauter synonyme Ausdrücke sind. *Da aber der Mensch nicht so geartet ist, daß er das absolute Gesetz seines Daseins in dem Gütergenuß sucht, so sind die aus jenem Zweck abgeleiteten logischen Konsequenzen auch keine reellen Gesetze der Volkswirtschaft.* Und es ändert hierin nichts, daß man später meinte, daß damit wenigstens eine hypothetische Theorie erlangt sei, welche annähernd der Wirklichkeit entspreche" (Nationalök. 410 - 412).

Anstelle eines abstrakten idealen Ziels als Ordnungsprinzips der Wirtschaft sucht Roesler die im positiv gegebenen Recht sich ausdrükkende Ordnung der Wirtschaft. Dabei unterscheidet er allerdings zwischen realen und idealen (seinsollendem) Recht — er spricht in letzterem Fall meist von „positiver Rechtsidee" — und findet dieses in jenem erkennbar. Er scheint anzunehmen, daß sich in der Erkenntnis des realen Rechts und seiner Geschichte zugleich die Möglichkeit der Erkenntnis einer idealen Norm des Rechts eröffnet, nie aber die konkreten idealen Normen des Rechts sich aus einem abstrakten Ideal einfach ableiten lassen. Die Fähigkeit zur Erkenntnis idealer, aber geschichtlich sich modifizierender sittlicher und rechtlicher Normen setzt Roesler in seinem ganzen Gedankengebäude voraus, er hat sie aber m. W. nirgendwo explicite diskutiert. Seine Zeit kannte die kritische Philosophie der Werterkenntnis noch nicht[4].

---

[4] R. polemisierte gegen Schmollers Wirtschaftsideal der verteilenden Gerechtigkeit, das dieser durch die gesetzgebende Gewalt verwirklicht haben wollte. Er, der die sittliche Gerechtigkeit als objektiven Wert durchaus bejahte, leugnet, daß deren Verwirklichung im Gesellschaftsleben vorwiegend durch die staatl. Gesetzgebung möglich ist. „Wer die Geschichte des Eigentums kennt, weiß, daß es niemals nach einem solchen idealen Maßstab des Verdienstes und der Würdigung verteilt worden ist. Das Eigentum ist stets ein Attribut der Herrschaft im Staate und seine Zugehörigkeit mit der Staatsverfassung aufs Engste verbunden. Im Altertum ist es ursprünglich beim Staate und geht sodann auf die herrschende Klasse im Staate, die Bürger, über. Im Mittelalter gehörte es den Fürsten und den in der Verfassung anerkannten Ständen, dem Klerus, dem Adel und der Bürgerschaft. Im konstitutionellen Staat der Neuzeit ist es in der Form des Kapitals bei der die politische Herrschaft ausübenden bürgerlichen Erwerbsklasse, wenngleich gemischt mit Resten der früheren Eigentumsverfassung. *In dieser Entwicklung ist ein notwendiger, gesetzmäßiger Gang deutlich erkennbar, aber nicht das Wirken eines idealen Prinzips der Gerechtigkeit. Vielmehr ist die sittliche Würdigung derselben* [die Beurteilung der sittlichen Gerechtigkeit der bestehenden Eigentumsverfassung] *ihrem Inhalt nach mit jeder Eigentumsverfassung historisch von selbst gegeben.* Und wenn selbst in ferner Zukunft das sozialistische Ideal des produktiven Gemeineigentums verwirklicht und das Einzeleigentum zur bloßen Leitung der Arbeit verflüchtet würde, was aber eine total veränderte Gesellschaftsordnung zur Voraussetzung hätte und in dem jetzigen Stand der Dinge ganz undenkbar

Die gesellschaftliche Macht des Kapitals, die Marx so sehr betont, aber nur als Ausbeutung des Arbeiterstandes sieht, ist bei Roesler richtig verstanden und als der positive Wert der modernen Kapitalwirtschaft erfaßt. Die aktive Funktion des Eigentums in der Leitung und Organisation der gesellschaftlichen Arbeit tritt als eine grundlegende gesellschaftliche Ordnungsfunktion hervor. Exzesse eines egoistischen Gewinnstrebens des Kapitals werden von Roesler nicht geleugnet, aber er glaubt, daß sie durch die Weckung des Bewußtseins des sozialen Rechts und einer daraus geborenen sozialen Gesetzgebung zurückgedrängt werden können. An sich wirkt die gesellschaftliche Natur des Kapitals daraus hin, für das Wohl der Gemeinschaft zu wirtschaften. Seine gesellschaftliche Auffassung von Kapital und Arbeit ist in der Tat eine neue und einschneidende Kritik des ungehemmten kapitalistischen Gewinnstrebens, eine der tiefgehendsten Kritiken, die außerhalb des sozialkonservativen und sozialistischen Lagers geschrieben wurden. Er hat die individualistische Auffassung des Eigentums als Quelle privaten Gewinns radikal durch eine Analyse der modernen Wirtschaftsstruktur überwunden. Der von ihm betonte dienstliche Charakter der Arbeit bedeutet keineswegs eine absolute Abhängigkeit der Arbeit vom Kapital. Die Arbeit als Mitarbeit an der gesellschaftlichen Produktion ist Mitarbeit an einer grundlegenden Kulturaufgabe, und dieser Mitarbeit kommt im Ganzen des Kulturlebens eine feste organische Rechtsstellung zu. Die Rechte des Arbeiters hat Roesler ausführlich behandelt, ich werde sie im Abschnitt über das soziale Verwaltungsrecht im einzelnen darlegen.

Roesler hat sich vom sozial-rechtlichen Standpunkt aus speziell mit der sozialistischen Kritik des Kapitalismus auseinandergesetzt. Er zeigt, daß die Sozialisten in wesentlichen Stücken ihre Lehre den Lehren Smiths und seiner Nachfolger folgen, daß z. B. ihre Verwerfung des Privateigentums nur die Konsequenz des die gesellschaftliche Natur des Eigentums übersehenden Smithianismus ist. Er nennt darum den Sozialismus einen forcierten Smithianismus. Mit Marx, Das Kapital,

---

ist, so könnte dies wiederum nur durch eine neue Phase der Weltordnung geschehen und nicht nach einem erträumten Maßstab des Verdienstes durch den bloßen Willen und die bloße Einsicht ins Werk gesetzt werden. Von einer Allmacht der gesetzgebenden Gewalt kann für den, der vom Geist des Rechts durchdrungen ist, überhaupt gar keine Rede sein“ (Ebenda 416).

R. schildert in seinen Werken mehrfach ausführlich die geschichtliche Entwicklung der Eigentums- und Erwerbsverfassung (z. B. Gesetzm. 14 - 21) und entwickelt aus dieser geschichtlichen Betrachtung und der Untersuchung der heutigen kapitalwirtschaftlichen Bedingungen die sozialrechtliche Eigentums- und Erwerbsordnung, die er als objektiv sittlich gut hinstellt und z. T. im positiven Recht seiner Zeit verwirklicht findet. Wie er das Sittliche der von ihm befürworteten Rechtsordnung feststellt, bedarf einer speziellen Untersuchung.

I. Bd., hat er sich in einer ausführlichen Besprechung auseinandergesetzt[5]. Es ist die erste wissenschaftliche Besprechung, welche das Kapital von Marx gefunden hat. Seine Kritik bezieht sich auf alle wesentlichen Punkte der Lehre Marx', insbesondere auf dessen Mehrwert- und Arbeitswertlehre. Der Wert eines Produkts bemißt sich nicht nach der Arbeitszeit, wie Marx unter dem Einfluß Ricardos annimmt, auch nicht nach der gesellschaftlich-notwendigen Arbeitszeit, die Roesler als die in der gegebenen Gesellschaft konkurrenzfähige Arbeit charakterisiert, sondern nach dem Maß, in dem der Besitz eines Gutes Verfügung über produktive Arbeit gewährt und so zur Produktivität beitragen kann. Es ist hier nicht der Ort, Roeslers Werttheorie zu verteidigen; eine entscheidende Seite des verwickelten wirtschaftlichen Wertproblems scheint sie richtig zu erfassen. Das entscheidende Moment für die Regelung des Arbeitslohns ist die „menschlich-soziale Existenz" des Arbeiters, „dies kann aber, ohne auf das Rechtsbewußtseins der verschiedenen Kulturperioden zurückzugreifen, gar nicht erfaßt werden". In Roeslers Zurückweisung des ungehemmten Kapitalismus finden sich manche Stellen, die ohne weiteres von Marx geschrieben sein könnten. Er trifft sich mit Marx in der Betonung der gesellschaftlichen Struktur der Wirtschaft. Während Marx aber diese gesellschaftliche Struktur fast nur als den Antagonismus der Klassen der Kapitalisten und Arbeiter beschreibt, in der Analyse der wirtschaftlichen Erscheinungen selbst aber in den Bahnen der klassischen Nationalökonomie steckenbleibt — man vergleiche nur seine von Ricardo übernommene Arbeitswerttheorie —, gibt Roesler eine wirkliche gesellschaftliche Analyse der wirtschaftlichen Erscheinungen.

Es wäre eine Verkennung der Intentionen Roeslers, wenn man in seinen sozialen Wirtschaftsgesetzen nur sittliche und rechtliche Normen des Wirtschaftslebens sehen würde, die vom „eigentlich Wirtschaftlichen" getrennt, nur von außen her zu ihm hinzutreten. Man kann seine sozialen Wirtschaftsgesetze in moderner Terminologie als den „institutionellen Rahmen" des Wirtschaftsgeschehens bezeichnen, den Smith und seine Schule übersehen oder undiskutiert voraussetzen. Bei Roesler aber sind sie der Hauptdeterminant der gesellschaftlichen Wirtschaft, die eben als wesentlich gesellschaftliche von innen her von ihnen gestaltet ist.

Und zwar bestimmen die sozialen Lebensgesetze, die nichts anderes sind als das Bewußtsein des geschichtlich geprägten sozialen Rechts, die Wirtschaft sowohl als fordernde Norm wie als im Menschen wirkende Tendenz zur Realisierung dieser Norm, wenn auch im tatsäch-

[5] Jahrbücher für Nationalökonomie und Statistik, Bd. 12 (1869) 495. Darüber: Johannes Siemes, Marx im Urteil des sozialen Rechts, in: Der Staat 11. Bd. (1972), 376 ff.

lichen Wirtschaftsleben das Bewußtsein des echten sozialen Rechts oft weithin verdeckt zu sein scheint. Roesler löst aber keineswegs, wie Marx und andere ihm vorwarfen, die Wirtschaft in Rechtsverhältnisse auf (wenn er auch diesem Vorwurf durch zugespitzte Darstellung seiner Ideen im Kampf gegen Smithianismus und Sozialismus selbst Vorschub leistet)[6]. In seinen Werken hat er eine ganze Reihe rein wirtschaftstheoretischer, oder, wie man heute sagt, „wirtschaftsanalytischer" Gesetze entwickelt, die an sich nicht soziales Recht bedeuten[7]. Was ihm aber in der Betrachtung der Wirtschaft wesentlich erscheint, ist, daß die abstrakten reinen Wirtschaftsgesetze in Zusammenhang mit der geschichtlichen sozialen Natur des Menschen und dem aus ihr fließenden sozialen Recht gebracht werden. Sie stellen an sich eine isolierte Betrachtung des sogenannten „rein Wirtschaftlichen" dar und sehen als solche vom eigentlich menschlich sozialen Wesen der Wirtschaft ab. Roesler nennt das rein wirtschaftliche Denken, wie es der Smithianismus repräsentiert, „die absolute Gewinn- und Verlustlogik" des wirtschaftlichen Handelns und stellt fest, „daß der Mensch nicht so geartet ist, daß er das absolute Gesetz seines Daseins" in Smithscher Gütervervielfältigung oder sonst einer Form materiellen Reichtums sucht, daß vielmehr „die volle Wirklichkeit des konkreten Menschendaseins" sich nur in der geschichtlichen menschlichen Gemeinschaft, die notwendig einen Rechtscharakter hat und heute der Ordnung des sozialen Rechts unterliegt, entfaltet. Darum können die reinen Wirtschaftsgesetze nur menschlich sinnvoll befolgt werden, wenn sie integriert werden in das vom sozialen Recht bestimmte Leben; bzw. das Handeln allein nach den reinen Wirtschaftsgesetzen muß begrenzt oder ganz aufgegeben werden, wenn es zu offenbaren menschlichen Schäden für die Gemeinschaft führt.

Roeslers sozialkritische Ideen wurden besonders von solchen, die sich damals um eine Lösung der sozialen Fragen bemühten, beachtet. Die „Berliner Revue", die den sozialkonservativen Ideen Robertus nahestand, bat ihn um seine Mitarbeit, und er schrieb für diese Zeitschrift den Beitrag „Volkswirtschaftliche Gespräche", welcher die Ideen seines Smith-Buches in allgemein verständlicher Form auseinandersetzen.

---

[6] R. verteidigt sich gegen diesen Vorwurf, n. m. M. überzeugend, in: Nationalök. 431 ff.

[7] Ich nenne einige dieser Gesetze: Die Grundgesetze der Produktion, nämlich das Gesetz der Kooperation, Konzentration, der Konkurrenz, der Proportion (Vorles. 230 ff.); die Unterdrückung der kleinen Unternehmen und die Unvermeidlichkeit sozialer Disharmonien im unbeschränkten Kapitalismus (Gesetzm. 269/70); der Entwicklungsgang der Produktivität von Gütern des Außenhandels zu Gütern des Innenhandels, vom Luxus der höheren Klassen zur Befriedigung des Lebensnotwendigen der breiten Massen (ebenda 261); seine Analyse des Problems der Überproduktion und der Wirtschaftskrisen (Vorles. 316) u. a.

Auch die aufsprießende katholische Sozialbewegung nahm Verbindung mit ihm auf; er schrieb in ihrem Organ „Christlich-soziale Blätter" über „die Grundbegriffe der christlichen Sozialordnung", besonders über die Prinzipien des Arbeitsrechts. Das Ideengut der katholischen Sozialbewegung in Deutschland hat Roesler mitbegründet, und darin ist er von historischer Bedeutung. Hat doch diese Bewegung wie keine andere soziale Reformbewegung zur wirklichen Lösung der sozialen Frage beigetragen; man denke nur an die entscheidende Rolle der diese Bewegung vertretenden Zentrumspartei in der deutschen Sozialpolitik von 1880 - 1930. Der Theoretiker der katholischen Sozialbewegung, Heinrich Pesch (1854 - 1926), bekennt ausdrücklich, daß sein Sozialsystem eine Weiterentwicklung der Roeslerschen Ideen ist[8].

Andererseits nahmen die Anhänger des Manchestertums den Kampf gegen Roesler auf. Sie witterten in Roesler den Sozialismus. Die als Spott gemeinte Bezeichnung „Kathedersozialismus" wurde von H. B. Oppenheim zuerst in einem Angriff auf Roesler geprägt. Tatsächlich hat Roesler am Aufbruch des Kathedersozialismus, d. h. den Bemühungen der damaligen deutschen Universitätswissenschaft um eine aktive Sozialpolitik, großen Anteil. Er hat sich aber von der Organisation des Kathedersozialismus, dem „Verein für Sozialpolitik", ferngehalten, weil dieser Verein keine klaren Prinzipien hatte, sondern zwischen Liberalismus und Sozialismus hin- und herschwankte und Roesler keineswegs wie der „Verein für Sozialpolitik" in der Staatshilfe die eigentliche Lösung der sozialen Frage sah[9]. Die soziale Frage war für Roesler eine Rechtsfrage, die nur durch eine Vertiefung des Bewußtseins des sozialen Rechts in allen Schichten des Volkes gelöst werden konnte. Im Ganzen hat Roesler um die Weckung des sozialen Bewußtseins und die Bemühungen um eine nichtsozialistische Lösung der Arbeiterfrage in Deutschland großes Verdienst.

Das soziale Verwaltungsrecht

Das „soziale Recht" ist für Roesler nicht nur die Norm der Wirtschaft, sondern des gesamten Kulturlebens. Die Rechtsordnung des modernen Kulturlebens aber kommt konkret im Verwaltungsrecht zur Verwirklichung. So wandte sich Roesler dem Verwaltungsrecht zu. Schon seit 1867 hielt er Vorlesungen über Verwaltungsrecht. Er war der erste, der das Verwaltungsrecht als eigenes Fach an einer deutschen Universität einführte. (Gneist, den man gewöhnlich als Einführer des

---

[8] Heinrich Pesch, Lehrbuch der Nationalökonomie, Bd. 1, Freiburg 1905, 369 ff. Über R. als Wegbereiter der kath. sozialen Ideenwelt siehe Rauscher 114 - 131.

[9] Rauscher 100 - 106: Hermann Roesler und der Kathedersozialismus.

Verwaltungsrechts bezeichnet, hielt erst seit 1873 an der Berliner Universität Vorlesungen über Verwaltungsrecht.) In seinem juristischen Hauptwerk, „Das soziale Verwaltungsrecht" (2 Bde., Erlangen 1872/3, fortan zitiert: Verwalt. I bzw. II) unternimmt es Roesler, das soziale Recht auf allen Gebieten des Kulturlebens darzustellen. Roesler will das positive, in Gesetz, Verordnung, Statuten und Verwaltungspraxis enthaltene Verwaltungsrecht in Deutschland darstellen, zugleich aber in der systematischen Untersuchung dieses Stoffes die Lücken und Mängel des positiven Verwaltungsrechts dartun und Vorschläge für seine Verbesserung machen. Das „Soziale Verwaltungsrecht" sollte der erste Teil eines systematischen „Lehrbuch des deutschen Verwaltungsrechts" sein, das noch die Teile „politisches (rein staatliches) Verwaltungsrecht" und „formelles Verwaltungsrecht" (Organisation der Staatsverwaltung einschließlich Verwaltungsgerichtsbarkeit) bringen sollte. Roesler hat die beiden letzten Teile nicht veröffentlicht, weil die schnelle Wandlung des politischen und formellen Verwaltungsrechts im neuen deutschen Reich eine systematische Darstellung desselben unmöglich machte. (Siehe Anm. 13).

In der Geschichte der deutschen Verwaltungsrechtswissenschaft stellt das „Soziale Verwaltungsrecht" etwas Neues dar. Es ist das erste Werk, das es unternimmt, das gesamte damals in Deutschland geltende Verwaltungsrecht auf kulturellem Gebiet, und das heißt die schier unübersehbare Masse der Verwaltungsbestimmungen der vielen deutschen Einzelstaaten, nach inneren systematischen Prinzipien geordnet und zugleich mit Erhellung ihres geschichtlichen Werdens darzustellen. Indem er aber das Gemeinsame dieser Partikularrechte herausarbeitete, legte er tatsächlich die Grundlagen eines gemeindeutschen Verwaltungsrechts dar und gab damit ein Vorbild ab, wie die bisher als selbständige Disziplin nicht existierende Wissenschaft des deutschen Verwaltungsrechts zu gestalten sei. Die Bedeutung des Werkes liegt aber vor allem in der Herausarbeitung der inneren Prinzipien der Verwaltung und der neuen und umfassenden Funktion des Verwaltungsrechts in der modernen Erwerbsgesellschaft. Roesler bezeichnet sein Werk als das „Soziale Verwaltungsrecht", um damit das Neue und Unterscheidende seiner Auffassung der Verwaltung und des Verwaltungsrechts scharf zu kennzeichnen. Seine Konzeption der Verwaltung hat gewiß R. von Mohl und besonders L. von Stein Wesentliches zu verdanken. Aber das Entscheidende seiner Konzeption, der Begriff des „sozialen Rechts" als des Rechts der vom Staate unabhängigen „Gesellschaft", findet sich bei ihnen und allen seinen Vorgängern nicht.

Die Wissenschaft seiner Zeit verstand unter Verwaltung die Fürsorge der Staatsgewalt für die Untertanen. Als das sie ordnende Recht galt das Polizeirecht, wie es abschließend Robert von Mohl dargestellt hatte. Roesler will das Verwaltungsrecht aus den engen Grenzen des Polizeirechts herausführen und an der sozialen Wirklichkeit der modernen Industriegesellschaft orientieren. Die moderne Verwaltung läßt sich nach Roesler nicht abstrakt begreifen als Erfüllung von Staatszwecken. Das Wesen der modernen Verwaltung erhellt nur aus den Bedürfnissen und Tendenzen des vom Erwerb bestimmten Kulturlebens. Das moderne Kulturleben hat sich von der Staatsabhängigkeit befreit und sich zur freien Kulturtätigkeit in der vom Staate innerlich unabhängigen modernen Kulturgemeinschaft entfaltet.

Die moderne Gesellschaft ist grundlegend bestimmt von der Dynamik des freien Erwerbsinteresses — wobei zu beachten ist, daß Roesler den Erwerb keineswegs nur als das materielle Gewinnstreben des Einzelnen, sondern in einer weiteren geistigen Auffassung des Menschen als Grundlage höherer geistiger Kulturzwecke versteht. Das freie Erwerbsinteresse ist die Schwungkraft, die auf allen Gebieten die „soziale Freiheit" zum Durchbruch bringt. Es ist die moderne Erwerbsfreiheit, auf deren Grund die soziale Freiheit des Besitzes, des Berufes, der Meinungsfreiheit, der Presse, der Bildung und aller Seiten des persönlichen Lebens erst Wurzel schlagen konnte. Und zugleich damit entstanden auf allen Kulturgebieten öffentliche Einrichtungen und Korperationen für bestimmte Kulturzwecke und sie verwaltende gesellschaftliche Organe, die nicht vom Staate geschaffen, sondern ein Produkt der freien Kulturtätigkeit in der freien Kulturgemeinschaft sind und ohne verhängnisvolle Etatierung des Kulturlebens nicht zu den Rechten des Staates gezählt werden können. Man denke etwa an die Korporationen des modernen Handels-, Verkehrs-, Gesundheits- und Bildungswesens.

Die Rechtsstruktur der modernen Kulturgemeinschaft ist bestimmt durch die neuzeitliche Idee der persönlichen Freiheit. Sie hat weder im Altertum noch im Mittelalter existiert. Sie entstand dadurch, daß die wachsende Anerkennung der persönlichen Freiheit mehr und mehr die öffentlichen Kulturverhältnisse und besonders die staatlichen Verhältnisse umgestaltete, daß sich zunächst der Besitz und Erwerb und in ihrem Gefolge auch die übrigen sozialen Lebensverhältnisse vom Staate lösten und so eine neue Rechtsorganisation des Kulturlebens sich bildete, die „zwar nicht außer ihm und ohne ihn, aber doch unabhängig von ihm ein selbständiges Leben mit eigenen Organen zu führen begann" (Verwaltung I, Vorrede). Dieses neue, eigenständige Sozial- und Rechtsgebilde nennt Roesler in einem spezifischen Sinne die „Gesellschaft". Das die „Gesellschaft" zusammenbindende Recht ist das „soziale Verwaltungsrecht". „Es ist das Rechtsleben der modernen, auf eigenen Füßen stehenden, von jeder Art Untertänigkeit befreiten Gesellschaft, die freie nach den in ihr selbst ruhenden Gesetzen erfolgende Befriedigung der mannigfaltigsten Kulturinteressen, was den bewegenden Inhalt des sozialen Verwaltungsrechts bildet" (Verwalt. I, Vorrede).

„Das soziale Verwaltungsrecht ruht auf dem Rechtsbegriff der Gesellschaft, d. h. der nach gleichen Gesetzen in freier Tätigkeit sich entwickelnden Menschheit. Darin liegt 1) das Bewußtsein gleicher Kulturbedürfnisse und Entwicklungsgesetze auf dem Boden eines gemeinschaftlichen höheren Entwicklungszustandes (Zivilisation); 2) ein Zusammenwirken für Kulturzwecke in freier Gemeinschaft. ... Diese Freiheit der Entwicklung für alle nach gleichem Recht und das Prinzip der Gemeinschaft in allen Kulturverhältnissen durchzuführen und zu wahren, ist im Allgemeinen die wesentliche Aufgabe der sozialen Verwaltung" (Verwalt. I 2)[10].

---

[10] Nach R's. Auffassung war die in neuerer Zeit sich mehr und mehr durchsetzende Idee der persönlichen Freiheit eine geschichtliche Kraft, die das gesamte Kulturleben allmählich umgestaltet hat. Das Neue, das diese Umgestaltung in rechtlicher Hinsicht hervorgebracht hat, fixiert R. in die Begriffe „soziales (Verwaltungs-)Recht" und „Gesellschaft".

R. unterscheidet drei Kategorien von Rechtsträgern und entsprechend drei Sphären des Rechts: 1. Der Einzelne in seiner Privatsphäre, wozu auch die Familie gehört — seine Rechte und Verpflichtungen bilden das Privatrecht. 2. Der Staat — seine Rechte und Verpflichtungen bilden das Staatsrecht. 3. Der Einzelne als Glied der modernen Kulturgemeinschaft — diese Sphäre, welche die private und staatliche Sphäre übersteigt, ist die des sozialen Rechts.

In letzterer Sphäre bilden sich, abhängig vom sozialen Kulturtrieb des Einzelnen, notwendig Verbindungen für gemeinsame Kulturzwecke, die ihre eigenen sozialen Rechte und Pflichten haben. Eine solche Verbindung ist das, was R. eine „Gesellschaft" nennt.

Eine „Gesellschaft" im weiteren Sinne, als Rechtsbegriff gefaßt, ist jede Kulturgemeinschaft, deren Verbundenheit auf sozial-rechtlichen Beziehungen beruht, z. B. eine Universität als Korporation des Wissens, ein Volk als nationale Kulturgemeinschaft.

Die „Gesellschaft" im engeren Sinne ist die (potentiell) alle Menschen umfassende Kulturgemeinschaft, deren Verbundenheit auf der Verwirklichung des sozial-rechtlichen Grundgebots beruht: alle Menschen sollen in Freiheit und Zusammenwirken an der Menschheitskultur teilnehmen. Natürlich denkt R., wenn er von der „Gesellschaft" in diesem Sinne spricht, nicht an einen tatsächlich bereits bestehenden, durch das soziale Recht organisierten Rechtsverband der Menschheit. Ein solcher Rechtsverband ist vielmehr eine Aufgabe, die das soziale Recht stellt und die sich nur schrittweise, mit dem Fortschritt der tatsächlichen Kulturverbundenheit der Menschen realisieren läßt. Das sozial-rechtliche Grundgebot „alle Menschen sollen in Freiheit und Zusammenwirken an der Menschheitskultur teilnehmen" ist nun gewiß ein etwas vager Allgemeinbegriff. Aber das universelle Rechtsgebot konkretisiert sich, der Entwicklung der Kulturverbundenheit unter den Menschen folgend, in bestimmte, den einzelnen Zweigen des Kulturlebens angehörige sozial-rechtliche Forderungen.

So erklärt R. z. B. im Unterrichtsrecht die zur Beachtung des universellen Geisteslebens verpflichtende sozialrechtliche Regel des Lehrens und Wissens, die negativ u. a. verbietet, daß „die soziale Idee der unter den Menschen bestehenden universellen Geistesgemeinschaft durch konfessionelle Schranken gebunden" wird, und positiv befiehlt, daß „die auf dem Wissen beruhende Geistesbildung nach den Gesetzen der fortschreitenden Ausbildung des menschlichen Kulturlebens zur geistigen Einheit und Freiheit beizutragen" hat (Verwalt. II 69); ferner das (mannigfach gestufte) Recht aller auf eine Bildung, die offen sein muß für die großen Geistesströmungen der Zeit (ebenda 73). (Hätte Unesco zur Zeit R's. schon bestanden, so hätte er es als internationale sozial-rechtliche Einrichtung zur Förderung des universellen Geisteslebens anerkannt und noch manche sozial-rechtliche Regel über Anpassung der Bildung an die Weltkultur formulieren können.)

Die „Gesellschaft" R's im engeren Sinne repräsentiert das umfassende Ganze der sozialrechtlichen Beziehungen. Sie ist eine organische Einheit, welche die Einzelnen und ihre Korporationen, hierarchisch geordnet, als abhängige, aber Eigenrechte habende Glieder umfaßt und das letzte Koordinations- und Integrationsprinzip der sozialen Rechtsordung bildet. Die „Gesellschaft" ist aber nicht wie der Staat eine Rechtsperson. (Die analoge Anwendung des Begriffs „Organismus" auf Verbände, die eine innere Einheit darstellen, ist R. nicht fremd; er vermeidet aber jede Substanziierung solcher Verbände. Ihre innere Einheit ist bei ihm, wie ich es aristotelisch ausdrücken möchte, konstituiert durch das in der Wesensordnung der Dinge begründete Telos dieser Verbände.) Es dürfte klar sein, daß die „Gesellschaft" im Sinne R's, die auf dem nur auf neuzeitliche Kulturverhältnisse anwendbaren Begriff des „sozialen Rechts" beruht, im Altertum und Mittelalter nicht existierte.

Die „Gesellschaft" schob sich als ein selbständiges Rechtsgebiet zwischen das Einzeldasein und den Staat. Das In-Geltung-Kommen des in der „Gesellschaft" herrschenden sozialen Verwaltungsrechts mußte auch das frühere Verhältnis der beiden letzteren zueinander verändern. Es bewirkte eine „Grenzberichtigung" und Zurücksteckung des bisher geltenden Privat- und Staatsrechts, ohne deren eigenes Wesen aufzuheben. (Verwalt. I Vorrede).

R. verteidigt seine aus der Betrachtung der Kulturentwicklung gewonnenen Begriffe „soziales Recht" und „Gesellschaft" durch Kontrastierung derselben gegen die im römischen und mittelalterlichen Recht anerkannten Gemeinschaftsformen, wobei er eine erstaunliche Kenntnis dieser beiden Rechte offenbart, wie er überhaupt in den Anmerkungen zu seinem Werk eine detaillierte Kenntnis der europäischen Kulturgeschichte ausbreitet. Siehe seine Antwort auf Einwände (z. B. Lustkandls, in: Grünhuts Ztschr. Bd. I, 1874, S. 595 ff.) in: Nationalök. 442 ff. Siehe auch Roeskens.

Er erklärt den Unterschied des sozialen Rechts vom Privat- und Staatsrecht und ihre gegenseitige Ergänzung in: Verwalt. I 20 - 28 und Volkswirtsch. Kap. VII „Soziales Recht und Privatrecht". Er beschreibt die geschichtliche Entwicklung des sozialen Verwaltungsrechts und die dadurch bewirkte allmähliche Umwandlung der Staatsorganisation in Verwalt. I 50 - 61.

R's. Konzeption des sozialen Rechts deckt sich nicht mit Otto von Gierkes Sozialrecht in „Das deutsche Genossenschaftsrecht" (1868). R. ist nicht von Gierke beeinflußt. Man darf das auf moderne Kulturverhältnisse ausgerichtete „soziale Recht" R's. nicht mit dem mittelalterlichen „Genossenschaftsrecht" Gierkes verwechseln. Auch L. von Steins Begriff der Gesellschaft, der von Hegel herkommt, die Gesellschaft in ein dialektisches Verhältnis zum Staat setzt, sie aber letztlich im Staate zur Vollendung kommen läßt, ist von dem R's. grundverschieden, wenn auch R. aus Steins Ideen über die Verwaltung reiche Anregungen geschöpft hat. Siehe Rauscher 132 - 140 und S. 128 ff ds. Buches.

R. ist mit seinem Begriff des sozialen Rechts der erste, der die nach dem 1. und 2. Weltkrieg erörterte Frage nach der Ergänzungsbedürftigkeit des Privatrechts und Staatsrecht durch ein Sozialrecht herausgestellt hat. Siehe A. Geck, Zur Sozialreform des Rechts, Stuttgart 1957, 27.

Die soziale Verwaltung im umfassenden Sinne ist die zusammenwirkende Tätigkeit der Organe der sozialen Kooperation. Dem Staate kommt im Zusammenwirken dieser Organe eine weitreichende und entscheidende Rolle zu: er ist das höchste integrierende Zentralorgan der sozialen Verwaltung. Er ist aber in dieser Funktion „ein Hilfsorgan für die Kulturbestrebungen des Volkes“ (der Gesellschaft); sein Recht beschränkt sich im Wesentlichen auf Aufsicht und Koordination der gesellschaftlichen Organe. Außerdem kommt ihm kraft seines eigenen Wesens die politische Verwaltung z. B. Finanz- und Militärverwaltung zu, die der Gegenstand des staatlichen Verwaltungsrechts im strikten Sinne ist. Im Ganzen bedarf die Gesellschaft des Staates „1. als Zentralorgans der Verwaltung, 2. als obersten Organs der Rechtsbildung und des Rechtsschutzes, 3. als Vertreters der nationalen und territorialen Lebensprinzipien“ (Nationalök. 454).

Zusammenfassend können wir das Roeslersche Verwaltungsrecht definieren: Das soziale Verwaltungsrecht ist die rechtliche Ordnung der in sozialer Kooperation sich vollziehenden, vom Staate innerlich unabhängigen Kulturtätigkeit.

Das soziale Verwaltungsrecht konzentriert sich in den Grundsätzen der „sozialen Freiheit“, nach denen die gesellschaftlichen Beziehungen rechtlich so zu gestalten sind, daß sie der freien, aber in Teilnahme an den geschichtlich gegebenen Kulturaufgaben der Gemeinschaft zu verwirklichenden Entfaltung der sittlichen Persönlichkeit dienen. Diese Grundsätze sind hauptsächlich folgende: 1. Rechtgleichheit, 2. Freiheit der religiösen Überzeugung, der Eheschließung, des Austausches der Meinungen (Presse- und Versammlungsfreiheit), 3. Freiheit des Eigentums und der Besitzverhältnisse, 4. Unterwerfung des Besitzes unter die notwendigen Anforderungen der Gemeinschaft, 5. freier Zugang zu allen Berufen und freie Ausübung von Kunst und Wissenschaft, 6. Anspruch aller Einzelnen auf Sicherung der leiblichen und geistigen Existenz durch Armenpflege und Volksunterricht (Verwalt. I 47). Diese Grundsätze sind nach Roesler nicht abstrakten Prinzipien der Vernunft, sondern immanente Prinzipien der modernen Kulturtätigkeit, die im positiven Verwaltungsrecht bereits verwirklicht sind oder sich wenigstens aus den idealen Tendenzen der Rechtentwicklung ablesen lassen.

Das Verwaltungsrecht in diesem Sinne bildet nach Roesler eine eigene Sphäre des öffentlichen Rechts, die nicht nur vom Privatrecht, sondern auch vom Staatsrecht verschieden ist, die Sphäre des „sozialen Rechts“. Im sozialen Recht ist die Person Träger von Rechten und Verbindlichkeiten „als Mitglied der nach Kulturrücksichten gegliederten Gemeinschaft“, und das Recht der modernen Kulturgemeinschaft geht im Staatsrecht nicht auf.

„In materieller Hinsicht herrscht in der Verwaltung nicht wie in der der früheren Entwicklungsperiode angehörenden Polizei das Prinzip einer Fürsorge des Staates, oder vielmehr des Staatsoberhaupts, für das Wohl und Glück seiner Untertanen, sondern das Prinzip der Selbsttätigkeit des Volkes nach den Grundsätzen der individuellen Freiheit und Verantwortlichkeit. Die Menschen in der Gesellschaft sind nicht mehr das Objekt, sondern das Subjekt der Verwaltung. Nicht der Staat sorgt für das Beste des Volkes, sondern das Volk sorgt und arbeitet für sich selbst, nur unter der Mitwirkung des Staates, wobei jedoch beide, Gesellschaft und Staat denselben aus der Natur der Sache und dem mit geschichtlicher Notwendigkeit sich entwickelnden Kulturleben fließenden Gesetzen, das ist eben den Normen des Verwaltungsrechts, unterliegen.“ (Verwalt. I 41).

Es ist zu bemerken, daß Roeslers Begriff der Gesellschaft und des sozialen Rechts nicht an nationale und territoriale Schranken gebunden ist; er durchbricht vielmehr dieselben und umfaßt alle Menschen, insofern sie dem gleichen modernen Kulturverband angehören, „als Glieder einer höheren universalen Einheit, in welcher die freie menschliche Entwicklung ihren Brennpunkt findet“. Wenngleich zur Zeit die soziale Rechtserzeugung noch eine vorwiegend nationale und staatliche ist, so ist doch das Ziel der Entwicklung ein übernationales, für alle Menschen der modernen Kulturstufe im Wesentlichen gleiches soziales Recht. Das Prinzip der übernationalen sozialen Rechtsgemeinschaft zeigt sich schon darin, daß namentlich auf dem wirtschaftlichen Gebiete, wo der moderne Kulturbetrieb besonders tiefe Wurzeln gefaßt hat, durch übernationale Staatsverträge, wie Handels- und Währungsverträge, Verträge über geistiges Eigentum u. a., ein gleiches, von den Staatsgrenzen unabhängiges Recht hervorgebracht wird. (Verwalt. I 3). Roesler hat die moderne Tendenz zur Entwicklung eines einheitlichen übernationalen Rechts — über das politische Völkerrecht hinaus — frühzeitig erkannt und ist für die Überwindung des engen Nationalismus im Recht eingetreten.

Mit seiner Auffassung vom Verwaltungsrecht erhebt sich Roesler weit über den Stand der Wissenschaft seiner Zeit. Er gibt dem Verwaltungsrecht eine neue Grundlage und einen neuen Inhalt. Als alleiniges Rechtsubjekt auf dem Gebiet der Verwaltung galt nach der Auffassung seiner Zeit allein der Staat, und das Volk in seinen einzelnen Gliedern war lediglich das Objekt der Verwaltung. Dem Einzelnen kam in Verwaltungssachen kein striktes subjektives Recht zu. Zwar war man in konstitutionellen Rechtstaat zur Ansicht gekommen, daß Verwaltung nach Rechtgrundsätzen geübt werden müsse. Wie immer man aber diese Rechtsgrundsätze begründete, das Verwaltungsrecht galt ausschließlich als Recht des Staates, dem der Einzelne als Untertan gegenüberstand.

Es galt die sog. „Schrankentheorie“ des Verwaltungsrechts: Die vom Staate zu befolgenden Rechtgrundsätze wurden lediglich als eine objektive Schranke der Tätigkeit der Staatsverwaltung betrachtet, sie waren nicht die innerlich bestimmende Regel der Verwaltung selbst. Nach Roesler verlangt das heutige Rechtsleben, daß die Verwaltung durch das Recht nicht nur beschränkt, sondern begründet und bestimmt wird. Für ihn sind die innerlich vom Staate unabhängigen Kulturverhältnisse Rechtsverhältnisse und Quelle des Verwaltungsrechts. Sie begründen Rechtsverhältnisse zwischen den einzelnen Gliedern der Kulturgemeinschaft und zwischen diesen und den Organen der Verwaltung. Mit dieser Lehre hat Roesler als erster im vorigen Jahrhundert eine klare Begründung der subjektiven öffentlichen Rechte des Einzelnen in der Verwaltung gegeben (Verwalt. I 75). Hätte man seine Lehre zur Kenntnis genommen, so hätte man sich den langwierigen Streit über die Existenz und das Wesen der subjektiven öffentlichen Rechte des Einzelnen ersparen können[11].

Das Verwaltungsrecht als Recht der freien Kulturgemeinschaft schließt bei Roesler das Recht der Selbstverwaltung ein. Ist die soziale Verwaltung wesensgemäß nicht zunächst eine Sache des Staates, sondern der freien Kulturgemeinschaft, so muß sie aus der eigenen Selbsttätigkeit des Volkes entspringen. Sie muß Selbstverwaltung sein, in der den Organen der kulturellen Verwaltung ein eigenes, nicht vom Staate abgeleitetes Recht zusteht. Selbstverwaltung ist ein Ausfluß der sozialen Freiheit und folglich eine sittliche Notwendigkeit (Verwalt. I 43/44). In allen Zweigen der gesellschaftlichen Kulturtätigkeit untersucht Roesler sorgfältig die bestehenden Einrichtungen und Formen der Selbstverwaltung und macht Vorschläge für ihre zeitgemäße Verbesserung.

Seine Lehre von der Selbstverwaltung hat bei den meisten Verwaltungsrechtlern keine Anerkennung gefunden. Man blieb befangen in der Auffassung der Verwaltung als Tätigkeit des Staates. Für Gneist, dem berühmten Theoretiker der Selbstverwaltung, bleibt Selbstverwaltung abgeleitet vom Staat und existiert nur durch und im Staat. Noch heute bezeichnet man in der Rechtswissenschaft häufig die Selbstverwaltung als „vom Staat übertragene“ oder „mittelbare Staats-

---

[11] Roeskens. — R. spricht in seinem Verwaltungsrecht nicht direkt von den politischen Rechten des Bürgers (Wahlrecht usw.). Daß er diese als echte subjektive Rechte ansieht, die nicht nur durch die Verfassung verliehene Rechte sind, ist von seinem Standpunkt, der die Geltung neuer Rechte auf Grund der Kulturentwicklung selbst anerkennt, selbstverständlich. Das Vordringen der sozialen Freiheitsidee hat das alte Verhältnis Staatsobrigkeit — Untertan umgestaltet und dem Bürger öffentliche subjektive Rechte im staatlichen Bereich erwirkt.

verwaltung"[12]. Man mag einräumen, daß Roesler in der Übertragung kultureller Verwaltungsaufgaben an die Selbstverwaltung zu weit geht. Der moderne Sozialstaat kann ohne eine sehr weitgehende kulturelle und soziale Tätigkeit des Staates nicht bestehen. Aber man darf nicht vergessen, daß in diesen Tätigkeiten eine gefährliche Tendenz zur unberechtigten Ausweitung der Staatsmacht droht und daß man dieser Tendenz nur entgegenwirken kann, wenn man sich bewußt bleibt, daß der Staat in diesen Tätigkeiten als Hilfsorgan der in sich eigenständigen Kulturgemeinschaft und insofern nur „subsidiär" zu fungieren hat. Die Entwicklung der Verwaltung in den letzten Jahrzehnten hat auch gezeigt, daß der moderne Staat sehr wesentlichen kulturellen und sozialen Aufgaben allein nicht Rechnung tragen kann. Im Bereich des Verkehrs, der Wirtschaft, der Sozialfürsorge, des Rundfunks und Fernsehens usw. haben sich sehr viele neue Selbstverwaltungskörper gebildet, die natürlich der Aufsicht und auch Mitverwaltung des Staates unterstehen oder gar seiner Finanzierung bedürfen. Die Prinzipien der Selbstverwaltung, die Roesler aufgestellt hat, sind unerschüttert.

Auf Grund der These, daß dem Einzelnen ein subjektives Recht gegenüber den Verwaltungsorganen zukommt, baut Roesler seine Lehre von der Verwaltungsgerichtsbarkeit auf[13]. Die Verwaltungsgerichtsbarkeit setzte sich in den sechziger und siebziger Jahren mehr und mehr durch. Aber es fehlte eine klar entwickelte Theorie der Verwaltungsgerichtsbarkeit. Otto Bähr, mit dem Roesler sich direkt auseinandersetzt, forderte zwar den Rechtsschutz in Verwaltungsangelegenheiten, konnte aber das Recht auf gerichtlichen Rechtsschutz nicht begründen, weil die Verwaltungsgesetze nach ihm keinen strikt rechtlichen Inhalt haben, sondern nur Gebote der Staatsklugheit und der Zweckmäßigkeit für das Staatswohl sind, denen der Bürger als Untertan des Staates einfach unterworfen ist. Für einen die Staatsgewalt bindenden rechtlichen Zwang zur Erfüllung der Verwaltungsgesetze war in dieser Auffassung kein Raum. Roesler erkannte die Kulturverhältnisse als subjektive Rechtsverhältnisse des Einzelnen, die sich wegen des ihnen anhaftenden Charakters der Gemeinschaft als subjektive Rechte der Einzelnen gegenüber den Verwaltungsorganen und besonders gegen-

---

[12] E. Forsthoff, Lehrbuch des Verwaltungsrechts, 9. Aufl., Bd. I, 1966, 436 ff. Dagegen E. R. Huber, Wirtschaftsverwaltungsrecht, 2. Aufl., Bd. I, 1953, 110 ff.; Derselbe, Die Selbstverwaltung der Wirtschaft, 1958.

[13] R's. Lehre von der Verwaltungsgerichtsbarkeit findet sich in: Über Verwaltungsgerichtsbarkeit, Grünhuts Ztschr. Bd. I (1874) und: Der Österreichische Verwaltungsgerichtshof, ebenda Bd. 4 (1877). Diese beiden Abhandlungen traten an die Stelle des nicht veröffentlichten 2. T. „Politisches Verwaltungsrecht" und 3. T. „Formelles Verwaltungsrecht" seines „System des deutschen Verwaltungsrechts". — Über R's. Lehre von der Verwaltungsgerichtsbarkeit siehe Roeskens.

über dem Staat darstellen. Das subjektive Recht allein aber begründet zwingend einen subjektiven Rechtsanspruch auf Rechtschutz in der Verwaltung. Keiner hat in der damaligen Zeit so klar wie Roesler die Verwaltungsgerichtsbarkeit begründet[14]. Man darf ihn mit Recht den ersten adäquaten theoretischen Begründer der Verwaltungsgerichtsbarkeit nennen. Er hat die Notwendigkeit der Trennung der Verwaltungsgerichtsbarkeit von den gewöhnlichen Gerichten und die verschiedenen Formen der Verwaltungsgerichtsbarkeit scharfsinnig untersucht. Noch besonders hat er sich mit Gneists Auffassungen von Verwaltungsrecht und Verwaltungsgerichtsbarkeit auseinandergesetzt. Da diese ihm bei seiner Beratertätigkeit in Japan wieder entgegentraten, werde ich darauf in der Darstellung seiner Wirksamkeit in Japan am gegebenen Ort eingehen (S. 131 f.).

Das „Soziale Verwaltungsrecht" gliedert sich materiell in vier große Abteilungen: Die Rechtsordnung der Kulturverhältnisse behandelt das „Personenrecht" und das „Sachenrecht", die der Kulturtätigkeiten das „Berufsrecht" und das „Erwerbsrecht". In diesem Rahmen legt Roesler unter der Idee des sozialen Rechts ein systematisches und umfassendes materielles Kulturverwaltungsrecht vor, wie es den Forderungen seiner Zeit entsprach, heute natürlich in vielen Einzelheiten überholt ist, aber, die gleiche Tiefe der Prinzipien anwendet, für die gewiß verwickelteren Kulturverhältnisse der Gegenwart noch aussteht.

Roesler sucht in jedem Teil seines Verwaltungsrechts den sozialrechtlichen Aspekt der betreffenden Verwaltungsbestimmungen aufzuhellen und muß feststellen, daß in einigen Bereichen des Kulturlebens allgemein verpflichtende und feststehende Normen der Verwaltung überhaupt fast nicht bestehen, so z. B. bzg. der weiblichen Bildung, oder daß die bestehenden Verwaltungsbestimmungen vom sozial-rechtlichen Standpunkt aus sehr verbesserungsbedürftig oder unhaltbar sind, so z. B. im Erwerbsrecht.

H. Roeskens hat die systematische Ordnung und den Inhalt der einzelnen Abteilungen und Untergruppen des Roeslerschen Verwaltungsrechts mit genügender Ausführlichkeit dargelegt[15]. Ich begnüge mich, einige besonders bemerkenswerte Punkte hervorzuheben.

Das „Personenrecht" betrifft die Rechte der Einzelperson, insoweit sie sich aus dem Eingefügtsein der Person in die gesellschaftlichen

---

[14] L. v. Stein, Rechtsstaat und Verwaltungsrechtspflege, in: Grünhuts Ztschr. Bd. 6 (1879). Stein bezeichnet R's. Arbeit als „eine höchst wertvolle", die „ihren dauernden Platz in der Literatur behalten" wird. — Über das Verhältnis St's. und R's. in der Auffassung der Gesellschaft und der Verwaltung siehe Rauscher 139 f.

[15] Roeskens.

Kulturverhältnisse ergeben; ferner das Recht der in der Gesellschaft sich bildenden juristischen Personen. Dem Einzelnen stehen in der modernen Gesellschaft die Freiheitsrechte zu, die zum Wesen der modernen Gesellschaft gehören und von denen oben schon die Rede war. Sie sind materiell identisch mit dem, was man gewöhnlich die Grundrechte nennt. Diese Freiheitsrechte sind aber von vornherein sozialer Natur. Sie gründen nicht in einer zu allen Zeiten gleichbleibenden „Natur" des Menschen, wie es die abstrakte Naturrechtslehre der Aufklärung lehrte. Sie sind vielmehr geschichtlich bedingt, ein Ausfluß der gesellschaftlichen Kulturentwicklung, die heute mit dem Herauswachsen der Gesellschaft aus dem Staat die Stufe der sozialen Freiheit erreicht hat. Sie bedeuten nicht die Freiheit des Individuums von sozialen Bindungen, die Rousseau dem Menschen im Zustand der reinen Natur zuschrieb, sondern die Freiheit gerade zur Erfüllung der geschichtlich gegebenen gesellschaftlichen Kulturaufgaben. Aus diesen Kulturaufgaben, die bei Roesler sittliche Aufgaben sind, haben sie ihren Sinn, ihren Inhalt, ihre Norm und ihr Maß. Freiheitsrechte und Sozialverpflichtungen fließen bei ihm aus derselben Quelle, dem sozialen Recht, und so weiß er bis heute Beachtliches über ihre organische Harmonie zu sagen.

Im „Sachenrecht" fallen besonders der Abschnitt „Soziale Verpflichtungen des Eigentums" (I 436 ff.) und darin die sozialrechtliche Begründung der Enteignung und des Notrechts auf. Für die rechtliche Bestimmung des Grundes und Umfangs der Eigentumsverpflichtung bildet das „Prinzip der die Einzelnen umschließenden Gemeinschaft", das die Lebensnotwendigkeiten der Gemeinschaft über die Interessen der Einzelnen setzt, eine feste Grundlage[16]. Bezüglich dieser Begrenzung des Eigentumsrechts gilt: „Durch die gesellschaftlichen Verpflichtungen des Eigentums wird das Recht desselben nicht verletzt, sondern ergänzt.

... So sehr nun auch die einzelne Person ein abgegrenztes Gebiet absoluter freier Willensbestimmung zu beanspruchen berechtigt ist, so ist doch andererseits die Idee der Gemeinschaft von dem individuellen Leben nicht loszutrennen und durch sie wird das Einzeleigentum den Anforderungen der Gemeinschaft unterworfen. Die starre Eigentumsidee, welche dem Eigentümer die ausschließliche rechtliche Herrschaft über seine Sache zuspricht, gehört daher lediglich dem Privatrecht an. Im sozialen Rechte erscheint das Eigentum als ein Kulturverhältnis, das seine positive Gestaltung der jeweils herrschenden Kulturidee entnimmt, und in gleicher Weise Berechtigungen wie Verpflichtungen in sich aufnehmen kann" (I 437/8).

[16] R. beschränkt das Enteignungsrecht im Wesentlichen auf das Grundeigentum und nimmt das bewegliche Eigentum und das Kapital davon aus. Sein Grund für diese Beschränkung ist, daß die lebensnotwendigen Zwecke der Gemeinschaft nur das Grundeigentum betreffen können. (Verwalt. I 436/7).

Das „Berufsrecht“ behandelt das soziale Recht des Heilberufs, der Kunst, des Unterrichts und der wissenschaftlichen Anstalten, des Rechtsberufs (soweit nicht in der staatlichen Rechtspflege tätig) und des häuslichen Dienstberufes. Das Grundprinzip des Unterrichtsrechts ist: „Der Unterricht hat zum Zweck die Geistes- und Charakterbildung des Menschen im Dienst der menschlichen Freiheit“ (II 65)[17]. Roesler betont, daß die Ausübung des Lehrberufs keine Privatsache ist, daß der Schulunterricht aber an sich auch nicht ein Recht des Staates, sondern der vom Staate verschiedenen Kulturgemeinschaft ist und nach Möglichkeit in Selbstverwaltung unter Aufsicht und Unterstützung des Staates geregelt werden muß. Die Universitäten und Anstalten der Wissenschaft sind öffentliche Korporationen, die ihre Angelegenheiten selbst regeln. Die Freiheit der Wissenschaft und des Hochschulwesens liegt ihm sehr am Herzen. „Nach deutscher Auffassung ist die Wissenschaft und ihre Lehre frei, mithin die auf wissenschaftliche Ergebnisse gerichtete Denkkraft des Menschen, in Bezug auf Forschung, Lehre, Schrift und Vortrag, von jeder äußeren Schranke und Einwirkung unabhängig“ (II 174).

Das Fruchtbare seiner sozialrechtlichen Auffassung des Verwaltungsrechts zeigt sich besonders in seiner Darstellung des Erwerbsrechts. Sie ist ein ganzes Wirtschaftsverwaltungsrecht. Hier hat Roesler, seine großen Kenntnisse der Nationalökonomie verwertend, als erster in adäquater Weise eine Reihe der wichtigsten Erscheinungen des modernen Erwerbslebens, wie das Geld- und Kreditwesen und das kapitalistische Arbeitsverhältnis als Gegenstände verwaltungsrechtlicher Ordnung dargestellt. Hier erarbeitet er die Grundlagen des modernen Arbeitsrechts (II 300 f., 620 ff.; siehe auch Vorles. 178 - 216). Das in den Gewerbegesetzen seiner Zeit enthaltende Arbeitsrecht findet er durchaus mangelhaft. Er fordert eine soziale Organisation des Besitzes und der Arbeit, welches das rechtliche Verhältnis zwischen beiden klar und bestimmt regelt. Der Arbeitsvertrag ist nicht ein Kaufvertrag, nach dem Arbeitskraft gegen den Preis des Lohns verkauft wird. Er ist auch nicht lediglich ein Privatvertrag, sondern gehört dem öffentlichen Recht an, insofern er den öffentlich-rechtlichen Bestimmungen

---

[17] Seine Aufgeschlossenheit für die Tendenzen der Zeit zeigt folgende Forderung bzgl. der weiblichen Bildung: „Es muß festgehalten werden, daß die Ansprüche des höheren Kulturlebens auch für das Weib gelten und daß es durch den Unterricht für harmonische Aneignung der Kulturfortschritte ausreichend ausgebildet werden muß, wobei der Grundsatz, daß das Weib in sozialer Beziehung dem Manne gleich steht, den Ausschlag zu geben hat. Das Ideal der weiblichen Erziehung liegt daher weder in morgenländischer Verschleierung oder klösterlicher Abgezogenheit, noch in der vorwiegenden Bestimmung für Kindererziehung, Krankenpflege und Besorgung des Hauswesens.“ (Verwalt. II 159). Solche Worte waren im Jahre 1873 in konservativen Kreisen noch anstößig.

über das Arbeitsverhältnis unterliegt. Das Arbeitsverhältnis wird darum naturgemäß durch öffentliche Arbeitsordnungen geregelt, welche zwischen dem Unternehmern einerseits und den Arbeitern anderseits zustande kommen und gesetzlichen Normativbestimmungen unterliegen können. Arbeitsbedingungen und Arbeitslohn sind nach der sozialen Wesensbestimmung der Arbeit als menschenwürdige, zur Teilnahme an der Kultur berechtigte Mitarbeit an der Produktion festzulegen. Die Steigerung des Arbeitslohns bei steigender Produktivität ist dabei selbstverständlich[18]. Roesler anerkennt das Koalitionsrecht der Unternehmer und der Arbeiter, hält aber dafür, daß das bloß private Vereinsrecht für die Vereinigungen der Unternehmer und Arbeiter, weil es ihnen keinen festen und dauernden Rechtszustand verleiht, nicht genügt, sondern das Koalitonsrecht durch Verleihung eines ständigen öffentlichen Rechtscharakters an diese Vereinigungen in das System der öffentlichen Selbstverwaltung überführt werden muß (Gesetzm. 41). Die heutigen Betriebs- und Tarifordnungen beruhen, sofern die sie vereinbarenden Parteien keinen öffentlichen Rechtscharakter haben, auf privatrechtlichen Vereinbarungen. Daß hier eine Lücke im Arbeitsrecht vorliegt, wird im heutigen arbeitsrechtlichen Schrifttum manchmal angemerkt; Roesler hat diese Lücke schon vor 100 Jahren bemerkt.

Der „Eckstein" des Arbeitsrechts ist „die Herstellung eines Rechtsverbands zwischen Kapital und Arbeit, welche die innere Gewerbetätigkeit unter die Kontrolle beider Teile stellt"[19]. Hier ist — im Jahre 1869 — die Forderung nach einem Mitbestimmungsrecht der Arbeiter an der Betriebsordnung erhoben. Diese Forderung war der Sache nach schon in einem Gesetzentwurf des „Volkswirtschaftlichen Ausschusses" der Frankfurter Nationalversammlung erhoben worden. Aber in der Rechtswissenschaft ist Roesler der erste, der diese Forderung systematisch begründet und in klaren juristischen Begriffen entfaltet. Roesler hält aber daran fest, daß die Zielsetzung und Leitung der Produktion dem Kapitalbesitzer vorbehalten ist. Das heutige „paritätische" Mit-

[18] R. anerkennt auch ein Recht des Arbeiters auf mehr Einkommen als durch den reinen Arbeitslohn. Er unterscheidet aber bezüglich dieses Rechts sehr scharf zwischen der Arbeit als solcher und dem Arbeiter als sozialer Rechtsperson. „Arbeit kann kein Erwerbsgrund des Privateigentums sein, da Arbeit nur eine technische Verrichtung, kein auf Besitzerwerb gerichteter Rechtsakt ist. Anders verhält es sich vom sozialen Standpunkt aus, soweit es sich namentlich um die Verteilung des Besitzes unter die verschiedenen Klassen der Gesellschaft handelt. Hier muß offenbar der Arbeiterstand als eine neben den übrigen stehende Erwerbsklasse in Betracht kommen. In dieser Hinsicht muß daher der Arbeiterklasse eine ihrer Stellung und Aufgabe in der Gesellschaft entsprechender Anteil an den Gegenständen des Besitzes zuerkannt werden." (Verwalt. I 310).

[19] Volkswirtschaftliche Gespräche, in: Berliner Revue Bd. 55 (1869).

bestimmungsrecht müßte er nach seinen Prinzipien über die Rolle des Kapitals und der Arbeit ablehnen.

E. Forsthoff wirft Roeslers „Sozialem Verwaltungsrecht" vor: „Der Begriff der Gesellschaft ist hier in einem humanitär fortschrittlichen, also ideologischen Sinne verstanden und damit von vornherein um seine Prägnanz gebracht. Unter diesen Umständen bleiben Aufbau und Begriffsbildung des Werkes unklar[20]." Es ist richtig, daß Roesler in der gesellschaftlichen Entwicklung einen Drang nach kultureller Lebensentfaltung, eine Richtung auf größere geistige Freiheit, eine „ideale Tendenz", in der fortschreitend eine objektive geistige Wertordnung des Kulturlebens erkennbar ist anerkennt und daß diese geistige Wertordnung nach ihm das Recht in der Gesellschaft bestimmen muß. Aber der Inhalt dieser idealen Tendenz ist nicht ein verwaschener humanitärer Fortschrittsglaube, den man „ideologisch" nennen darf. Sie findet ihren Ausdruck in den vorher angeführten „Grundsätzen der sozialen Freiheit", „die in diesem Jahrhundert überall zu fortschreitender und unaufhaltsamen Verwirklichung gebracht werden" (I 47). Wie man auf die idealen Tendenzen des Kulturlebens ein echtes und brauchbares Recht gründen kann, wie Roesler es offenbar in der Begründung seines sozialen Rechts tut (I 15), ist schließlich eine Frage der Rechtsphilosophie (siehe nächste Seite). Daß Roeslers Begriffsbildung unklar erscheinen mag, liegt wohl darin, daß seine spezifischen Rechtsbegriffe historische Begriffe sind, die sich niemals absolut exakt definieren lassen[21].

Seine Lehre vom sozialen Recht ist auch ein wertvoller Beitrag zu einer wirklichen Soziologie des Rechts. Er geht immer den geschichtlich gesellschaftlichen Lebensverhältnissen nach, in denen das soziale Verwaltungsrecht gründet, und fordert, daß man den Inhalt des Rechts aus

[20] a.a.O., 45.

[21] Über R's. Begriff der Gesellschaft siehe Anm. 10. Man kann keine unerträgliche Unschärfe in diesem Begriff entdecken, wenn man sich vor Augen hält, daß er zunächst ein formaler Rahmenbegriff ist, dessen materialer Inhalt sich erst aus der Untersuchung der sich fortschreitend entwickelnden einzelnen sozialen Rechtsverhältnisse und ihrer hierarchischen Ordnung ergibt, und daß R. diese Ausfüllung seines Begriffs „Gesellschaft" im Fortgang des inhaltlichen Systems seines „sozialen Verwaltungsrechts" fortschreitend durchführt. Man sollte auch beachten, daß R. seinen Gesellschaftsbegriff ausdrücklich „einen rein historischen Begriff" (Nationalök. 142) nennt, d. h. einen Begriff, der sich auf eine bestimmte geschichtliche Erscheinung, nämlich das Rechtsleben der neueren Kulturepoche, bezieht, und daß die den Begriffen „Gesellschaft" und „soziales Recht" zugrunde liegende Begriffe Kulturverhältnis, Kulturgemeinschaft, soziale Freiheit usw. bei ihm ebenfalls historische Begriffe sind. Die in solchen Begriffen gemeinten geschichtlichen Erscheinungen lassen sich aber immer nur in annähernder Beschreibung definieren. R. ist eben kein abstrakter Rechtsformalist; er hat ein bestimmtes Kulturbild der neueren Zeit, auf das sich seine spezifischen Rechtsbegriffe beziehen.

diesen Lebensverhältnissen heraus versteht. Er hat den wesentlichen Zusammenhang zwischen Gesellschaftsleben und Recht wie kaum einer seines Jahrhunderts richtig erfaßt und in vielen wesentlichen Punkten herausgearbeitet.

Abschließend sei hier in kurzer Zusammenfassung die philosophische Seite der Rechtauffassung Roeslers gekennzeichnet. Wesentlich für seine Rechtsauffassung ist, daß in ihr das Normative des Rechts so eng mit der geschichtlichen Wirklichkeit verknüpft ist, daß aber die metaphysische Wesensordnung der Dinge als letzter Geltungsgrund des Rechts hervortritt. Das Recht gründet bei ihm letztlich im geistigen Wesen des Menschen, das in seinem sittlichen Ziel gipfelt. Dieses sittliche Ziel erscheint im Gemeinschaftsleben als die rechtliche Forderung, die Verhältnisse des Lebens auf dieses sittliche Ziel hinzuordnen. Diese Rechtsauffassung ist antipositivistisch: Das Recht entspringt nicht aus Zweckmäßigkeitserwägungen oder der Setzung durch einen Machtwillen. Der gesetzgebende Wille hat vielmehr die in der Natur des Menschen liegende sittliche und das Recht fordernde Bestimmung des Menschen anzuerkennen, und seine Autorität beruht wesentlich allein darin, daß diese Bestimmung des Menschen in Bezug auf bestimmte Lebensverhältnisse durch positive Gesetze für die Gemeinschaft zum Ausdruck gebracht werden muß. Roeslers Rechtsauffassung ist aber zugleich antirationalistisch, geschichtlich-realistisch. Die geistige Bestimmung des Menschen ist nicht ein abstraktes Ideal der Vernunft, sondern in der geschichtlich gesellschaftlichen Gestalt, welche die Kulturtätigkeit des Menschen notwendig annimmt, zu fassen. Die gesellschaftliche Entwicklung in der Geschichte ist nicht ein sinnloses Chaos. Es zeichnet sich in ihr eine ideale Tendenz, eine Richtung auf größere geistige Freiheit ab. In den geschichtlichen Kulturideen, in denen der sittliche Vollendungsdrang des Menschen aufleuchtet, findet die geistige Bestimmung des Menschen und die auf ihr beruhende Rechtsordnung ihren konkreten Inhalt. Roeslers Rechtsauffassung liegt in der Richtung der metaphysischen Naturrechtsauffassung der klassischen Scholastik, die er im einzelnen kaum gekannt hat. Das Recht entspringt nach der Scholastik aus der geistigen Natur des Menschen, welche die geistige Entwicklungsfinalität des Menschen bezeichnet. Aber die geistige Natur des Menschen ist bei Roesler viel konkreter, geschichtlicher und dynamischer gefaßt als in der Scholastik. Sie umschließt die geschichtlich sich wandelnde Kooperation für Kulturzwecke und empfängt aus ihr ihren materiellen Inhalt. Scholastisch gesprochen fällt das soziale Recht nicht unter die Kategorie des unwandelbaren ius naturale primarium, sondern des ius naturale secundarium, welches die geschichtliche Gestalt des ius naturale primarium ist. Ohne Zweifel beruht Roeslers Rechtsauffassung auf der heute so umstrittenen philosophischen Voraussetzung, daß in der geschichtlichen Sozialentwicklung eine objektive Sinn- und Wertordnung erkennbar ist[22]. Und das scheint mir der eigentliche Grund, warum sie von der positivistischen Rechtsauffassung seiner Zeit wenig verstanden wurde.

Roeslers Analyse des Begriffs und System des sozialen Rechts ist eine große Leistung, die noch heute von lebendiger Bedeutung ist. Spätere Gelehrte, die sich mit der Kategorie des sozialen Rechts beschäftigt haben, wie etwa R. Stammler und K. Diehl, bleiben weit hinter Roesler zurück[23]. Wie abstrakt und blaß erscheint das, was sie über das soziale Recht zu sagen haben, gegen die inhaltliche Fülle und klare Systematik, die das soziale Recht bei Roesler hat. Das soziale Recht, wie Roesler es versteht, ist nicht nur der rechtliche Ausgleich zwischen Kapital und Arbeit, der sozialen Spannungen, die man heute soziale Gesetzgebung nennt. Sein Begriff des sozialen Rechts ist weit grundlegender und umfassender. Es ist die Rechtsordnung des gesamten gesellschaftlichen Kulturlebens, welche alle, sowohl die materielle wie die geistige Kulturtätigkeit einheitlich auf das Ziel der Entfaltung der „sozialen Freiheit" hinrichtet. Und diese Rechtsordnung bleibt trotz allem Hinstreben auf das sittlich Ideale eine reale oder doch realisierbare Rechtsordnung, weil ihre Geltung im realen Wesen der Dinge wurzelt, in dem Anspruch auf Rechtsverwirklichung, den die *realen* gesellschaftlichen Kulturverhältnisse dem menschlichen Geist stellen.

Für den Staat bedeutet diese Rechtsordnung die Vollendung des formal-liberalen Rechtsstaates zum „Staat des sozialen Rechts" in dem umfassenden Sinne, daß der Staat ein Organ der sozialen Kooperation für die gemeinsamen Kulturzwecke wird[24]. Die heute so viel erörterten Probleme des Sozialstaates hat Roesler in einem weiteren und tieferen Sinne, als es heute gewöhnlich geschieht, erfaßt und der Lösung entgegengeführt.

Roeslers schöpferische Leistung wurde von seinen Fachgenossen nicht erkannt. Einige Wirtschaftswissenschaftler hielten seine Kritik des Smithianismus für übertrieben und warfen ihm vor, daß er die Volkswirtschaft in Rechtswissenschaft auflöse. In der Verwaltungsrechtswissenschaft war es nicht besser. Die deutsche Staats- und Verwaltungsrechtswissenschaft war schon auf dem Wege zu jenem Rechtformalismus (Laband), der sich um der Reinheit der juristischen Methode willen die Verbindung mit dem den Inhalt des Rechts bildenden

---

[22] Zum Problem der Existenz und Erkenntnis geschichtlicher, aber unbedingter richtiger sittlicher und rechtlicher Normen siehe José Llompart, Die Geschichtlichkeit in der Begründung des Rechts im Deutschland der Gegenwart, Frankfurt-Main 1968, 67, 81, 121 f. 156 ff. und passim.

[23] Rauscher 153/4.

[24] Roeskens.

geschichtlich-sozialen Leben abschnitt. Durch seine Übersiedlung nach Japan schied er aus der wissenschaftlichen Diskussion in Deutschland aus und war bald in der Wissenschaft vergessen. So hatte Roeslers Werk nicht die Wirkung, die es verdient hätte. Er hat keine Schule gegründet, wenn auch einzelne seiner Gedanken später immer wieder in dieser oder jener Form in der Wissenschaft auftauchten. Roesler wurde in den siebziger Jahren ein Außenseiter in seiner Wissenschaft. Durch heftige Angriffe gegen Roscher, Knies, Gneist u. a. vergrößerte Roesler noch die Kluft, die ihn von den tonangebenden Gelehrten trennte. Er hätte wegen seiner Leistungen gewiß die Berufung an eine größere Universität verdient, und es fehlte nicht an unbesetzten Lehrstühlen. Aber die Gegnerschaft der gereizten Professoren verhinderte seine Berufung. Eine Weiterführung seiner bisherigen akademischen Tätigkeit bot wenig Aussicht, seinen Ideen in Deutschland zum Durchbruch zu verhelfen.

Kritik des Bismarck-Staates

Mit seiner Enttäuschung am deutschen Universitätsleben ging eine wachsende Kritik der deutschen staatlichen Verhältnisse. Die politische Entwicklung des von Bismarck geeinten deutschen Reiches entsprach seinen Idealen nicht. 1877 veröffentlichte er eine schneidende Kritik der von Bismarck geschaffenen Reichsverfassung, „Gedanken über den konstitutionellen Wert der Deutschen Reichsverfassung" (Rostock 1877). Er urteilte: „Wer die Politik und die gesamte Aktion des deutschen Reiches im Zusammenhang beobachtet, der erhält am meisten den Eindruck, daß es eine Militärmonarchie ist, deren wesentliches Leben und Streben in dem einer reinen Militärmacht aufgeht, die auf das Zusammengehen mit andern Militärmächten angewiesen und deren Zivilisation in die engen Grenzen eines Kraft und Saft verschlingenden Militarismus eingeschränkt ist." Die Bismarcksche Reichsverfassung ist nach seinem Urteil ganz zugeschnitten auf die Hegemonie Preußens und die persönliche Machtstellung Bismarcks. Sie ist ihm „das Werk einer durchgängigen Verdrehung fundamentaler und anerkannter Rechtsbegriffe. Sie verwirrt namentlich alle Begriffe von monarchischer und konstitutioneller Staatsordnung" (S. 34/35). Darum könne sie auch nicht von Dauer sein[25]. Die Schrift war in ihrer Verbindung von strenger Rechtswissenschaft und Politologie ein in der damaligen Zeit seltenes Beispiel einer lebendigen Verfassungswissenschaft.

Im Herbst 1878 tat Roesler einen Schritt, der der herrschenden Intelligenz vollständig unverständlich war. Er trat zur katholischen Kirche über. Der Grund für diesen Schritt war, daß er im Protestantismus

[25] Rauscher 141 - 147.

den christlichen Glauben mehr und mehr durch die ungläubige Aufklärungsphilosophie untergraben sah[26]. Sein Wirken an der Rostocker Universität wurde dadurch unmöglich: das Universitätsstatut anerkannte nur protestantische Professoren.

In diesem Augenblick eröffnete sich ihm durch Einladung der japanischen Regierung eine neue Laufbahn.

Ende 1876 bekam der japanische Gesandte in Berlin, Shuzo Aoki, von seiner Regierung den Auftrag, für das Außenministerium in Tokyo einen Berater des öffentlichen Rechts zu engagieren. Die Japaner wandten sich in solchen Fällen gewöhnlich an die Berliner Regierung, um sich einen geeigneten Kandidaten vorschlagen zu lassen. Es ist im Einzelnen unbekannt, wie Aoki mit Roesler in Verbindung kam. Es spricht einiges dafür, daß der Großherzog von Mecklenburg-Schwerin, Friedrich-Franz II, von dem Suchen der Japaner nach einem Rechtsberater erfuhr und Roesler, mit dem er befreundet war, dafür in Vorschlag brachte. Am 5. Oktober 1878 schloß Aoki mit Roesler den Dienstvertrag, der ihn für 6 Jahre als juristischen Berater des japanischen Außenministeriums verpflichtete[27]. Am 21. Oktober legte Roesler in der katholischen Notkapelle Rostocks das katholische Glaubensbekenntnis ab. Sein Vertrag mit der japanischen Regierung wurde der Berliner Regierung mitgeteilt, als eben sein Übertritt zur kath. Kirche in Berlin bekannt wurde. Bismarck suchte daraufhin seine Berufung nach Japan rückgängig zu machen. Seine Einwände blieben aber bei Aoki ohne Wirkung. Er versicherte der Berliner Regierung, daß Roeslers Stellung in Japan keine politische sei, sondern sich auf rein fachwissenschaftliche Beratung beschränke. Die japanische Regierung verlangte dringend nach einem fachmännischen Berater, und der Wechsel im Bekenntnis war für sie ohne große Bedeutung.

Im November 1878 trat Roesler mit seiner Familie, Gemahlin und 2 Kindern — er erwartete ein drittes Kind —, von Marseille aus die Fahrt nach Japan an und kam am 23. Dezember in Yokohama an.

Seine Übersiedlung nach Japan war ein Verlust für die deutsche Wissenschaft, aber, wie wir sehen werden, ein großer Gewinn für Japan.

---

[26] Brief R's. an seine Schwester Elise aus Tokyo 22. 10. 1884, in der Bibliothek der Sophia-Universität, Tokyo. Siehe Rauscher 30 - 40.

Wie R. nach seiner Konversion seine Ansicht, daß das (im Begriff des sozialen Rechts vorausgesetzte) Bewußtsein der reinen Menschlichkeit insbesondere dem Christentum „in seiner späteren reinen evangelischen Entwicklung" zu verdanken sei (Verwalt. I 4), und seine betont liberalen Prinzipien, z. B. über „Kirche und Staat" (Verwalt. I 107) und „Glaube und Wissen" (Verwalt. II 73), geändert hat, ist nicht bekannt. In seinem späteren Leben scheint er in voller Harmonie mit dem kirchlich-katholischen Leben gestanden zu haben. Siehe S. 152, 154, 158.

[27] Dokumente im Archiv des japanischen Kaiserlichen Haushalts, Tokyo.

Zweites Kapitel

Roeslers Beitrag zur Modernisierung Japans

1. Seine Auffassung der Modernisierung

Die Öffnung des Landes durch Aufnahme des Handelsverkehrs mit Amerika und Europa und die Abschaffung der feudalen Daimyoherrschaft, der sog. Wiederherstellung der kaiserlichen Gewalt im Jahre 1868, waren für Japan der Beginn einer neuen Zeit[1]. Das erste Jahrzehnt nach der Restauration brachte den Aufbau einer zentralen Regierungsgewalt, die in den Händen einer kleinen Zahl aktiver Hofadliger und den führenden Samurais aus den westlichen Klanen lag. Diese Regierung nahm die Modernisierung Japans, d. h. seine Angleichung an den westlichen Kulturstandard, mit Energie in Angriff. Sie gründete Industrieunternehmungen und förderte den Handel. Die Volksbildung verbreitete sich. Ein starkes, nach westlichem Muster organisiertes Heer wurde auf der Grundlage der allgemeinen Wehrpflicht geschaffen. Es gelang der Regierung auch, sich von außenpolitischen Verwicklungen fernzuhalten und den durch die Abschaffung der Feudalherrschaft beruf- und brotlos gewordenen Samuraistand in das neue Gesellschaftsleben einzugliedern.

In den achtziger Jahren erhalten dann die wesentlichen Einrichtungen des modernen Staates ihre feste Gestalt. Das Militär wurde durch seine Erziehung nach den Grundsätzen des Militärkodex von 1882 zu einer Truppe, die absolut der Mission des Kaisers ergeben war. Die freie Entwicklung der Kapitalwirtschaft wurde gesichert durch die Reform des Geldwesens und die Förderung und gesetzliche Regelung der Kapitalgesellschaften und des Bankwesens. Das Erziehungswesen wurde den Forderungen einer fortschrittlichen Gesellschaft, die mit den westlichen Ländern ebenbürtig werden wollte, angepaßt, aber zugleich durch das Erziehungsedikt von 1890 in der traditionellen Moral verwurzelt. Der Staat wurde durch die Verfassung von 1889 zum konstitutionellen Rechtsstaat und zum Verwaltungsstaat, der durch ein Berufsbeamtentum wirkte. Nach außen hin waren noch dringliche Aufgaben zu lösen: die Abschaffung der die Souveränität Japans ein-

[1] Vgl. Hugh Borton, *Japan's Modern Century*, 2. New York 1970; R. Storry, *A History of Modern Japan*, Penguin Books 1961; J. W. Hall, *Das Japanische Kaiserreich*, Fischer-Bücherei, Frankfurt 1968.

schränkenden Verträge mit den auswärtigen Mächten aus der Zeit vor der Restauration und die Stärkung seiner außenpolitischen Stellung in Ostasien.

An der Lösung all dieser Aufgaben, ausgenommen dem Aufbau des Militärs, hat Roesler entschiedenen Anteil. Roesler war bei seinem Werk in Japan von der Überzeugung geleitet, daß Japan mit seinem Eintritt in den Weltverkehr unwiderruflich den Weg zur modernen Industriegesellschaft eingeschlagen habe und daß seine kulturelle Entwicklung der universalen Kultur der werdenden Weltgemeinschaft eingepaßt werden müsse. Er brachte für sein Werk in Japan eine ausgezeichnete Vorbereitung mit. Er war wohl der einzige ausländische Berater der Meijiregierung, der von der Höhe einer akademischen Laufbahn in den Beraterdienst trat. Seine grundlegende Auffassung von den Entwicklungsgesetzen der modernen Gesellschaft[2] befähigten ihn, die Probleme und Aufgaben Japans tief und fruchtbar zu sehen. Sein ganzes wissenschaftliches Forschen kreist um die Probleme der „Gesellschaft", und diese Gesellschaft war für ihn mehr als die nationale Staatsgemeinschaft, sie war die unter dem Antrieb der modernen Verkehrswirtschaft heranwachsende freie Kulturgemeinschaft aller Menschen. Sein Blick war universal, auf die Entwicklung der alle Menschen zusammenschließenden Weltkultur gerichtet[3]. Er hatte nichts von der kleinbürgerlichen Verengung des Blicks auf die deutschen Verhältnisse, die so manchen deutschen Gelehrten der damaligen Zeit kennzeichnet. Er war kein Nationalist und kein Befürworter der Überlegenheit der westlichen Kultur. Er sah die Aufgabe Japans darin, in der durch den Weltverkehr zusammenwachsenden Welt seinen ihm gebührenden Platz einzunehmen. Eine Anpassung der japanischen Kultur an die wirtschaftlichen, politischen und rechtlichen Formen des Westens war seiner Auffassung nach unumgänglich. Aber er sah darin nicht eine Aufgabe, sondern eine Weiterentwicklung der angestammten Kultur.

Besonders fruchtbar für seine Beurteilung des Weges, den Japan einzuschlagen hatte, war seine Auffassung, daß die Entwicklung der Kapitalwirtschaft der wichtigste Faktor für den Fortschritt einer Nation und ihre Eingliederung in die moderne Weltkultur darstelle[4]. Roes-

---

[2] Vgl. Gesetzm. 12; Vorles. 9 - 15; Rauscher 271 ff.

[3] „Der Begriff der Gesellschaft ist nicht gebunden an nationale und territoriale Schranken; er durchbricht vielmehr dieselben und erfaßt alle Menschen, soweit sie demselben Kulturverband angehören, als Glieder einer höheren universalen Einheit, in welcher die freie menschliche Entwicklung ihren Brennpunkt findet." Verwalt. 1, 3.

[4] „Die moderne Gesellschaft ist daher vorzüglich ein Produkt der sozialen Umgestaltung des Besitzes und damit auch der Arbeit." Verwalt II, 299.

ler war Wirtschaftswissenschaftler, der wie kein zweiter die Dynamik der modernen Kapitalwirtschaft für die Umgestaltung des gesamten Kulturlebens und den kulturellen Zusammenschluß der Welt erkannt hatte. Die Folgerungen daraus für die Rechtsordnung der modernen Gesellschaft hatte er systematisch in seinem bahnbrechenden „Das soziale Verwaltungsrecht" dargestellt. Besonders in dem Teil „Erwerbsrecht" hatte er die verwaltungsrechtlichen Forderungen der Wirtschaftsgesellschaft formuliert und dort in seiner Behandlung des Geldwirtschaftsrechts und des Arbeitsrechts neue, zukunftsträchtige Ideen entwickelt. Es gab kaum ein wesentliches Problem im Neubau der japanischen Verwaltung, das er nicht in seinem deutschen Werk behandelt hatte.

Seine Vertrautheit mit dem Verfassungsrecht hatte er in der Auseinandersetzung mit der Bismarckschen Verfassung bewiesen[5]. Vor allem aber hatte er eine fruchtbare soziologische Auffassung vom Staat. Im modernen konstitutionellen Staat sah er ein Produkt der kapitalwirtschaftlichen Entwicklung, ein Ausdruck des Strebens der bourgeoisen Erwerbsklasse nach Freiheit besonders des Eigentums[6]. Die Beschränkung des egoistischen kapitalistischen Gewinnstrebens war ihm eine der Hauptaufgaben des modernen Staates[7].

Sein Werk als Ratgeber der Neuorganisation Japans war eine Anwendung und Ausführung der in seinen deutschen wissenschaftlichen Schriften entfalteten Ideen. Es galt dem Aufbau der Institutionen, die nach seinen historisch-soziologischen Auffassungen die wesentliche Organisation der modernen Gesellschaft ausmachen: der sozialen Ordnung des freien Kapitals und der konstitutionellen Ordnung des Rechts- und Verwaltungsstaates.

Die führenden Männer der Meijizeit haben wohl alle die Notwendigkeit der industriellen Entwicklung Japans anerkannt. Es hat unter ihnen auch nicht an solchen gefehlt, welche mit mehr oder weniger Klarheit erkannten, daß die industrielle Entwicklung eine Umwälzung des gesamten Kulturlebens mit sich bringt, welche eine neue gesellschaftlich-politische Ordnung notwendig macht. Es dürfte aber unter ihnen niemand gegeben haben, der so klar wie Roesler die „Gesetzmäßigkeit" dieses Vorgangs, die unwiderstehlich die Gesellschaftsstruktur umwandelnde Macht der kapitalistischen Produktion[8], und auch

[5] Gedanken über den konstitutionellen Wert der Deutschen Reichsverfassung, Rostock 1877. Siehe S. 37.

[6] Vgl. Vorles. 122; S. 124 ds. Buches.

[7] Verwalt. II, 306.

[8] Darüber handelt seine ganze Abhandlung „Über die Gesetzmäßigkeit der volkswirtschaftlichen Erscheinungen". Ferner Nationalök. 235: „Bei dieser Betrachtung der Dinge erscheint nun offenbar der Mensch in einem ganz neuen Licht, nämlich als Objekt von Notwendigkeiten, welche mit den Kausalverhältnissen der Natur durchaus nicht zusammenfallen, sondern ihren

ihre das eigentliche Menschsein und das menschenwürdige Zusammenleben bedrohenden Tendenzen durchschaute und zugleich eine klare Vorstellung davon hatte, wie die Gesellschafts- und Staatsordnung beschaffen sein muß, welche die kapitalistische Gesellschaft den Zielen einer wahrhaft menschlichen Kultur unterwirft. Roesler hat den Kapitalismus als eine geschichtliche Notwendigkeit betrachtet und ihn im Grunde positiv, als eine Erscheinung, die der Freiheit des Menschen entspringt, beurteilt. Er war überzeugt, daß der Kapitalismus auch der einzig mögliche Weg der Entwicklung Japans sei und daß dieser Weg in eine bessere und schönere Zukunft führen könne. Er hat durch seinen Anteil an der grundlegenden Wirtschaftsgesetzgebung der Meijizeit dazu beigetragen, der kapitalistischen Entwicklung Japans die Bahn freizumachen[9]. Er hat dabei die Gefahren dieser Entwicklung nicht übersehen, — an durchdringender Kritik des ungehemmten Kapitalismus übertrifft er das meiste, was das Schrifttum der damaligen Zeit bietet. Aber er sah auf dem Grund der ambivalenten Erscheinungen des modernen Kulturlebens die dem Gesellschaftsleben selbst innewohnende „Ordnung des sozialen Rechts". Und er glaubte, daß eine öffentliche Rechtsordnung, die der Verwirklichung dieser sozialen Ordnung dient, das moderne Gesellschaftsleben in einer heilsamen Ordnung erhalten könne.

Die politisch-staatsrechtliche Ordnung, die Roesler für Japan befürwortete, war ein monarchischer Konstitutionalismus, den ich als gemäßig konservativ bezeichnen möchte. Roesler gilt bei den japanischen Historikern der Nachkriegszeit als ein Reaktionär, der die undemokratische preußische Verfassung und Bismarcksche Staatsgrundsätze empfahl. Diese Beurteilung beruht auf einer sehr oberflächlichen und einseitigen Kenntnis seiner Denkschriften. Eine tiefere Kenntnis seiner Denkschriften und vor allem seiner in den deutschen Schriften dargestellten Ideen, in denen die letzte Begründung seiner Denkschriften zu finden ist, zeigt, daß er alles andere als ein engstirniger konservativer Monarchist ist, daß er vielmehr ein Denker ist, dem die persönliche Freiheit das höchste Gut ist, der allerdings auch um die geschichtliche Bedingtheit und Gemeinschaftsbezogenheit der Freiheit weiß[10].

Grund in der Entwicklung des menschlichen Lebens und der Menschheit findet und mit unwiderstehlicher Gewalt die ganze Menschheit erfassen. Dadurch muß die ganze Auffassung des menschlichen Daseins, der Rechte und Pflichten des Menschen von Grund aus verändert werden und vieles seine Wahrheit und Gültigkeit verlieren, was bisher jedermann für wahr und gültig anzunehmen bereit war."

[9] Vgl. S. 51 ff.

[10] Roesler bezeichnet als Objekt der von ihm im „Sozialen Verwaltungsrecht" behandelten Verwaltung: „Die Freiheit der Entwicklung für alle nach gleichem Recht und das Prinzip der Gemeinschaft in allen Kulturverhältnissen durchzuführen und zu wahren, ist im Allgemeinen die wesentliche Aufgabe der sozialen Verwaltung." I, 2/3. Darüber Roeskens.

Noch unmittelbar vor seinem Kommen nach Japan hatte er in seiner Kritik der deutschen Reichsverfassung von 1871 den Geist der staatlichen Willkür und die Verleugnung der konstitutionellen Rechtsprinzipien, die sich in dieser von Bismarck gemachten Verfassung offenbaren, gegeißelt. In Deutschland erinnerte man sich an ihn als einen Feind des Preußentums. Dieses Urteil über Roesler scheint Hirobumi Ito gehört zu haben, als er 1882 in Berlin den repräsentativen Denker des preußischen Staatssystems, Rudolf Gneist, traf. Unmittelbar nach dieser Zusammenkunft schrieb er an den japanischen Justizminister Akiyoshi Yamada: „Ich habe erfahren, daß Roeslers Lehre der Freiheit zuneigt. Er ist ein Gegner der preußischen Politik[11].“ Ich möchte zugeben, daß Roesler in Japan gewisse konservative Forderungen stärker betont hat als in seinen deutschen Schriften. In seiner Kritik der deutschen Reichsverfassung stellt er z. B. die parlamentarische Regierung als Ideal hin. In Japan hat er solche Gedanken nie geäußert. Aber das stärkere Hervortreten konservativ-autoritärer Züge war bei ihm keine grundsätzliche Wandlung seines freiheitlichen Standpunktes. Es war eine Anpassung an die realen politischen Faktoren, die er in Japan antraf und für einen gesunden Aufbau Japans für entscheidend hielt. Sie entsprang der Rücksicht, daß der Übergang zum konstitutionellen System bei dem politisch noch unreifen Volke nur schrittweise, nicht im radikalen Bruch mit der traditionellen autoritären Regierungsweise erfolgen dürfe.

Wir müssen in diesem Zusammenhang beachten, wie Roesler sich sein Urteil über die zuverläßlichen innerpolitischen Kräfte Japans gebildet hat. Die Jahre, in denen Roesler mit dem politischen Leben Japans vertraut wurde und seine Stellung in der Regierung aufbaute, war die Zeit, in der die „Bewegung für die Volksrechte“ ihren Höhepunkt erreichte[12]. Durch Studium im Ausland und durch Übersetzung europäischer Literatur waren die Japaner mit den konstitutionellen Ideen bekannt geworden. Schon 1871 wurde J. S. Mills „On Liberty“ übersetzt, 1872 Bluntschlis „Allgemeines Staatsrecht“. Besonders die Schriften Rousseaus, Mills und Spencers fanden bei der Intelligenz ein lebhaftes Echo. 1875 veröffentlichte Kowashi Inoue, der später beim Entwurf der Verfassung die entscheidende Rolle spielen sollte, aber auch schon eine Übersetzung der preußischen Verfassung. Gegen Ende der 70er Jahre entstand unter der Intelligenz eine stürmische Bewegung für die Einberufung eines Parlaments und den Erlaß einer Verfassung. Es bildeten sich politische Parteien. Man forderte eine von einer Nationalversammlung beschlossene Verfassung, welche die bürgerlichen Freiheiten garantieren und eine verantwortliche Regierung

[11] Ito Hirobumi den, II, 305.
[12] Siehe Hugh Borton, 116 ff.

im Rahmen einer konstitutionellen Monarchie nach englischem Vorbild einführen sollte. Vereinzelt wurden radikalere Forderungen, welche die demokratischen Ideen der französischen Revolution vertraten, laut. Die Verfassungsfrage wurde zum Brennpunkt der Modernisierungsbewegung. Roesler stand der liberalen Bewegung mit Mißtrauen und Sorge gegenüber. Für ihn, der im Prinzip die individualistische Freiheitsauffassung des radikalen Liberalismus ablehnte, waren die Ziele dieser Bewegung kein Fortschritt zur wahren „sozialen Freiheit". Ihre Führer waren ihm reine Doktrinäre, die, betört von Ideen, die sie kaum verstanden, nicht auf dem Boden der Wirklichkeit standen und die Gesetze organisch-historischer Entwicklung verkannten. In seinen Augen war die Bewegung für die Volksrechte nur die Agitation einer unreifen Intelligens, nicht eine wahre Volksbewegung, die den Geist der Nation offenbart. Er sah vor allem klar, daß die konstitutionellen Ziele dieser Bewegung die souveräne Stellung des Kaisers untergruben[13].

Dagegen war Roesler mit den Zielen der „konservativen" Staatsmänner, die in den 80er Jahren den Neubau Japans leiteten, grundsätzlich einverstanden. Aus den wenigen persönlichen Erinnerungen, die sich erhalten haben, und der Tatsache, daß er sich 15 Jahre lang in den Dienst dieser Männer gestellt hat, steht fest, daß er sie außerordentlich hochgeschätzt und ihren politischen Bestrebungen Vertrauen geschenkt hat. Der Kreis der Männer, mit denen er zusammengearbeitet hat, umfaßt die meisten Staatsmänner dieser Jahre. Im Staatsrat (Dajokan) waren es der Großkanzler Sanetomo Sanjô und der Vizekanzler Tomomi Iwakura, dann der zum Leiter der Regierung aufsteigende Hirobumi Ito und seine engen Mitarbeiter Kowashi Inoue und Miyoji Ito, aber auch Kiyotaka Kuroda und Aritomo Yamagata, die ebenfalls Ministerpräsidenten wurden, ferner der Außenminister Kaoru Inoue, der Finanzminister Masayoshi Matsukata, der Unterrichtsminister Arinori Mori, der Justizminister Ariyoshi Yamada, der Innen- und Marineminister Tsugemichi Saigo (der Bruder des Rebellen Takamori Saigo) und der Armeeminister Iwao Oyama. Roesler schätzte besonders den Großkanzler Sanjô wegen seiner Lauterkeit und Selbstlosigkeit hoch. Mit Ito hat er besonders in der Vorbereitung der Verfassung aufs engste zusammengearbeitet. Ito schätzte Roesler wegen seiner umfassenden Kenntnisse und seines reifen Urteils außerordentlich und machte ihn zu seinem ersten Sachberater. Itos Charakter war nicht ganz nach dem Geschmack Roeslers: er war ihm zu sehr Politiker, der manchmal die Dinge mehr opportunistisch als nach festen Prinzipien behandelte. Mit Yamagata geriet Roesler wegen des Aufbaus der regionalen Selbstverwaltung in einen sachlichen Konflikt[14], aber die

[13] Siehe S. 59 f.
[14] Siehe S. 137 f.

gegenseitige Achtung blieb bestehen. Das Verhältnis zu dem offenen und geraden Kuroda war herzlich.

Diese Männer waren mit Ausnahme von Sanjô und Iwakura, die dem alten Hofadel angehörten, tatsächlich die Führer der Samuraiklane von Choshu und Satsuma. Sie waren bestrebt, im Aufbau des neuen Verfassungsstaates ihre Herrschaft zu bewahren und zu befestigen. Aber in den Augen Roeslers waren sie nicht eine Clique rein feudalen Interesses oder eine volksfeindliche Oligarchie, welche die Staatsmacht für ihre Zwecke ausbeuten wollten. Obwohl er gegen ihre persönlichen Schwächen, ihren Ehrgeiz und ihre klangebundenen Interessen nicht blind war, betrachtete er diese Männer doch als die Elite der Nation. Sie waren ihm eine Aristokratie im ursprünglichen Sinne des Wortes, eine Herrschaft der Besten, die aus ethischer Staatsgesinnung handelten und ihren Beruf zur Staatsführung durch Leistungen für das Wohl der Allgemeinheit unter Beweis gestellt hatten. Diese Männer lebten aus dem Glauben an die wohltätige Mission des japanischen Kaisertums, sie betrachteten ihr Werk als Dienst an der Sache des Tenno und die Dynastie als den Grundpfeiler des nationalen Lebens. Die Ergebenheit dieser großen Männer gegen das Kaiserhaus muß Roesler beeindruckt und sein Urteil bestimmt haben, wo die aufbauenden Kräfte des nationalen Lebens in Japan wirklich lagen[15]. Sie waren ihm nicht die Schlagworte der liberalen Intelligenz, sondern die Ideale und Taten dieser konservativen Regierungsführer. Im täglichen Umgang und Zusammenarbeiten mit ihnen kam er zu der Überzeugung, daß die Hingabe an die Mission des Kaiserhauses der ideale Antrieb der neuen Epoche, daß die Monarchie wirklich die Grundlage des nationalen Lebens sei und daß darum der Kaiser das Zentrum der neuen konstitutionellen Ordnung sein müsse. Das scheint mir der Grund, warum Roesler ein entschiedener Befürworter einer starken monarchischen Regierungsgewalt wurde. Er schätzte die Kräfte, die ihm zu Beginn des zweiten Jahrzehnts der Restauration auf der Bühne des politischen Lebens Japans begegneten, ein nach dem, was sie für die Substanz der Nation bedeuteten, und entschied sich für die konservativen Führer, welche die Kaiserherrschaft wollten. Aber er war nie für eine patriarchalische oder absolute Monarchie. Er wollte die konstitutionelle Monarchie, eine echte konstitutionelle Monarchie, nicht

[15] Die von der radikal demokratischen Ideologie beherrschte japanische Geschichtsschreibung der Nachkriegszeit betrachtet die Erbauer des modernen Japans als eine klangebundene, nur nach eigener Macht strebende Oligarchie und überschätzt gewaltig die Bedeutung der Volksrechtsbewegung. Ich halte eine positive Bewertung der Meijistaatsmänner für eine Grundvoraussetzung des Verständnisses der Meijiepoche und glaube auch mit der Darstellung des Werkes Roeslers zur Überwindung der Vorurteile beitragen zu können.

einen Konstitutionalismus, der nur eine äußere Fassade war. Eine echte Synthese zwischen kaiserlicher Souveränität und Konstitutionalismus, eine organische Modernisierung des Kaisertums durch Aufnahme der allgemeingültigen Elemente des Konstitutionalismus — das war für ihn die Garantie einer gesunden Entwicklung des modernen Japans.

Das dies sein wahres Ziel war, möchte ich im Folgenden aus den Dokumenten beweisen.

2. Gebiete seiner Tätigkeit

Außenpolitik

Roesler begann seine Tätigkeit in Japan im Jahre 1879 als Rechtsberater des Auswärtigen Amtes. Er stieg auf zum ersten Berater der Regierung, der sich eines solchen Vertrauens erfreute, daß es kaum eine Staatsangelegenheit von einigem Belang gegeben zu haben scheint, zu der sein Rat nicht eingeholt wurde. Seine Tätigkeit als außenpolitischer Berater erstreckt sich über die ganzen 15 Jahre seines Wirkens in Japan. Ein vollständiges Bild seiner Ratgeberschaft auf diesem Gebiet läßt sich aus dem vorliegenden lückenhaften Material nicht gewinnen. Sie war auf jeden Fall bedeutend und umfangreich.

Hauptziel der japanischen Außenpolitik in diesen Jahren war die Abschaffung der ungleichen Verträge aus den fünfziger und sechziger Jahren, die den fremden Mächten Wareneinfuhr zu höchst niedrigen Zollsätzen, Extraterritorialität und Konsulargerichtsbarkeit zugestanden. Roesler war der Ansicht, daß für das schwache ungefestigte Japan durchaus die Gefahr bestehe, durch Einschränkung seiner Souveränität in einen halbkolonialen Zustand hineinzugeraten, und daß das Wohl und die Würde Japans die vollständige Abschaffung der seine Freiheit einschränkenden Verträge verlange. Die zweite Hälfte des neunzehnten Jahrhunderts ist die Hochzeit des westlichen Imperialismus. Die rücksichtslose Verletzung der Souveränität Chinas, besonders durch England, die Kolonisierung Indochinas durch Frankreich u. ä. zeigten den Japanern, was ein Volk, das seine Selbständigkeit nicht verteidigen kann, von den westlichen Mächten zu erwarten hatte. Für diese war Extraterritorialität ihrer Niederlassungen und Konsulargerichtbarkeit für ihre Untertanen eine Selbstverständlichkeit, und die unsicheren Rechtsverhältnisse in den betreffenden Ländern boten ihnen gute Argumente für ihre Haltung. Roesler war sich bewußt, daß die japanische Politik das Ziel der Abschaffung der Verträge nur mit Geduld und Klugheit erreichen könne. Er anerkannte die Gültigkeit der geschlossenen Verträge und wollte bei Änderung derselben die Prinzipien des internationalen Rechts gewahrt haben.

Der unberechtigten Ausdehnung der Verträge, als ob die Ausländer keinem japanischen Gesetz unterständen, trat er sofort entgegen. Er anerkannte die Notwendigkeit, durch Schaffung eines modernen, nach westlichen Prinzipien gestalteten Zivil-, Handels- und Strafrechts die Forderung der Ausländer nach Rechtsicherheit zu befriedigen, und hat durch seinen Entwurf des Handelsrechts ein Muster der notwendigen Gesetzgebung geschaffen[1]. Aber er war gegen jede Kompromißlösung in der Vertragsfrage: er wollte die vollständige Wiederherstellung der souveränen Freiheit Japans. Bei den Engländern war er deshalb persona ingrata[2].

Unter dem Außenminister Inoue nahm die Vertragsrevision konkrete Gestalt an. Es war sein Ehrgeiz, dieses Grundproblem der japanischen Politik zu einer baldigen Lösung zu bringen. Das steigende Ansehen der japanischen Rechtsprechung und Verwaltung und die Fertigstellung der neuen Rechtskodizes gab ihm das Vertrauen, eine Aufgabe oder wenigstens eine wesentliche Milderung der Vorrechte der Ausländer erreichen zu können. Er setzte es durch, daß 1886 die Kodifikationsarbeiten seinem Ministerium unterstellt wurden. Aber besonders England war nicht bereit, auf die Konsulargerichtsbarkeit ganz zu verzichten. Inoue schlug deshalb einen Kompromiß vor: Die Ausländer sollten in einigen Jahren das Recht erhalten, sich überall in Japan niederzulassen, Grund zu erwerben und selbst Minen zu betreiben. Die Rechtskodizes sollten vor der Promulgation die Zustimmung der fremden Mächte erhalten. In Gerichtsachen der Ausländer sollten Ausländer als Richter bestellt werden, und zwar sollten in Prozessen, wo beide Teile Ausländer waren, nur Ausländer Richter sein, in Prozessen, wo nur ein Teil ein Ausländer ist, ausländische Richter die Mehrheit bilden. Der Plan stieß auf lebhaften Widerstand in der Presse und im Volke und auch einiger Regierungsmitglieder. Der Regierungsberater Boissonade[3], der die Kodizes für Zivil- und Strafrecht entwor-

---

[1] Siehe im Folgenden Abschnitt Wirtschaftsgesetzgebung S. 51 ff.

[2] E. von Borell, Erinnerungen an Prof. H. Roesler.

[3] Gustave Emile Boissonade de Fontarabie (1825 - 1910) steht, was sein Einfluß auf das moderne japanische Recht angeht, an 2. Stelle neben Roesler. Er war 1873 professeur agrégé an der Sorbonne, wo Kowashi Inoue, Mitglied der von Eto Simpei geführten Studienkommission, ihn schätzen lernte. Wohl auf Betreiben Inoues wurde er von der japanischen Regierung zum Entwurf des Zivil- und Strafrechts und zu juristischen Unterricht eingeladen und war in Japan bis 1895 tätig. Wenn auch die von ihm entworfenen Kodices nicht angenommen wurden, hat er doch für die Einführung eines modernen liberalen Zivil- und Strafrechts großes Verdienst. Durch seine zahlreichen Vorträge und Veröffentlichungen schuf er eine öffentliche Meinung, die ein liberales Privatrecht forderte. Er hat den Grundsatz „Nulla poena sine lege“ in das moderne japanische Recht eingeführt. Energisch trat er für die Vertragsrevision ein, in welchem Punkt er sich mit Roesler traf. Wenn auch Roesler seiner liberalen Richtung nicht in allem beipflichtete, so war das Verhältnis Boissonade - Roesler doch ohne äußere Spannungen.

fen hatte, wandte sich öffentlich mit einer Denkschrift dagegen. Roesler trug seine Kritik nicht in die Öffentlichkeit, aber innerhalb der Regierung vertrat er in Übereinstimmung mit Kowashi Inoue energisch den Standpunkt, daß man mindestens die Naturalisation der Ausländer verlangen müsse, wenn ihre Verwendung als Richter nicht die japanische Souveränität verletzen sollte[4]. Kaoru Inoue sah sich zum Rücktritt gezwungen, und an seine Stelle trat auf Betreiben Itos der liberale Okuma. Dieser führte geheim und getrennt mit den Mächten Verhandlungen, und er erreichte in einigen Punkten etwas für Japan günstigere Bedingungen. Aber der wesentlichste Punkt seines Revisionsplanes war kaum eine Verbesserung gegenüber dem Inoues: Bei Rechtsachen der Ausländer sollte der Oberste Gerichtshof in der Mehrzahl ausländische Richter haben. Am 2. April 1889 veröffentlichte die Londoner Times den Inhalt des geplanten Vertrages. Die Zeitungen lehnten den Vertrag ab. Auch der Ministerpräsident Kuroda trat offen auf die Seite der Gegner. Man tadelte mit Recht, daß der Vertrag die neue Verfassung verletzte, die nur Japaner als Richter kenne. Auf Okuma wurde ein Attentat verübt, das ihn schwer verletzte. Aber die Verträge mit Amerika, Deutschland und Rußland waren bereits unterschrieben. Roesler riet, um Abänderung der unterzeichneten Verträge zu bitten und mit dem Ziel annehmbarer Bedingungen weiterzuverhandeln[5]. Der Ministerpräsident Kurada trat am 25. Oktober 1889 zurück, und der Altstaatsmann Sanjô wurde vorübergehend mit der Leitung der Regierung betraut. Unter ihm beschloß die Regierung, die unglückliche Kompromißpolitik aufzugeben und die Vertragsrevision nur unter Abschaffung der Vorrechte der Ausländer nach dem Prinzip der vollen Gleichstellung Japans mit dem Vertragspartner durchzuführen. Die beschlossenen Richtlinien waren vom 1. Sekretär des Geheimen Staatsrats Miyoji Ito verfaßt[6], der darin den Ratschlägen Roeslers folgte. Diese Richtlinien wurden vom Kaiser formell sanktioniert und die Gesandtschaften um Verschiebung der Durchführung der geschlossenen Verträge gebeten. Im neuen Yamagata-Kabinett wurde Shuzo Aoki, ein alter Freund von Roesler, Außenminister. Er verhandelte im Sinne Roeslers weiter mit den auswärtigen Mächten. Den Abschluß der Vertragsrevision hat Roesler nicht mehr erlebt. Aber bald nach seinen Weggang konnte der Außenminister Mutsu den Vertrag mit England, der alle Vorrechte der Ausländer aufhob, abschließen. Daß die Regierung an der zähen und konsequenten Politik der Abschaffung der fremden Privilegien festhielt, die schließlich zum Siege führte, ist Roesler wesentlich mitzuverdanken.

---

[4] JR 103, Anm. 4.

[5] JR 103, Anm. 5.

[6] JR 103, Anm. 6.

Konflikte, die zu kriegerischen Auseinandersetzungen zu führen drohten, gab es zur Zeit Roeslers besonders mit China und Korea. China grollte wegen der Durchsetzung der japanischen Souveränität über die Ryukyu-Inseln und wegen der japanischen Formosa-Expedition von 1873. In Korea kämpften China, Japan und Rußland um die Vorherrschaft[7]. Korea war durch seine korrupte und fortschrittfeindliche königliche Regierung in einen Zustand der Schwäche gesunken, der das Eingreifen fremder Mächte geradezu herausforderte. China beanspruchte die Souveränität über Korea und suchte durch Entsendung von Truppen und Beratern seinen Einfluß zu stärken. Die japanischen Chauvenisten, vertreten in der liberalen Partei und in der Armee, wollten die Hegemonie Japans über Korea. Der berühmte General Takamori Saigo drängte 1874 zum Krieg mit Korea; der besonnene Teil der Regierung hatte alle Mühe, den Krieg zu vermeiden. In Seoul waren zum Schutz der japanischen Gesandtschaft japanische Truppen stationiert, und es gab dauernd Zwischenfälle zwischen Koreanern und Japanern. Rußland trat mehr und mehr hervor, sich eine Position in Korea zu sichern. Für Japan war es lebenswichtig, daß sich keine fremde Macht in Korea festsetzte. Roesler riet der Regierung bei Konflikten zur Mäßigung. Er wußte wohl, daß ein Krieg das Erstarken Japans nur beeinträchtigen konnte. Krieg kam für ihn nur bei wirklicher Bedrohung der nationalen Selbständigkeit in Frage. Ende 1884 aber drohte es wegen Angriffe der Chinesen und Koreaner auf Japaner zu Krieg mit China und Korea zu kommen[8]. Koreanische Progressivisten, die von Japanern unterstützt waren, versuchten einen coup d'etat und töteten mehrere chinafreundliche Minister des Königs. Die chinesischen Truppen in Seoul griffen die japanischen an. Die Koreaner töteten Japaner in der Stadt und zerstörten ihre Häuser. Die japanische Truppe mußte sich nach Inchon zurückziehen. Die Chauvenisten in Japan riefen nach Revanche. Aber Ito, von Roesler beraten, war um eine friedliche Lösung bemüht. Mit Korea und China wurde getrennt verhandelt. Kaoru Inoue ging nach Seoul und verlangte Bestrafung der Schuldigen, 110 000 Dollar Entschädigung und Wiederherstellung der zerstörten Gebäude der Japaner. Die Forderungen waren gemäßigt. Darauf begab sich Ito an der Spitze einer Gesandtschaft, zu der auch Roesler gehörte, nach Tienshin, um mit dem führenden chinesischen Staatsmann Li Hung Chan zu verhandeln. Roesler entwarf Itos Erklärung des japanischen Standpunktes und half, den Inhalt des Vertrages von Tienshin festzulegen[9], der am 18. April

---

[7] Vgl. Hilary Conroy, The Japanese Seizure of Korea 1868 - 1920, Philadelphia 1960.

[8] Conroy 146 ff.

[9] JR 103, Anm. 9.

unterzeichnet wurde. Vereinbart wurde, daß sowohl China wie Japan ihre Truppen aus Korea zurückziehen, daß Entsendung von Truppen im Notfall nur nach vorhergehender Verständigung der Gegenseite erfolgt und daß beide keine Instrukteure für das koreanische Militär entsenden.

Der Vertrag von Tienshin war ein Muster einer gerechten und sinnvollen Lösung der Spannungen zwischen Japan und China bzw. Korea. Hätte Japan an der von Roesler befürworteten Politik der Wahrung der Selbständigkeit Koreas festgehalten, so wäre es vor dem Irrweg des Imperialismus, der zur Annektion Koreas und zur Invasion Chinas führte, bewahrt geblieben. Roeslers Mitarbeit an der Lösung der koreanisch-chinesischen Frage wurde hoch geschätzt. Bald nach Rückkehr der Gesandtschaft nach Tokyo wurde ihm der Orden der Aufgehenden Sonne 2. Klasse verliehen, die höchste Auszeichnung, die in damaliger Zeit im Dienste Japans wirkende Ausländer erhalten haben[10].

Nach den Erinnerungen der Tochter Roeslers hat er in der Verwirrung, welche das Attentat auf den russischen Thronfolger im Mai 1891 bei Japanern und Russen auslöste, gute Ratschläge, die zur Beruhigung der Lage beitrugen, gegeben. An japanischen Dokumenten hat sich bisher nur eine Denkschrift, die sich gegen die Bestrafung des Verbrechens als Anschlag gegen das Kaiserhaus richtet, gefunden. Sie hat, wirksam unterstützt von Kowashi Inoue, die Regierung von ihrem Vorhaben abgebracht, den Attentäter gegen das Gesetz hinrichten zu lassen[11].

Wie aus dem Vorstehenden ersichtlich ist und im Folgenden aus seiner Mitarbeit für die Gestaltung der Staatsorganisation Japans noch klarer hervorgehen wird, beschränkten sich Roeslers Ratschläge nicht auf die rein wissenschaftliche Theorie, sondern hatten eine erhebliche praktisch-politische Bedeutung. Die Pflicht des ausländischen Regierungsberaters war an sich nur, den wissenschaftlichen oder technischen, nicht den unmittelbar politischen Aspekt der vorgelegten Frage darzulegen. Es war Roeslers Einstellung, darzulegen, was die Wissenschaft zu der betreffenden Frage sagt, und es war nach seiner Auffassung nicht Sache der Wissenschaft, Partei zu ergreifen. Er war bereit, die politische Entscheidung den Staatsmännern zu überlassen, und hat dies geübt, wenn die Staatsmänner seinen Ansichten nicht folgten. Aber

---

[10] Den Orden der Aufgehenden Sonne 2. Klasse erhielten noch der Amerikaner Le Gendre (1874) wegen Verhandlungen mit China, der Franzose Boissonade (1894) wegen seiner Verdienste um die Rechtskodifizierung, der Österreicher A. von Siebold (1894) wegen außenpolitischer Vermittlungen. Andere deutsche Berater, wie Rudolph und Mosse mußten sich mit dem Orden 3. Klasse begnügen.

[11] JR 103, Anm. 11.

Wissenschaft und Politik waren für ihn nicht hermetisch getrennt. Der Wissenschaftler hatte nach ihm die Fragen vollständig, bis hinein in die praktischen Konsequenzen, die sich aus einer wissenschaftlichen Ansicht ergeben, zu erörtern, und die theoretisch-wissenschaftliche Besinnung, die besonders aus der Geschichte zu lernen hat, ist für ihn der Weg zum richtigen politischen Handeln. Darum fehlt in seinen Ratschlägen nicht die politische Anwendung der Theorie. Und seine Fragesteller fragten oft genug über das Wissenschaftliche hinaus um seinen praktischen politischen Rat. So hatten seine Darlegungen tatsächlich an den politischen Entscheidungen großen Anteil.

Wirtschaftsgesetzgebung

Der Vertrag, der Roesler ursprünglich nur für das Auswärtige Amt verpflichtete, wurde ab 1. Juli 1881 dahin erweitert, daß er Berater der Staatsregierung (Dajokan) für alle Art von juristischen und volkswirtschaftlichen Fragen wurde[12]. Der unmittelbare Grund scheint gewesen zu sein, daß man Roesler den Entwurf des Handelsrechts anvertraut hatte. Der abgeänderte Vertrag ist vom Justizminister Yamada unterschrieben, dem die Arbeiten für die neuen Rechtkodizes unterstellt waren. Man war bald auf seine hervorragenden Kenntnisse auf dem Gebiet der Wirtschaft aufmerksam geworden und wollte seinen fachmännischen Rat für alle Angelegenheiten des Neubau Japans heranziehen.

Roeslers Beitrag zur Wirtschaftsgesetzgebung der Meijizeit ist noch nicht vollständig erforscht. Finanzminister Matsukata hatte die Sanierung des unter einer Papiergeldinflation leidenden Geldwesens und die Regelung des für das Erstarken der Wirtschaft so wichtigen Bankwesens in Angriff genommen. Roesler trat für Doppelwährung und Wiederherstellung der Silberwährung ein und schrieb Gutachten über die Errichtung und das Gesetz-Statut der „Bank von Japan“[13], die 1882 ins Leben trat. Auch das Börsengesetz von 1887[14] und das Bankgesetz von 1890[15] sind von Roesler verfaßt.

Bekannter ist sein Entwurf des ersten japanischen Handelsgesetzes. Roesler arbeitete an dem Entwurf von 1881 bis 1884. Er wurde 1884 von der Regierung in japanischer und deutscher Sprache veröffentlicht. Man hat sich öfters gewundert, warum die Regierung den Entwurf des Handelsrechts einem Gelehrten des öffentlichen Rechts anvertraute.

---

[12] JR 103, Anm. 12.

[13] JR 103, Anm. 13 — Roesler begutachtete auch die Errichtung der „Japanischen Hypotheken-Bank“.

[14] JR 103, Anm. 14.

[15] JR 103, Anm. 13.

Aber Roesler war auf dem Gebiet des Handelsrechts kein Laie. Seine juristische Inaugural-Dissertation handelt von der „rechtlichen Natur der Handelsgesellschaften nach römischem Recht", und er hat auch sonst noch über handelsrechtliche Fragen geschrieben. Es war ein großer Vorteil, daß er als Wirtschaftswissenschaftler den Handel in den großen Rahmen der Entwicklung des modernen Erwerbskapitals hineinstellte.

Über die Prinzipien, die ihn bei der Abfassung des Handelsrechts leiteten, sagt Roesler in der Einleitung zu seinem Entwurf:

„Bei der Abfassung eines Handelsgesetzbuches für Japan treten vor allem zwei Gesichtspunkte hervor: einmal, dem Handel und der Industrie Japans eine erschöpfende Rechtsgrundlage zu geben, und sodann, die kommerzielle und industrielle Tätigkeit der japanischen Nation auf den gleichen Fuß mit den übrigen Handelsnationen der Welt zu bringen. Die Vereinigung dieser beiden Gesichtspunkte ergibt die Aufgabe, ein Gesetzbuch herzustellen nach den besten und neuesten Prinzipien, welche als gemeinsame und allgemein anerkannte Handelsgrundsätze der zivilisierten Nationen angesehen werden müssen. Die Erfüllung dieser Aufgabe ist eine der wichtigsten und dringlichsten Interessen für Japan. Für die jetzigen Zustände des Handels und Verkehrs, in welche die japanische Nation eingetreten ist, seitdem sie von ihrer früheren Abgeschiedenheit sich lossagte, können die unvollständigen und zum Teil unbekannten Gewohnheiten und Gebräuche, nach welchen früher der Handel Japans sich richtete, unmöglich genügen. Für viele Rechtsverhältnisse des Handels gibt es in dem bisherigen Recht Japans überhaupt keine Normen; für andere sind sie ungenügend oder unvollständig ... Die Notwendigkeit, den Handel der japanischen Nation auf den Fuß der Gleichheit mit den übrigen Handelsvölkern zu bringen, tritt demnach auch in Hinsicht des Rechts unabweisbar hervor. ... Der Handel hat überall die Tendenz, sich nach gleichen Grundsätzen zu entwickeln, und verlangt daher auch möglichst gleiche Rechtsnormen, unabhängig von nationalen Grenzen. Wenn nunmehr Japan das Handelsrecht der westlichen Handelsvölker im wesentlichen zu adoptieren unternimmt, wodurch nicht ausgeschlossen ist, daß es in einzelnen Materien und Punkten seine eigenen Rechtsanschauungen und Rechtsübungen konserviert, so ist dies ein Fortschritt und eine Notwendigkeit, der auch die westlichen Völker, in alter wie in neuer Zeit, ihrerseits bereits sich unterworfen gesehen haben[16]."

Das Handelsgesetzbuch war ein wichtiger Schritt zur Wiederherstellung der Rechtssouveränität Japans. Es unterstellte in Art. 2 die Ausländer ausdrücklich den japanischen Gesetzen, soweit nicht durch Staatsverträge Ausnahmen festgesetzt sind. Roesler sagt darüber im Kommentar:

„Diese Bestimmung des Art. 2 ist zwar an sich selbstverständlich und könnte daher auch weggelassen werden. Gleichwohl erscheint sie aus mehreren Gründen nicht überflüssig. Einmal hat es einen gewissen politischen Werth, die Unterwerfung der Ausländer unter die Japanische Gesetzgebung ausdrücklich hervorzuheben, um der in weiten Kreisen grassierenden Mei-

[16] Entwurf eines Handels-Gesetzbuches für Japan. Tokyo (1884), I - VIII.

nung entgegenzutreten, daß Ausländer in Japan in aller und jeder Beziehung vom Japanischen Rechte eximirt seien. Sodann kann man die tägliche Beobachtung machen, daß Ausländer, namentlich auch fremde Advokaten, sich ohne Rücksicht und Bedenken auch vor Japanischen Gerichten auf ausländische Rechtsregeln berufen und dadurch die Japanische Gerichtspraxis in Verwirrung bringen. Dieser unberechtigten Gewohnheit soll nun mehr ein Riegel vorgeschoben werden. Aber noch eine andere Erwägung findet hier ihren Platz. Nach den jetzt bestehenden Staatsverträgen sind nämlich die Ausländer in Japan genau genommen nur in gerichtlicher Beziehung eximiert, indem sie in Streitsachen unter sich, und mit Japanischen Unterthanen, soweit sie Verklagte sind, von ihren eigenen Gerichten und nach ihren nationalen Gesetzen abgeurtheilt werden sollen. Allein das Handelsrecht Japans, wie das jedes anderen Landes, soll auch außergerichtlich zur Anwendung gebracht werden, und diese außergerichtliche Anwendung ist in der Praxis überall weitaus überwiegend; und insofern sollte in unstreitigen Handelssachen in Japan, sowohl unter den Einheimischen, als mit und unter Fremden, strenggenommen nur das Japanische Handelsrecht Gültigkeit haben. Dies ist aber bisher nicht der Fall gewesen, theils weil es an einer genügenden Handelsgesetzgebung fehlte, theils weil alle Handelsgeschäfte unter der Eventualität eines künftigen Rechtsstreites eingegangen werden müssen. Wird nun aber ein Handelsgesetzbuch für Japan geschaffen, das denen der übrigen Nationen ebenbürtig an die Seite gestellt werden kann, und wird in demselben seine Gültigkeit auch für Ausländer, soweit es die Verträge gestatten, ausdrücklich ausgesprochen, so wird dies der Ausdehnung dieses Rechts auf die Ausländer Vorschub leisten, da Niemand im voraus wissen kann, ob er bei einem etwaigen späteren Rechtsstreite Kläger oder Beklagter sein wird, und da es im Interesse beider Theile liegen muß, von vorneherein einen gemeinsamen festen Rechtsboden zu haben[17]."

Der Roeslersche Entwurf umfaßte 4 Bücher: Vom Handel im Allgemeinen einschließlich Handelsgesellschaften, Seehandel, Bankrott der Kaufleute, besonderes Verfahren in Handelssachen. Roeslers Handelsrecht lehnt sich im allgemeinen an das deutsche an, nimmt aber auch manches aus anderen europäischen Rechten, besonders dem englischen und französischen, auf. Sein Gesellschaftsrecht ist sehr klar in den Prinzipien und heute noch lehrreich. Er unterscheidet 3 Arten von Handelsgesellschaften: Kollektivgesellschaften (Geschäfte auf gemeinsame Rechnung), unter die auch die Stille Gesellschaft fällt, Kommanditgesellschaften (nach englischer Art: Kommendatäre ohne persönliche Haftung, Geschäftsführung nicht notwendig, wie im französischen Recht, nur durch persönlich haftende Gesellschafter), Aktiengesellschaften. Die Aktiengesellschaft ist bei Roesler der bevorzugte Typ des Großunternehmens in der Kapital-Assoziation erfordernden modernen Wirtschaftsgesellschaft.

Als Roesler sein Handelsrecht schrieb, lag das Zivil- und Prozeßrecht noch nicht vor. Einige auch unter diese Gesetze fallenden Angelegenheiten, z. B. der kaufmännische Bankrott und das Rechtsverfahren bei

---

[17] Ebenda 76/7.

ihm, sind im Entwurf selbständig geregelt, was zu einigen Unstimmigkeiten mit den später festgesetzten Gesetzen führte[18]. Das bisherige japanische Gewohnheitsrecht ist nicht berücksichtigt, weil es im Ganzen nicht übersehbar war und weil es vor allem nach Roeslers Überzeugung für die Entwicklung des japanischen Handels darauf ankam, sich möglichst bald den Gesetzen der westlichen Länder anzupassen. Er war aber bereit, später Haltbares aus dem Gewohnheitsrecht dem neuen Handelsrecht einzufügen. Von großem Wert sind die den einzelnen Artikeln beigefügten ausführlichen Erläuterungen, die in Geschichte und Theorie des Handelsrechts in den verschiedenen Ländern einführen und der bisher in Japan nicht bestehenden Wissenschaft vom Handelsrecht auf den Weg helfen sollten.

Der Entwurf wurde von verschiedenen Untersuchungsinstanzen geprüft. Die Regierung war immer für eine baldige Einführung des Roeslerschen Handelsgesetzes. Schon 1882 wurden die Teile des Entwurfs, die über Wechsel und Schecks handelten, Gesetz. Aber die Annahme des Entwurfs als Ganzes verzögerte sich wegen des mehrmaligen Wechsels der Untersuchungsinstanzen. Erst 1890 nahm der Gesetzgebungsrat (Genroin) den Roeslerschen Entwurf — die Bücher über Seerecht und besonderes Verfahren in Handelssachen waren abgetrennt worden — mit einigen nicht erheblichen Änderungen an, und das entsprechende Gesetz, das am 1. Januar 1891 in Kraft treten sollte, wurde am 7. April 1890 promulgiert. Inzwischen aber hatte sich eine Opposition gegen die von Ausländern verfaßten Kodizes gebildet[19]. Nationalbewußte Kreise warfen ihnen besonders die Vernachlässigung des japanischen Gewohnheitsrechts vor. Die Opposition richtete sich hauptsächlich gegen die Außerachtlassung der traditionellen Ordnung im Familien- und Erbrecht. (Dieser Teil des Bürgerl. Rechts war tatsächlich von Japanern, aber unter Inspiration von Boissonde verfaßt.) Der konservative Jurist Yatsuka Hozumi charakterisierte das Bürgerliche Recht: „Das Bürgerliche Recht ist der Todesschuß für die kindliche Pietät." Die Opposition gegen das Roeslersche Werk war geringer und hätte an sich ohne größere Schwierigkeit überwunden werden können. Aber die Einführung des Handelsrechts war mit der des Bürgerlichen Rechts verkoppelt, und so wirkte sich die Opposition gegen das Bürgerliche Recht auch gegen das Handelsrecht aus. Auf Beschluß des ersten Reichstags wurde im Dezember 1890 das Inkrafttreten des Handelsrechts verschoben, und die Regierung konnte

---

[18] Man hat Roesler vorgeworfen, daß er hier Privatrecht und öffentliches Verfahrensrecht vermenge. Roesler kannte den theoretischen Unterschied zwischen Privat- und öffentlichem Recht sehr genau, er hielt aber bei dem Fehlen der betreffenden öffentlich-rechtlichen Bestimmungen ihre Aufnahme in das Handelsrecht für geboten.

[19] Vgl. R. Ishii, Japanese Legislation in the Meiji Aera, Tokyo 1958.

nur durchsetzen, daß am 1. Januar 1893 die dringlichsten Teile des Handelsrechts, nämlich die über die Handelsgesellschaften mit Einschluß der zugehörigen allgemeinen Bestimmungen über Handelsgeschäfte und die über Wechsel und Konkurs in Kraft traten. Die Konkursbestimmungen waren bis 1922 in Geltung, die anderen Teile bis 1899, in welchem Jahr Japan ein neues, noch mehr nach deutschem Muster gestaltetes Handelsgesetzbuch einführte. Im Herbst 1885 nahm Roesler als offizieller Vertreter der japanischen Regierung an dem ersten Kongreß für die Kodifizierung eines internationalen Handelsrechts in Antwerpen teil. Er spielte auf diesem Kongreß, dessen Ziele seiner Auffassung von der Notwendigkeit der internationalen Vereinheitlichung des Handelsrechts ganz entsprachen und der Gelegenheit bot, den Fortschritt Japans im Recht der Welt bekannt zu machen, eine führende Rolle und wurde mit dem belgischen Leopoldorden ausgezeichnet[20].

Roesler hat noch manche Gutachten zu Wirtschaftsfragen geschrieben; die meisten davon sind heute verschollen. Ich bemerke nur noch, daß er an der Abfassung des „Hausgesetz der Mitsui", des großen japanischen Familienkonzerns, beteiligt war[21].

Sozialgesetzgebung und andere Gesetze

Er befürwortete für das neue, kapitalistisch sich entwickelnde Japan eine soziale Arbeitsgesetzgebung, für die er in seinen deutschen Schriften so fruchtbare Vorschläge gemacht hatte. Ein entsprechender relativ fortschrittlicher Entwurf, der über Kinder- und Frauenarbeit, Unfallverhütung u. ä. handelt und sich an das österreichische Gesetz anlehnt, wurde im Ministerium für Landwirtschaft und Gewerbe im Jahre 1887 fertiggestellt[22]. Wegen Bedenken der Unternehmerkreise kam aber kein Gesetz zustande. Erst 1911 bekam Japan im sogenannten Fabrikgesetz sein erstes Arbeitsgesetz, das aber hinter den Vorschlägen Roeslers zurückbleibt.

Zu den Entwürfen Boissonades für das Zivil- und Strafrecht, die auf dem Code Napoleon beruhten, schrieb Roesler ausführliche kritische Gutachten. Zu vielen Artikeln des Strafrecht-Entwurfs wünschte er Verbesserungen in Einzelheiten[23]. Gegen das Familien- und Erbrecht des Zivilrechtsentwurfes äußerte er grundsätzliche Bedenken[24]. Er macht darauf aufmerksam, daß das unter dem Einfluß des römischen

---

[20] JR 104, Anm. 18.
[21] JR 104, Anm. 19.
[22] JR 104, Anm. 20.
[23] JR 104, Anm. 21.
[24] JR 104, Anm. 22.

Rechts stehende französische Recht die Bezogenheit der Individualrechte auf die Gemeinschaft zu sehr außer acht läßt, daß die Rechtsgleichheit der Individuen darin einseitig betont sei, daß in dieser Hinsicht das germanische (angelsächsische) Recht den Vorzug verdiene und daß das Privatrecht der sozialen und politisch-konstitutionellen Struktur eines Landes eingepaßt sein muß. Vor Einführung des neuen Zivilrechts müsse man das japanische Gewohnheitsrecht auf diesem Gebiete mehr erforschen. Roesler scheint also in mancher Hinsicht die Einwendungen der japanischen Gegner des Boissonade-Entwurfs geteilt zu haben.

Angesichts dieser umfassenden Tätigkeit für die Gesetzgebung, der noch seine im folgenden erörterten Arbeiten über das Staatsrecht hinzuzufügen sind, können wir annehmen, daß der Entwurf aller wichtigen Gesetze, auch derer, für welche seine Mitarbeit nicht durch direkte Zeugnisse greifbar ist, durch seine Hand ging.

Erziehungswesen

Es sind uns nur wenige Dokumente erhalten, welche eine direkte Beteiligung Roeslers an der Gestaltung des Erziehungswesens zeigen; die Akten des Erziehungsministeriums sind beim Erdbeben im Jahre 1923 vollständig verbrannt. Sein Einfluß auf diesem Gebiet war vorwiegend indirekter Art und ging über Kowashi Inoue, der 1894 selbst Unterrichtsminister wurde. Das Unterrichtswesen wurde in den achtziger Jahren vor allem durch den Unterichtsminister Arinori Mori ausgebaut. Dessen Mitarbeiter war Kowashi Inoue; es stammen sehr wertvolle Gutachten und Entwürfe von ihm[25]. Und Inoue stand in engster Zusammenarbeit mit Roesler.

Im Zusammenhang mit der Neuerrichtung des Adelsstandes liegt ein Gutachten Roeslers über die Errichtung einer Adelsschule vor[26]. Das Universitätswesen wurde durch die Universitätsordnung von 1886 neu geregelt. Ein Hauptziel derselben war, die Universität für den Staat, besonders durch die Heranbildung einer gebildeten höheren Beamtenschaft, nutzbar zu machen. Roesler befürwortete die deutsche Organisation der Universitäten, d. h. vom Staat getragene und beaufsichtigte, aber durch das Recht der kooperativen Selbstverwaltung freie Universitäten[27]. Das Aufsichtsrecht des Staates stand ihm dem Recht der Selbstbestimmung der Universitäten nicht entgegen. In seinem „Sozialen Verwaltungsrecht“ (II, 174) sagt er:

„Die Lehrordnung und der Lehrplan der Universitäten werden durch die Wissenschaft selbst bestimmt und können von der öffentlichen Gewalt nicht

[25] JR 104, Anm. 23. — Siehe S. 60 Anm. 1.
[26] JR 104, Anm. 24.
[27] JR 104, Anm. 25.

vorgeschrieben werden. ... Für wissenschaftliche Lehrmeinungen kann es keinen anderen Richterstuhl geben als die Wissenschaft selbst, und jeder Dozent ist für die wissenschaftlichen Ansichten, die er vorträgt, nur vor sich selbst und der Wissenschaft verantwortlich, diese Freiheit darf jedoch nicht bis zur Übertretung der Gesetze mißbraucht werden."

Die staatlichen Universitäten Japans haben tatsächlich bis in die zwanziger Jahre diese Freiheit der Wissenschaft genossen. Erst von da an griff der Staat in die Besetzung der Lehrstühle ein. Daß die Freiheit der Universität sich ohne wesentlichen Konflikt mit dem Staat entwickeln konnte, lag daran, daß die Bürokratie und die Professoren in dieser Zeit sich im wesentlichen über die Interessen des Staates und der Wissenschaft einig waren, was mit dem Erstarken der Linksbewegung unter den Akademikern aufhörte.

In damaliger Zeit bedurfte der Rechtsstand der privaten universitätsähnlichen Bildungsanstalten einer Regelung. Es bestanden schon eine Reihe bedeutender solcher Anstalten, besonders für die Ausbildung der Mediziner und Juristen, z. B. Keio Juku (wurde später Keio Universität), Meiji Horitsu Gakko (Fachschule für Recht, jetzt Meiji Univ.), Wabutsu horitsu gakko (Fachschule für französisches Recht, jetzt Hôsei Univ.), Tokyo Hogakuin (Fachschule für englisches Recht, jetzt Chuo Univ.). Die Gründer dieser Schulen standen teilweise in Opposition zur Regierung, z. B. Jukichi Fukuzawa, der Gründer von Keio. Roesler vertrat den Standpunkt, daß eigentliche Volluniversitäten vom Staate getragen werden sollten, aber unbeschadet des Rechts der Selbstbestimmung der Professoren bezüglich der Lehrordnung. Zur Zeit Roeslers wurden die Privathochschulen nur als Fachschulen ohne volles Universitätsrecht anerkannt. Als nach 25 Jahren das Recht der Privatakademien erneuert behandelt wurde, grub man im Unterrichtsministerium wieder das alte Gutachten Roeslers aus[28]. Das neue Universitätsgesetz von 1915 gab den Privathochschulen die Möglichkeit des vollen Universitätsrechts.

Es ist leider aus den vorhandenen Dokumenten nicht möglich, Roeslers Anteil an und Stellung zu dem berühmten Erziehungsedikt des Kaisers Meiji von 1890 genau zu bestimmen. Es erschien zur Zeit, als er höchstes Ansehen in der Regierung genoß, war eine Staatsangelegenheit ersten Ranges und ist vom damaligen Leiter des Gesetzgebungsbüros, Kowashi Inoue, der am engsten mit Roesler zusammengearbeitet hat, entworfen. Das Erziehungsedikt zeigt, besonders wenn man das Spezifische betrachtet, das Inoue in seinen Entwurf gegenüber früheren Entwürfen hineinbrachte, deutlich die Wirksamkeit Roeslerscher Ideen.

Der Plan, durch ein kaiserliches Edikt die Grundrichtung der japanischen Erziehung klarzustellen und dadurch der Verwirrung der sitt-

[28] JR 104, Anm. 27.

lichen Ideen in den Schulen zu steuern und die sittliche Staatsgesinnung zu kräftigen, war ursprünglich von Eifu Motoda, dem einflußreichen Erzieher und Vertrauten des Kaisers Meiji, ausgegangen[29]. Motoda war ein überzeugter Anhänger des Konfuzianismus und seiner staatlichen Ausrichtung, des Odô (Weg des Herrschers). Er war ein Gegner der „westlichen Ideen" und war mit den konstitutionellen Zielen Itos nicht einverstanden. Zur Grundlage der japanischen Erziehung wollte er die konfuzianische Ethik machen, und diese war bei ihm als Nationallehre (kokkyo) auch eine Art Staatsreligion. Den modern eingestellten japanischen Staatsmännern, wie Ito und Arinori Mori, waren die Ziele Motodas zu konservativ. Aber die Präfektenversammlung im Februar 1889 wünschte dringend einen die geistige Verwirrung steuernden Erziehungserlaß, und die Regierung beschloß unter Ministerpräsident Yamagata den Erlaß eines solchen Ediktes. Nach verschiedenen unbefriedigenden Entwürfen wurde Kowashi Inoue zum Entwurf herangezogen. Inoue hatte gewisse Vorbehalte gegen den Erlaß eines solchen Edikts. Er wollte kein Erziehungsedikt, das eine bestimmte Religion förderte und so die verfassungsmäßige Religionsfreiheit gefährden könnte. Er wollte auch keine Orientierung der Erziehung, die sich auf philosophische Theorien berief. Das Erziehungsedikt sollte die sittlichen Grundgefühle, die jeden Japaner unabhängig von Religion und wissenschaftlicher Theorie beseelten, in einfachen und kraftvollen Worten zum Ausdruck bringen. Er teilte mit Motoda die Überzeugung, daß die sittliche Grundhaltung des Japaners in der konfuzianischen Ethik liegen müsse. Aber er wollte in der Formulierung dieser Ethik die alte konfuzianische Terminologie vermieden haben und verstand den Konfuzianismus in einem offeneren, mehr dynamischen Sinne als der konservative Motoda. Der Konfuzianismus mußte nach seiner Meinung eingefügt werden in das moderne, durch die Verfassung festgelegte Staatswesen. Er verband in seinem Entwurf die traditionellen konfuzianischen Tugenden mit dem Kaiserglauben, den er in der Verfassung (Art. 1) und deren Beidokumenten formuliert hatte: Die konfuzianischen Gemeinschaftsgrundsätze sind das Vermächtnis, das die Gründer der kaiserlichen Dynastie als Norm der Regierung den Kaisern hinterlassen haben. Die Pflichten gegen Kaiser und Volksgemeinschaft erhalten bei ihm einen modernen Akzent, eine Konkretisierung auf den modernen japanischen Staat: Er fordert Beobachtung der Verfassung, methodische Ausbildung aller Kräfte und unbedingten Einsatz im neugeschaffenen Militärdienst. Es gelang ihm, für diesen Entwurf die Zustimmung des beim Kaiser gewichtigen Motoda's zu gewinnen. Das Edikt erschien ohne die Gegenzeichnung eines Ministers. Inoue vertrat, daß dadurch betont werden solle, der Kaiser verfolge mit

[29] JR 104, Anm. 28.

diesem Edikt ein seiner Stellung eigentümliches Ziel, das über das gewöhnlich Politische und Juridische hinausginge.

In der Festlegung des Inhalts des Erziehungsediktes, besonders in der Ausschaltung der Religion und der Ausrichtung auf den modernen konstitutionellen Staat, vertritt Inoue Ideen, die er in der Zusammenarbeit mit Roesler geklärt hatte. Wir können Roesler also wenigstens eine indirekte Beteiligung an der Festlegung des Inhalts des Erziehungsediktes zuschreiben. Das Erziehungsedikt enthält aber auch Gedanken, denen Roesler gewiß nicht unbedingt beipflichtete. Der moderne konstitutionelle Staat ist im Erziehungsedikt der mythologischen Kokutai-Ideologie untergeordnet, die Roesler entschieden ablehnte. Das Edikt hat von daher eine weltanschauliche, quasi-religiöse Ausrichtung, die nicht unbedenklich war und sich in Wahrheit verhängnisvoll auswirkte. Darüber werde ich bei der Gesamtbeurteilung des Meijistaates noch sprechen[30]. Inoue hat sich um die Förderung der technischen und industriellen Schulbildung große Verdienste erworben. Er sah darin ein Hauptmittel zur Verwirklichung des modernen japanischen Bildungsideals. In dieser Einstellung berührt er sich in bemerkenswerter Weise mit der Auffassung Roeslers, daß die Zukunft Japans die moderne Industriegesellschaft sei.

3. Seine Rolle im Neubau der Staatsorganisation

Roeslers Hauptverdienst um Japan betrifft die Neuorganisation des Staatswesens und liegt namentlich in seinem Beitrag zum Entwurf der Verfassung von 1889, der sog. Meijiverfassung.

Sein Einfluß auf die Gestaltung des Staatswesens tritt in dem für die Zukunft Japans entscheidenden Jahre 1881 hervor. In diesem Jahre wurde die Politik der Regierung in der Verfassungsfrage, die zum Brennpunkt der gesamten Modernisierung geworden war, im Sinne einer ausgesprochenen monarchischen Lösung der konstitutionellen Frage festgelegt. Die Männer der Regierung waren sich zunächst nicht einig, welche Stellung man gegenüber den stürmischen Forderungen nach einer liberalen Verfassung einnehmen solle. Alle waren für eine geschriebene Konstitution, die Frage war das Ausmaß der Rechte, die dem Volk gewährt werden sollten, und die Art und der Zeitpunkt der Einführung der Konstitution. Die bedeutendsten Männer in dem die Regierung leitenden Staatsrat (Dajokan) waren der Minister (Udaijin) Tomoni Iwakura aus dem Hofadel und die Räte (sangi) Hirobumi Ito aus Choshu (zugleich Leiter der inneren Angelegenheiten) und Shigenobu Okuma aus Hizen (zugleich Leiter des Finanzwesens). Oku-

---

[30] S. 160 ff.

ma war für die sofortige Einberufung eines Parlaments und eine Verfassung nach englischem Muster. Iwakura und Ito dagegen sahen in einer solchen Verfassung eine Schwächung der kaiserlichen Gewalt und hielten nur eine Verfassung, die nach Art der preußischen die vom Parlament unabhängige Stellung des Monarchen wahrt, mit der Tradition der Kaiserherrschaft vereinbarlich. Auf Betreiben Iwakuras und Itos erlangte man die Sanktion des Kaisers, daß Okuma aus der Regierung ausgeschaltet und folgendes Verfassungsprogramm befolgt werden solle: Die Verfassung wird ohne Beteiligung einer Nationalversammlung vom Kaiser oktroyiert. Sie soll den Prinzipien des englischen Parlamentarismus nicht Raum geben, sondern auf dem Grundsatz der vom Parlament unabhängigen Regierungsgewalt des Kaisers beruhen und demgemäß dem Vorbild der preußischen Verfassung folgen. Der Kaiser verspricht die Einberufung eines Parlaments für das Jahr 1890 und den allmählichen Übergang zu einem konstitutionellen System. Der entsprechende Erlaß des Kaisers erging am 12. Oktober 1881.

Das Verfassungsprogramm ist ausführlich dargelegt in drei von Iwakura gezeichneten Denkschriften, die bereits alle Grundlinien einer auf den Kaiser zentrierten Verfassung mit großer inhaltlicher Bestimmtheit enthalten. Diese Denkschriften, die tatsächlich für die Ausarbeitung der Verfassung maßgebend blieben, sind verfaßt von Kowashi Inoue, der damals zwar nur eine untergeordnete Stellung innehatte, aber der beste Kenner des westlichen Staatsrechts im Kreis um Iwakura und in Wahrheit der eigentliche Inspirator des festgelegten Verfassungsprogramms war. An dem staatsrechtlichen Gedankengut dieser Denkschriften aber hat Roesler entschiedenen Anteil. Roesler war der Lehrmeister Inoues, Inoue verdankt seine klare Kenntnis und Formulierung der für eine streng monarchische Verfassung entscheidenden Punkte Roesler. Dieser hatte Inoue in ausführlichen Denkschriften dargelegt, warum das englische Verfassungssystem zu einer echten Monarchie nicht passe und in welchen Punkten man die preußische Verfassung nachahmen müsse[1]. Bemerkenswert ist in den Gutachten Roeslers die scharfe Analyse des englischen parlamentari-

---

[1] Y. Susuki, Hermann Roesler und die Japanische Verfassung, in: Monumenta Nipponica 4 (1941) 440 - 453; J. Pittau, Political Thought in Early Meiji Japan 1868 - 1889, Harvard Univ. Press 1967, 146 ff.; ders., Inoue Kowashi, 1843 - 1895, and the Formation of Modern Japan, in: Monumenta Nipponica 20 (1965) 253 - 283. Letztere Studie ist die erste kritische Monographie über Inoue. Selbst in Japan existiert noch keine adäquate Biographie I.'s, den man den Schöpfer des Staatsrechts und den Chefideologen des Meiji-Staates nennen darf. Wegen seiner zentralen Stellung im Aufbau des Meiji-Staates, in die man der Öffentlichkeit keinen Einblick geben wollte, wurden seine Denkschriften bis 1945 geheim gehalten. Die Kokugakuin-Universität in Tokyo hat mit der Herausgabe seines literarischen Nachlasses begonnen (Inoue Kowashi-den, shiryohen Bd. 1 - 5) und bereitet seine Biographie vor.

schen Regierungssystems. Er charakterisiert es als Absorption der Staatsgewalt durch die Herrschaft der Mehrheitspartei, in der das Kabinett ein Exekutivausschuß der Partei ist und der Monarch von der realen Ausübung der Regierungsgewalt ausgeschlossen ist.

Von 1881 an war Roesler ständig aufs engste mit der Vorbereitung der Verfassung und dem Aufbau eines entsprechenden Staatssystems verbunden. Er wurde ein enger Mitarbeiter Hirobumi Itos, dem die Ausarbeitung der Verfassung anvertraut wurde und die Neuorganisation des Staatswesens in diesen Jahren leitete. Ito schloß auch Ende 1884 mit Roesler den Dienstvertrag, der seine Anstellung auf weitere sechs Jahre verlängerte und ihn als Kabinettberater mit dem hohen Ehrenrang eines *chokunin* (unmittelbar vom Kaiser ernannter Beamter) an allen Staatsreformen beteiligte[2].

Ito unternahm 1882/3 mit einer Gruppe höherer Staatsbeamten eine Studienreise nach Europa, um sich in den führenden monarchischen Staaten eine eingehendere Kenntnis jener Staatseinrichtungen und Staatsrechtslehren zu erwerben, die für eine Durchführung des Verfassungsprogramms dienlich sein konnte. Die Liste der Gegenstände, die Ito zu studieren angewiesen wurde, zeigt die Hand Roeslers. Die Gruppe suchte in Berlin Rudolf Gneist und in Wien Lorenz von Stein, die angesehnsten Lehrer des monarchisch-konstitutionellen Staatsrechts, auf, und empfing von ihnen besondere Vorlesungen[3]. Ihr Einfluß auf die konstitutionellen Ideen Itos und die Gestaltung der Meijiverfassung ist manchmal überschätzt worden. Ito schätze gewiß die Ideen dieser deutschen Gelehrten, besonders die Steins, sehr hoch. Aber was Ito von Gneist und Stein empfing, war eine Klärung und Festigung der konstitutionellen Ideen, die er sich bereits unter dem Einfluß Roeslers gebildet hatte. Gewisse Ideen Gneists und Steins, besonders die von der notwendigen Freiheit der Verwaltung gegenüber der legislativen Gewalt, sind in der Tat in der Meijiverfassung realisiert. Aber diese Ideen wurden auch von Roesler in seinen Gutachten vertreten. An den Arbeiten zum Entwurf der Verfassung haben Gneist und Stein keinen direkten Anteil[4]. Ein Schüler von Gneist, sein Assistent Albert Mosse, kam allerdings 1886 als Kabinettberater nach Japan. Er wirkte hier bis 1890, namentlich für den Ausbau der lokalen und regionalen

---

[2] JR 113, Anm. 3.

[3] JR 113, Anm. 4. Eine Zusammenfassung dessen, was Ito von Gneist und Stein hörte, bei Pittau, 141 ff. Siehe auch Abschn. „Der soziale Konstitutionalismus“ S. 128 ff. ds. Buches.

[4] Stein schickte seinem Schüler Jun Kawashima einen Entwurf für die japanische Verfassung, der liberaler als die Meiji-Verfassung war und auf sie keinen Einfluß gehabt hat. Siehe E. Grünfeld, Lorenz von Stein und Japan, in: Jahrbücher für Nationalökonomie und Statistik, 3. Folge, Bd. 5 (1913) 245 ff.

Selbstverwaltung im Sinne Gneists und gegen die Pläne Roeslers. Auch zu Verfassungsfragen wurden 6 Gutachten von ihm herangezogen[5]. Aber sein Einfluß auf die Verfassung läßt sich mit dem Roeslers nicht vergleichen. Roesler allein war der eigentliche Ratgeber der kleinen Kommission, die unter dem Vorsitz Itos zum Entwurf der Verfassung bestellt wurde und in den Jahren 1886 - 88 die Verfassung ausarbeitete. Zur Kommission gehörten außer Hirobumi Ito nur noch Kowashi Inoue, Miyojo Ito, der Sekretär Hirobumis, und Kentaro Kaneko, ein Schützling Hirobumis, der an der Harvard Universität studiert hatte. (Aktiv war er nur am Entwurf des Wahlgesetzes beteiligt.) Ito sagt in einer der wenigen Äußerungen, in der er den Schleier über das Geheimnis der Abfassung der Verfassung etwas lüftet:

„Bei der Herstellung des Verfassungsentwurfes haben einige Männer weitgehend mitgewirkt, vor allem Kowashi Inoue, sodann Miyoji Ito und Kentaro Kaneko. Ferner der Deutsche Roesler. Er war ein hervorragender Gelehrter von umfassendem Wissen, der ausgezeichnete Kenntnisse der deutschen, englischen und französischen Verhältnisse sowie in der Wirtschaft und im Recht besaß. Mit ihm wurden die Verfassungsfragen durchdiskutiert. Dabei wurden japanisch geschriebene Ausführungen ins Englische übersetzt und englische Schriftstücke wieder zurück ins Japanische. Durch den Vergleich des ersten Textes und der Rückübersetzung wurde dafür gesorgt, daß rechtstheoretische Unstimmigkeiten vermieden wurden. Dann wurde das Ganze noch einmal überprüft und der Verfassungsentwurf angefertigt[6]."

Die Arbeiten der Kommission waren streng geheim. Die ausschlaggebende Rolle und die Leitung der Arbeiten hatte Kowashi Inoue. Ito suchte immer sein Einverständnis, und Inoue hat den Verfassungsentwurf eigentlich gemacht. Neben Inoue aber stand Roesler. Der Altmeister der Geschichte des japanischen Konstitutionalismus, Prof. Takeki Osatake, sagt treffend: „Inoue fragte um Roeslers Ansicht in allen möglichen Angelegenheiten. Es ist keine Übertreibung zu sagen, unsere Verfassung wurde entworfen, während Inoue mit einem Ohr auf Roesler lauschte[7]." Eine immense Arbeit wurde zur Vorbereitung der Verfassung geleistet. Jeder Punkt wurde gründlichst studiert und durchdiskutiert. Und zu jedem Punkt wurde Roeslers Rat gefragt. Mehr als 160 Gutachten Roeslers, von denen 75 direkt die Verfassung betreffen, sind uns wenigstens in japanischer Übersetzung erhalten. All diese Gutachten sind sorgfältig gearbeitet, geben oft mit umfassendem Belegmaterial einen weiten geschichtlichen und systematischen Überblick über die betreffende Frage und zeugen von einem immensen Wissen und einem besonnenen Urteil.

---

[5] JR 114, Anm. 6.

[6] In der Zeitschrift Taiyo, Sondernummer Ju-ni-ketsu, 1909.

[7] T. Osatake, Nihon kensei-shi taiko, Bd. 2, 728.

Es wurde im Laufe der langen Vorbereitung der Verfassung nacheinander verschiedene Entwürfe ausgearbeitet. Auf Aufforderung Itos legte Roesler am 30. April 1887 einen eigenen vor[8]. Im Sommer 1887 zog sich Ito mit Inoue, Miyoji Ito und Kaneko auf die bei Kanazawa Hakkei (zwischen Yokohama und Yokusuka gelegene) kleine Insel Natsushima zurück, um, ganz von der Öffentlichkeit ungestört, dem Verfassungsentwurf definitive Gestalt zu geben. Die Maßnahmen zur Geheimhaltung waren sehr streng. Auf Bitten Itos verbrachte Roesler seinen Sommerurlaub auf der Nachbarinsel Nogashima, wo er in einem buddhistischen Tempel untergebracht war[9]. Das Studium des Roeslerentwurfes führte zu einer ziemlichen Änderung der bisherigen von Inoue verfaßten Entwürfe. Auf Befehl Hirobumis schrieb Miyoji Ito den sog. Natsushima-Entwurf, der die Vorschläge Roeslers in den meisten Punkten annahm. Der Unterschied der verschiedenen Entwürfe bezog sich vor allem auf die Formulierung der souveränen Rechte des Kaisers, und Roeslers Entwurf war in dieser Hinsicht am klarsten. Zum Natsushima-Entwurf nahmen wieder Roesler und Inoue in ausführlichen Denkschriften Stellung. Der definitive Entwurf wurde im Oktober 1887 fertiggestellt[10]. Es ist bei einem Vergleich der aufeinander folgenden Entwürfe spannend zu beobachten, wie sehr sich die verkündete Verfassung dem Roesler-Entwurf annähert. Sie stimmt mit nur einer wesentlichen Ausnahme, dem Art. 1, von dem ich noch ausführlich sprechen werde, inhaltlich und weitgehend auch im Aufbau und Wortlaut mit dem Roesler-Entwurf überein.

Der fertiggestellte Verfassungsentwurf wurde 1888 dem Geheimen Staatsrat vorgelegt, der aus den angesehendsten Staatsmännern neu gebildet worden war und als erste Aufgabe die Prüfung des Verfassungsentwurfes hatte. Die Verhandlungen fanden in Gegenwart des Kaisers Meiji statt. Ito war der Präsident, Inoue erklärte den Verfassungsentwurf, Miyoji Ito und Kaneko waren Sekretäre. An die Mitglieder wurde ein ausführliches Gutachten Roeslers über den Entwurf, das sehr beachtet wurde, verteilt und in einigen Punkten noch eine Verbesserung des Entwurfs bewirkte[11]. Daß man der höchsten und letzten Beratungsinstanz einzig und allein ein Gutachten Roeslers unterbreitete, beweist seine überragende Autorität. Er wurde auch von

---

[8] Siehe S. 92 ff.

[9] Nach den Erinnerungen der Tochter Roeslers wurde er zweimal von Ito gebeten, seine Sommerferien in der Nähe Itos zu verbringen, um auftauchende wichtige Fragen sofort beantworten zu können. Daß dies im Jahre 1887 der Fall war, legt ein Brief Roeslers vom August 1887 von Kanagawa nahe. Die Tochter berichtet auch, daß der Berater A. Mosse sehr enttäuscht war, nicht wie Roesler von Ito eingeladen zu werden.

[10] JR 114, Anm. 13.

[11] JR 114, Anm. 15.

Ito und seinen Mitarbeitern während der Beratungen über auftauchende Fragen konsultiert. Die Mitglieder des Geheimen Staatsrates konnten sich zum Entwurf frei äußern und zu jedem Artikel und Vorschlag wurde frei abgestimmt. Die Mitglieder prüften lange und sorgfältig. Der Verfassungsentwurf fand aber mit nur wenigen, meist sich nur auf die Formulierung beziehenden Änderungen die Zustimmung des Geheimen Staatsrates.

Zugleich mit der Verfassung galt die Arbeit Roeslers den wichtigsten Staatseinrichtungen, die in Verbindung mit der Verfassung geschaffen wurden. Schon 1884 war als Grundlage des kommenden Oberhauses das Adelssystem neu errichtet worden. Es umfaßte nicht nur den alten Hofadel und die meisten der abgedankten Daimyos, sondern nahm vor allem die neue Führerschicht aus dem Samuraistand, welche die Restauration durchgeführt hatte, auf. Roesler schrieb zur Neuordnung des Adels ein grundlegendes Gutachten, in dem er die wichtige Stellung des Adels in einem monarchischen Staat auseinandersetzt[12]. Ebenso beriet er im Jahre 1885 bei der Einführung der modernen Kabinettordnung, die das alte Staatsratsystem ersetzte[13]. Der seit 1870 bestehende, nach altchinesischen Muster organisierte Staatsrat (Dajokan) bestand aus drei Ministern aus kaiserlichem oder ihm ebenbürtigen Geblüt, von denen einer den Vorrang hatte. Sie wurden unterstützt von Räten (sangi). Die Leiter der Fachressorts waren Exekutivbeamte ohne eigene Freiheit. Für die Aufgaben einer modernen Staatsführung war der Staatsrat ungenügend. Das neue System setzte über verantwortliche Fachminister eine zentrale Leitung in der Person des Ministerpräsidenten und ist dem preußischen Kabinettsystem Hardenbergs von 1810 nachgebildet. Roesler wollte kein Kanzlerkabinett, das die Minister zu reinen Instrumenten des Kabinettvorsitzenden macht. Aber er anerkannte neben der Notwendigkeit selbständiger Minister die Notwendigkeit einer Vereinheitlichung der Regierung.

Von Roesler stammen ganz oder im Wesentlichen die Entwürfe für das Organisationsgesetz des Geheimen Staatsrats[14], für das Reichstagsgesetz und die kaiserliche Verordnung über das Herrenhaus[15], schließlich die Entwürfe für die Gesetze über den Verwaltungsgerichtshof[16] und über Petitionen. Der Einrichtung der Verwaltungsgerichtbarkeit, auf welchem Gebiet er eine erste Autorität war, galt seine besondere Sorge. Schließlich ist nicht zu vergessen, daß Roesler wesentlich zum

---

[12] JR 114, Anm. 16.
[13] JR 114, Anm. 17.
[14] JR 114, Anm. 18.
[15] JR 115, Anm. 19.
[16] JR 114, Anm. 14.

Kaiserlichen Hausgesetz mithalf. Das Vermögensrecht der Kaiserlichen Familie hat er formuliert[17].

Ich möchte nicht den Eindruck erwecken, daß es allein dem Einfluß Roeslers zuzuschreiben ist, daß man beim Aufbau des Meijistaates das deutsche monarchische Staatsrecht übernahm und daß die Meijiverfassung allein das Werk Roeslers ist. Der Kreis um den Fürsten Iwakura war sich über die monarchischen Grundlinien der einzuschlagenden Verfassungspolitik im Klaren, ehe man sich an Roesler wandte. Kowashi Inoue hatte schon 1875 die preußische Verfassung ins Japanische übersetzt und hatte gründliche Kenntnisse des preußischen Staatsrechts. Er hat selbständig am Verfassungsentwurf gearbeitet, behielt stets die Führung und gab der Verfassung ihre endgültige Gestalt. Aber was Roesler zum Aufbau des Meijistaates und zur Verfassung beitrug, ist weit mehr als technische Assistenz in Unterbreitung von Studienmaterial und Formulierung der Gesetze. Was die Schöpfer der Meijiverfassung Roesler verdanken, ist das tiefere Verständnis und die Ausführung der Grundlinien, die Verarbeitung der Elemente zu einem geschlossenen Verfassungssystem, die geschichtliche und systematische Begründung der Einzelartikel und schließlich ihre adäquate, prägnante Formulierung. Vor allem verdankt die Meijiverfassung Roeslers ihren hervorragendensten Zug: die Synthese zwischen der Souveränität des Kaisers und den Rechten des Volkes. Diese Synthese war seine Konzeption: Er führt das Prinzip der monarchischen Souveränität konsequent in allen Funktionen der Regierung durch, aber er wahrt vollständig das Grundprinzip einer freiheitlichen Konstitution, Regierung nach den von der Volksvertretung beschlossenen Gesetzen[18].

Japanische Historiker haben Roesler öfters als einfachen Nachahmer des preußischen Staatsrechts hingestellt. Diese Charakterisierung ist falsch. Gewiß hat Roesler sehr viele Einzelbestimmungen der preußischen Verfassung von 1850 zur Nachahmung empfohlen. Die preußische Verfassung war unter den deutschen monarchischen Verfassungen die letzte und am meisten entwickeltste. Sie bot das meiste Material, was Beachtung verdiente. Aber Roesler war der Ansicht, daß gerade das monarchische Prinzip in der preußischen Verfassung wegen der Umstände ihrer Entstehung nicht voll zum Ausdruck komme und daß sie bedenkliche Lücken, namentlich in den Budgetbestimmungen, aufweise. Das monarchische Prinzip schien ihm in der bayrischen (und württembergischen) Verfassung vollkommener verwirklicht, und er hat auch sonst noch manche Verfassungsartikel der nichtpreußischen Mo-

---

[17] Ianada II 958.

[18] Siehe 3. Kap., 2, S. 86 ff.

narchien herangezogen. Bekannte Roeslers, die seine Gedanken genauer kannten, haben nicht mit Unrecht die bayrische Verfassung das Muster der japanischen genannt[19]. Ein wesentlicher Zug der Roeslerschen Verfassungskonzeption aber, nämlich die Betonung der sozialen Aufgaben der Staatsverwaltung, geht, wie wir noch sehen werden, ganz über den Horizont der monarchischen Konstitution des 19. Jahrhunderts hinaus[20]. Roeslers Verfassungskonzeption war eigenständig, und nicht reaktionär, sondern den modernen Aufgaben des Staates zugewandt.

Ein gutes Gesamtbild seiner Tätigkeit in der Regierung gibt ein Nachruf, der beim Tode Roeslers in der japanischen Zeitschrift Taiyo erschien, und von einem hohen Regierungsbeamten, der Roesler gut kannte, geschrieben sein muß.

„Roeslers Arbeitseifer in der Erledigung seiner Amtspflichten erfüllte alle, die mit ihm zu tun hatten, mit Bewunderung. Außer in Amtsgeschäften machte er keine Besuche in den Häusern der führenden Persönlichkeiten. Es kam deswegen das Gerede auf, er sei ein Sonderling. So etwas ist jedoch bei einem Gelehrten, besonders einem deutschen Professor, weiter nicht erstaunlich. Es zeigt seine Art, dass er im Amtsgebäude ein eigenes Zimmer hatte und auch mit seinen Amtsgenossen in Geschäften nur schriftlich verkehrte. In seinen Untersuchungen war er in allem so genau und entfaltete ein so ausgebreitetes Wissen, dass er die leitenden Männer in ihren Entschlüssen schwankend zu machen drohte. Als gelehrter Berater war Mosse von ganz anderer Art. Auf Fragen gab er rasch eine entschiedene Antwort. Roeslers Auskünfte aber hatten bleibenden Wert. Wenn man sie heute nicht befolgte, dann konnte man sie zur Information für später aufbewahren. Das Material, das er für seine Gutachten heranzog, beschränkte sich nicht auf sein eigenes Vaterland und dessen Gelehrte. Während Boissonade bei seinem Entwurf des bürgerlichen Rechts den Vorschlag für das deutsche bürgerliche Recht nicht heranzog, benutzte Roesler bei der Kodifizierung des Handelsrechts nicht nur die Gesetzbücher seines eigenen Vaterlandes, sondern zog auch die Gesetzesbestimmungen Englands, Frankreichs und Italiens weitgehend in Erwägung — es sei dahingestellt, ob immer zum Vorteil. Boissonade war in seinen Ansichten dogmatisch und bestand hartnäckig auf seiner Meinung. Roesler berührte es nicht, ob das von ihm zusammengestellte Gesetzbuch und die von ihm geäusserten Ansichten in die Praxis umgesetzt wurden oder nicht. Er pflegte zu sagen: „Es ist Sache der Regierung zu entscheiden, ob meine Vorschläge angenommen werden oder nicht. Mir genügt es, wenn ich meine Meinung rückhaltlos dargestellt und bei Untersuchung der mir vorgelegten Fragen nichts, was mir wichtig scheint, unerwähnt gelassen habe.“ Solche Aussprüche zeigen, wie er seine Amtspflichten auffasste. Roeslers Verdienst liegt mehr noch als im Entwurf des Handelsgesetzbuches in dem grossen Anteil, den er als Berater des Kabinetts an der Verfassung und der Errichtung der verschiedenen Zweige der Verwaltung hat.

---

[19] So der Schreiber des ersten Nachrufes auf Roesler, Paul von Biegeleben. Auch O. von Mohl, Am Japanischen Kaiserhof, Berlin 1895, 12.

[20] Siehe 3. Kap., 3, S. 124 ff.

Roeslers Vorliebe war die Volkswirtschaft. Wenn im Gespräch darauf die Rede kam, dann zeigte es sich, daß das seine starke Seite war. Daß er sich vor 20 Jahren einen Namen in der Wissenschaft machte, ebenbürtig mit Stein, Gneist und Schäffle, beruht auf seiner Kritik der volkswirtschaftlichen Lehren des Engländers Smith. Wegen heftiger (politischer) Auseinandersetzungen und wegen einer religiösen Angelegenheit wurde er bei der Deutschen Regierung missliebig und erlebte in seinem Vaterland eine schwere Enttäuschung. Dass er nach Japan kam, könnte damit zusammenhängen.

Roesler hat viele Abhandlungen über Fragen der Verfassung, der Verwaltung und der Wirtschaft veröffentlicht. Er verstand unter Verwaltung die soziale Verwaltung, d. h. eine Rechtsordnung, die nicht allein die Regierungsangelegenheiten betrifft, sondern die gemeinsamen Angelegenheiten der Gesellschaft regelt. Um diese Idee in die Praxis einzuführen, veröffentlichte er ein Werk, das bis auf zwei starke Bände gediehen ist, aber unvollendet blieb. Das Ansehen, das sich Roesler in der wissenschaftlichen Welt Europas erworben hat, steht dem Steins in Österreich nicht nach. — Jetzt hat ihn leider der Tod hinweggerafft[21]."

---

[21] Zeitschrift Taiyo 3. März 1895.

Drittes Kapitel

Roeslers Beitrag zur Meijiverfassung

1. Seine grundlegende Verfassungstheorie

Roeslers Vorschläge zur Meijiverfassung, die am 11. Februar 1889 verkündet wurde, beruhen auf einer einheitlichen, geschlossenen Verfassungstheorie, die ich als sozialen monarchischen Konstitutionalismus bezeichnen möchte. Man muß diese grundlegende Verfassungstheorie kennen, nicht nur um seine Vorschläge zu den einzelnen Kapiteln und Artikeln der Verfassung zu verstehen, sondern auch um die Grundprinzipien der Meijiverfassung selbst richtig zu erfassen und gewisse Interpretationen dieser Verfassung, die später vorherrschend wurden, als abwegig zurückweisen zu können[1].

Bald nach Verkündigung der Verfassung stellte der Verfassungsrechtler Yatsuka Hozumi (1860 - 1912) die These auf, daß Japan ein Familienstaat unter dem von göttlichen Ahnen abstammenden Tenno sei. In dieser patriarchistischen Interpretation der Verfassung war für einen echten Konstitutionalismus kein Raum. Diese Auffassung der Verfassung wurde von Shinkichi Uesugi (1878 - 1929), dem Begründer der sogenannten Tenno-Hauptrechtslehre, u. a. weiterentwickelt und wurde in der Showa-Bewegung der dreißiger Jahre in noch radikalerer Form die herrschende Auffassung. Man rühmte, daß die Meijiverfassung dem liberalen Staatsrecht überhaupt keine Konzessionen mache und auf den höheren Typus des organisch-autoritären Staates abgestellt sei oder gar dem Führerprinzip huldige.

Tatsächlich beschränkt die Meijiverfassung das Recht des Parlaments im Wesentlichen auf die Zustimmung zu den Gesetzen und gibt dem Parlament nur ein begrenztes Budgetrecht. Die weitreichende kaiserliche Exekutive untersteht nicht dem Parlament, wie es auch keine strenge Verantwortung der Minister gegenüber dem Parlament gibt. Der Begriff der parlamentarischen Regierung ist der Meijiverfassung fremd. Das hat ihr von liberaler Seite den Vorwurf eingetragen, daß sie nur einen Scheinkonstitutionalismus einführe. In Wirk-

---

[1] Vgl. Ch. Kämpf, Der Wandel im japanischen Staatsdenken der Gegenwart, Leipzig 1938. Ders., Die Entwicklung der japanischen Verfassungswissenschaft, in: Archiv des öffentlichen Rechts, Neue Folge 32 (1940), 7 ff.

lichkeit hat sich unter der Meijiverfassung nach dem ersten Weltkrieg die parlamentarische Regierungsweise entwickelt, und unter dem Einfluß der Lehren des Verfassungsrechtlers Tatsukichi Minobe (1873 - 1948) wurde parlamentarische Regierung mehr und mehr als konstitutionelles Erfordernis angesehen.

Minobes Lehre wurde 1935 von der Regierung und vom Parlament zensuriert und unterdrückt. Für die Beurteilung der Meijiverfassung scheint es entscheidend zu sein, daß sich mit Berufung auf sie ein wahrer Polizeistaat entwickelte, der, besonders nach dem „Gesetz zur Aufrechterhaltung der öffentlichen Sicherheit" von 1925, die persönliche Freiheit unterdrückte, und schließlich zur Militärdiktatur führte, welche Japan in den pazifischen Eroberungskrieg stürzte. Es ist verständlich, daß man nach dem unglücklichen Ausgang des Krieges die undemokratische Meijiverfassung als einen Grund für die unglückliche Entwicklung ansah.

Was hat die Meijiverfassung, die so gegensätzliche Beurteilungen gefunden hat, in Wirklichkeit gewollt? Das umfangreiche dokumentarische Material, das uns einen Einblick in die Denkungsart und die Absichten der Entwerfer der Verfassung gewährt, läßt keinen Zweifel daran, daß sie den echten konstitutionellen Rechtsstaat wollten und ehrlich davon überzeugt waren, bei aller Betonung der kaiserlichen Gewalt das Wesentliche einer solchen Staatsordnung in der Verfassung festgelegt zu haben. Besonders Roesler hat klar ausgesprochen, daß die Verfassung eine Beschränkung der kaiserlichen Gewalt bedeute und dem Absolutismus entgegengesetzt sei. In der Tat gewährt die Meijiverfassung, was man als Kennzeichen der konstitutionellen Monarchie bezeichnet: Gesetze beschließendes und kontrollierendes Parlament, Erfordernis ministerieller Kontrasignatur, unabhängige Gerichte. Sie gewährt die wesentlichen bürgerlichen Freiheiten. Durch die Festlegung gesetzlicher Bedingungen ihrer Ausübung sollte nur ihre Interpretation als absolute individuelle Freiheit im Sinne des liberalistischen Naturrechts ausgeschlossen werden. Und mit der Einführung der Verwaltungsgerichtsbarkeit geht die Meijiverfassung über die Rechtsgarantien, welche die meisten westlichen Konstitutionen des 19. Jahrhunderts boten, hinaus.

Ich stütze mich in der Darlegung der Roeslerschen Verfassungstheorie besonders auf seine „Commentaries on the Constitution of the Empire of Japan"[2], die ein Kompendium seiner konstitutionellen Ideen darstellen. Der Kommentar ist eine klassische juristische Interpretation der Verfassung, ein Werk, zu dem er wegen seiner überragenden

---

[2] Text der Commentaries in Joh. Siemes, Hermann Roesler and the Making of the Meiji State, Tokyo 1968; zitiert: C.

juristischen Kenntnisse und seiner engen Mitarbeit am Verfassungsentwurf wie kein anderer kompetent war. Er legt in streng wissenschaftlicher Weise die Rechtprinzipien und den Inhalt der Verfassung dar. Aber sein Kommentar ist nicht rein juristisch im Sinne eines Rechtformalismus. Er abstrahiert nicht von der politischen Bedeutung der Artikel und bemüht sich, die in ihnen enthaltende politische Philosophie klar zu machen. Roesler verbirgt in seiner Interpretation nicht seine eigene politische Philosophie, welche die anderen Mitschöpfer der Verfassung wahrscheinlich nicht in allem teilten. Ich werde auf diese Unterschiede im Folgenden aufmerksam machen. Abgesehen von diesen Unterschieden offenbart der Kommentar die politischen und staatsrechtlichen Anschauungen, welche die Gestaltung der Verfassung bestimmten. In keinem anderen Dokument finden wir mit gleicher Klarheit und Geschlossenheit die Prinzipien ausgedrückt, welche die Väter der Verfassung bei ihrem Werk leiteten.

Monarchischer Konstitutionalismus

Das Grundprinzip der Verfassung ist nach Roesler ein konsequenter monarchischer Konstitutionalismus. Er findet in diesem Kommentar eine überragende Darstellung, wie sie meines Wissens sonst nirgendwo in englischer Sprache existiert. Das System des monarchischen Konstitutionalismus, das das Recht des Parlaments auf die Gesetzgebung und die Festsetzung des Budgets beschränkt, findet heute selten eine gerechte Beurteilung. Es erscheint als widerspruchsvolles Mischsystem, das in Wahrheit nur ein verschleierter Absolutismus ist, weil in ihm das konstitutionelle Prinzip der Kontrolle der Regierung durch das Parlament lahmgelegt sei. Tatsächlich ist dieses System typisch für deutsche Monarchien, die im 19. Jahrhundert gezwungen waren, den Ideen von 1789 Konzessionen zu machen, und die Ablehnung des Parlamentarismus ist im Großen und Ganzen auf das Deutschland des 19. Jahrhunderts beschränkt. Ein sachliches Urteil über dieses System muß aber beachten, daß in den meisten dieser Monarchien die Krone in der Exekutive sich auf eine qualifizierte und bewährte Führerschicht stützen konnte, die an politischer Weisheit und Erfahrung dem Parlament beträchtlich überlegen war, und die Staatsverwaltung in den Händen einer staatsergebenen und sachkundigen Beamtenschaft lag. Im Meiji-Japan wurde die Regierung getragen von den erfolgreichen Führern der Restauration, während die parlamentarische Opposition unreif und prinzipienlos war. Wo aber eine bewährte nichtparlamentarische Führerschicht und ein unbewährtes Parlament existiert, da ist es leicht verständlich, daß parlamentarische Regierung als Auslieferung des Staates an ein blindes Mehrheitsprinzip und den Egoismus der Parteien erscheint. Die bedeutendsten deutschen Staatslehrer des vorigen Jahrhunderts haben Bedenken gegen den unbeschränkten Parlamentarismus gehabt, die auch heute noch beachtenswert sind[3]. Erst die Auflösung der traditionellen Führerschicht, die fortschreitende Egalisierung und politische Bildung aller Gesellschaftsschichten und die Konsolidierung des Parteiwesens machen die parlamentarische Regierung zu einer Selbstverständlichkeit. Der Vorzug des Parlamentarismus läßt sich eben nicht prinzipiell und apriorisch, sondern nur empirisch, d. h. aus seinen tatsächlichen Leistungen für das Staatswohl, rechtfertigen.

Roeslers Darlegung des monarchischen Konstitutionalismus vermag manche ideologischen Mißverständnisse dieses Systems aus der Welt zu schaffen. Die konstitutionellen Prinzipien der Meijiverfassung sind in den Introductory Remarks seines Kommentars mit großer Klarheit formuliert.

„A constitution is a fundamental law by which the subjects are admitted to the enjoyment of certain rights in respect of the government. A constitutional government is formed when the exercise of the governmental powers is to a certain extent controlled by, or brought under the influence of the people. It is opposed to an absolute government in which the people have no political rights, that is to say, no legal powers of controlling and influencing the acts of the government. As regularly the people at large cannot well be admitted to an interference into the exercise of governmental powers, a national representation is to be formed which is entrusted with the exercise of the political rights of the people inasmuch as an immediate concurrence with the government is concerned. Consequently the formation of a national representation for controlling and examining the acts of government is essential to a constitutional government, and in order to secure a lawful and beneficial concurrence of the sovereign power and of the national representation, a careful and exact determination of the rights and duties of both of them is required. Thus, in a constitutional government the working conditions and objects of the exercise of sovereign rights is in a certain degree not left to the free judgment of the chief of state but determined by law, and insofar the sovereign power is limited. A constitutional government may be, what is commonly, and especially in Germany, called either simply representative or parliamentary. A parliamentary government is that in which the balance of political power rests with the national representation, while in a representative government that balance rests with the chief of state, and consequently in a monarchy with the monarch. For Japan, by the present constitution, a representative, no parliamentary, system of government has been established; consequently the sovereign decision will, where no express provision is made to the contrary, be reserved to the Emperor. Thus the time-honored elements of the original Japanese constitution have been maintained, and the sacred Imperial Power, as it has been transmitted from ages immemorial by the glorious Imperial ancestors, has not radically been changed but only developed into a more convenient condition according to the requirements

[3] Eine gute Darstellung des monarchischen Konstitutionalismus gibt E. Huber, Deutsche Verfassungsgeschichte, Bd. 3, Stuttgart 1963, Kap. 1 und 2.

of the time. Also it appears wiser to let the constitutional system gradually develop, and not to overstep hastily, in pursuance of lofty theories, the necessary stages of progress; the much more so, as the parliamentary system, even in those countries where it has gone into practice, shows by no means an entirely satisfactory experience and is recently found more and more objectionable.

The most essential political right to be granted by a constitution is the right of voting the laws and the taxes. Without this power of self-assertion and self-protection of individual rights, especially of the right of property, by the people, there is no true constitution. The right of voting the laws and taxes is the constitutional center towards which all other political rights gravitate. So the institution of an independent judicature according to law; the respect of law and of individual rights by the administrative authorities; the responsibility of ministers; the exact delineation of the executive power; the acknowledgement of certain general rights of the subjects, as conditional of their personal liberty and of a higher state of civilization — these are, in general, the popular rights which shall be granted by the constitutional law. But this law has not only to define the rights, but also the duties of the people, as with respect to taxation, conscription, the financial requirements of the state and generally submission to every lawful and constitutional exercise of the sovereign power.

His Majesty the Emperor, in graciously granting a constitution to His faithful subjects, makes use of His indisputable sovereign right of modifying the Imperial Government in consideration of the actual internal and international condition of the Empire. No doubt that constitution, so as it is granted, must be accepted and obeyed by the people. The Japanese Constitution will be a constitution by charter, and not by compact between the Sovereign and subjects. But once being in force, it becomes the law of the land and cannot be altered without the vote of the national representation. Frequent changes of the constitution are not desirable and therefore should be somewhat checked. The constitution of a country should be as firm and stable as the character of a man; a nation which lightly changes its constitution, is similar to a man shaked and whirled by various violent passions. It is to be hoped that the admirable stability of the old constitution will pass over into the new one; and this reason affords a sufficient justification for the time-proven elements of the old monarchical system being transferred into the new constitution as much as it may seem compatible with the principles of a constitutional government[4].

Die Synthese zwischen der Kaiserherrschaft und dem modernen Konstitutionalismus war das Grundproblem, das die Schöpfer der Verfassung zu lösen hatten. Roesler glaubt, daß durch die Aufnahme der konstitutionellen Prinzipien die Souveränität des Kaisers nicht verletzt werde, sondern, daß „the time-honoured elements of the original Japanese constitution have been maintained, and the sacred Imperial Power as it has been transmitted from ages immemorial by the glorious Imperial ancestors, has not radically been changed but only developed into a more convenient condition according to the requirements of the

[4] C 40 - 42.

time"[5]. Der kaiserliche Eid auf die Verfassung, der offiziöse Verfassungskommentar von Hirobumi Ito und alle offiziellen Äußerungen über die Verfassung damals und später reden mit ganz ähnlichen Worten von der neuen konstitutionellen Gestalt des unveränderten Kaisertums. Aber wie ließen sich die verschiedenen Elemente dieser Konzeption rational vereinigen?

Eine Theorie, welche die beiden gegensätzlich erscheinenden Einrichtungen in einer Idee vereinigte, fanden die Schöpfer der japanischen Verfassung in der deutschen monarchischen Schule des konstitutionellen Staatsrechts. Die Grundkonzeption der konstitutionellen Stellung des Kaisers, die Roesler in seinen Memoranden und seinem Verfassungskommentar vertritt, stammt von dem repräsentativen Denker dieser Schule, Friedrich Julius Stahl[6]. Das „monarchische Prinzip", wie Stahl es versteht, besagt, daß alle Staatsgewalt, die legislative, exekutive und judikative, im Monarchen vereint ist. Die Souveränität des Monarchen ist die grundlegende und oberste Gewalt, die alle Art von Staatsgewalt umschließt und ihrer Tätigkeit rechtliche Autorität verleiht. Die Meijiverfassung drückt dieses monarchische Prinzip in Art. 1 und besonders im Artikel 4, der Titel II. Art. 1 der altbayrischen Verfassung nachgebildet ist, aus: „Der Tenno ist das Staatsoberhaupt. Er vereinigt in sich die oberste Herrschaftsgewalt und übt sie nach Maßgabe der Bestimmungen der Verfassung aus."

Das monarchische Prinzip verneint die liberale Theorie der Gewaltenteilung. Diese Theorie zerstört nach den Anhängern des monarchischen Prinzips die fundamentale Einheit der Staatsgewalt. Die verschiedenen Gewalten im Staat stehen sich nach dieser Theorie selbständig gegenüber, und Einheit der Staatsgewalt kann es nur in einem Kompromiß zwischen den verschiedenen Gewalten geben. Die Verselbständigung der Gewalten führt zu Kampf zwischen ihnen und schließlich zur Tyrannei der einen über die andere. Rational, so sagen die Gegner der liberalen Theorie, kann es Teilung der Gewalten nur in einem praktisch-organisatorischen Sinne bezüglich der *Ausübung* der Staatsgewalt geben, d. h. die verschiedenen Funktionen der Staatsgewalt müssen innerhalb des einheitlichen Organismus des Staates als Organe desselben in ihren rechtlichen Bedingungen und Grenzen festgelegt werden. Die Staatsgewalt „must be united and undivided because division produces discord and dissolution. Divided power can turn out as tyrannical as undivided ones, and in case of disharmony one power must assume the predominance over the others, otherwise

[5] C 50.

[6] Fr. J. Stahl, Das monarchische Prinzip, 1845. Ders., Die Staatslehre und die Prinzipien des deutschen Staatsrechts, 3., 1856, besonders Kap. 12: Das monarchische Prinzip.

the course of government would be stopped. A remedy against tyranny can not be found in the division of powers, but in a sound and reasonable organisation of the exercise thereof"[7]. „In Germany and Austria the system of the division of powers has not been adopted, though the unity of sovereignty is maintained, its exercise is restricted according to constitutional principles. This system is also recognized by the Japanese Constitution[8]."

In Übereinstimmung mit dem monarchischen Prinzip legt Art. 5 die konstitutionelle Struktur der gesetzgebenden Gewalt fest. „Der Tenno übt das Gesetzgebungsrecht mit Zustimmung des Reichstags aus." Der Artikel vermeidet bewußt die Formulierung des Artikels 62 der Preußischen Verfassung: „Die gesetzgebende Gewalt wird gemeinschaftlich durch den König und durch zwei Kammern ausgeübt", weil diese Formulierung die Kammern selbständig neben den König stellt. Der Art. 5 setzt den Unterschied zwischen der gesetzgebenden Gewalt als solcher und ihrer Ausübung voraus. Die gesetzgebende Gewalt steht dem Kaiser zu, aber an ihrer Ausübung hat die Volksvertretung durch Zustimmung Anteil. Die Erklärung, inwiefern die Gesetzgebung des Monarchen ihrer Natur gemäß die Teilnahme des Volkes verlangt, ist der Grundstein der gesamten Theorie des monarchischen Konstitutionalismus, auf dem Roeslers Erklärung des Art. 5 beruht. Die Gesetze, die höchste Form der Ordnung im Staate, müssen im Einklang mit dem allgemeinen Rechtsbewußtsein des Volkes stehen. Wir erkennen hier den Einfluß der historischen Rechtschule (Savigny), die alles Recht zu einem Ausdruck des „Volksgeistes" macht. Der Monarch kann also die Gesetze nicht willkürlich machen, er muß die Anschauungen und Gefühle des Volkes berücksichtigen, und das geschieht dadurch, daß der Inhalt der Gesetze durch das Parlament die Zustimmung des Volkes erhält.

„Rules of law, repugnant to national views and feelings, as being deemed detrimental, unjust or in any way objectionable, would if enforced notwithstanding, hurt the national liberty and sense of justice and well-being. Such rules, according to the constitutional principles, shall not be enacted by the Sovereign Power. The practical effect of this principle is that the Emperor, in the deliberation of rules of law, is served and assisted by the national intelligence and wishes at large, instead of by His governmental advisers only[9]."

Kritiker der Meijiverfassung haben bemerkt, daß der Art. 4 den Charakter der Meijiverfassung als eines äußerlichen Kompromisses zwischen Absolutismus und Liberalismus sehr deutlich zeige: Absatz 1

---

[7] C 47.

[8] C 84/5.

[9] C 50.

lege alle Staatsgewalt in die Hände des Kaisers, Absatz 2 spreche das Prinzip des modernen Liberalismus „Die Regierung ist gebunden an die Konstitution“ aus. Für die Entwerfer der Verfassung, die von der dargelegten Theorie der monarchischen Gewalt ausgingen, gab es hier keinen Widerspruch. Man wendet ein, daß die Unterscheidung zwischen der Staatsgewalt als solcher und ihrer Ausübung rein theoretisch und für die Praxis unbrauchbar sei. Aber eine erleuchtende Theorie kann in Wirklichkeit den Geist der Praxis tief bestimmen.

Der Angelpunkt des monarchischen Konstitutionalismus ist das Prinzip, daß die Einführung einer Verfassung und des Parlaments die souveräne Gewalt des Monarchen nicht schwächen darf, daß diese aber nötig sind, um die volksverbundene und organische Ausübung der souveränen Gewalt sicherzustellen. Welchen Inhalt aber eine solche monarchische Souveränität hat, das hat Roesler markant in seiner Kritik der Bismarckschen deutschen Reichsverfassung ausgesprochen: „Die Souveränität besteht im Besitz der höchsten Staatsgewalt, und diese ist wesentlich die gesetzgebende und die exekutive Gewalt, durch deren Handhabung man die oberste und entscheidende politische Herrschaft ausübt. Wer die Gesetzgebungs- und Exekutivgewalt im Staate hat, der ist der Souverän, gleichviel welche Namen und Titel er führt. ... In Monarchien steht die Souveränität naturgemäß dem Monarchen zu, er hat die gesetzgebende Gewalt durch das Recht der Initiative und Sanktion der Gesetze und ist das Haupt der Exekutivgewalt. Eine monarchische Staatsgewalt ist in dem Staate nicht organisiert, in welchem zwar monarchische Titel geführt werden, aber die Gesetzgebungs- und Exekutivgewalt nicht dem so titulierten Monarchen zusteht[10].“

Sozialer Monarchismus

Man würde die Absichten Roeslers ganz mißverstehen, wenn man seine Betonung der Führerstellung des Kaisers mit irgendwelchen Bestrebungen identifizierte, in Japan eine absolutistische, patriarchalische oder feudalistische Ordnung zu erhalten. Im Gegenteil, das Kaisertum sollte nach seiner Konzeption der Verwirklichung der neuen Gesellschaftsordnung dienen, welche die Entwicklung Japans zur freien, auf der Verkehrswirtschaft und dem Anschluß an die Weltkultur beruhenden Gesellschaft erforderte. Die Monarchie mußte nach seiner modernen sozialen Auffassung in der modernen Gesellschaft die neue Gestalt einer „sozialen Monarchie“ annehmen. Wir werden seine Konzeption der sozialen Monarchie noch eingehend behandeln[11]. Das We-

[10] Gedanken über den konstitutionellen Wert der deutschen Reichsverfassung, Rostock 1877, 10.

[11] Siehe Abschn.: Roeslers Konzeption des Sozialstaates, S. 124 ff.

sentliche dieser Konzeption ist, daß dem Monarchen in der die Klassengegensätze hervortreibenden kapitalistischen Gesellschaft eine besondere Ordnungs- und Ausgleichsfunktion zur Erhaltung der Harmonie der ganzen Volksgemeinschaft zukommt. Nur aus dieser sozialen Konzeption sind die Grundgedanken seiner konstitutionellen Theorie voll verständlich. Ich möchte sie unter diesem Gesichtspunkt folgendermaßen zusammenfassen:

1. Er vertritt auf Grund seiner Auffassung von der modernen Gesellschaft entschieden den Konstitutionalismus. Er war überzeugt, daß für das in den Weltverkehr eingetretene Japan das Zeitalter der gesellschaftlichen Freiheit und der politischen Staatsbürgerrechte gekommen sei, daß Staatsabsolutismus und Feudalismus durch ein Regierungssystem abgelöst werden müssen, in dem dem Volk durch eine Verfassungsurkunde das Recht der Teilnahme an der Staatsgewalt verbrieft wird. Die Einräumung dieser Rechte ist ihm nicht eine notgedrungene Anpassung an die demokratischen Strömungen der Zeit, sondern eine Wesensforderung der auf dem Prinzip der sozialen Freiheit gegründeten modernen Gesellschaft. Dieses Recht des Volkes zur Teilnahme an der Staatsgewalt findet seinen wesentlichen Ausdruck darin, daß Gesetzgebung und Staatshaushalt an den Willen der Volksvertretung gebunden sind.

2. Parlamentarische Regierung aber (obwohl sie in abstracto ein Ideal darstellt) paßt nicht zu den obwaltenden politischen Verhältnissen Japans. Sie widerspricht nicht nur der traditionellen Stellung des Kaisers, sondern hat in der kapitalistischen Erwerbsgesellschaft besondere Mängel. Ein vom Volk gewähltes Parlament muß in seinen Parteien notwendig die Klassengegensätze der heutigen Gesellschaft widerspiegeln, und eine auf dem demokratischen Mehrheitsprinzip beruhende Alleinherrschaft des Parlaments ist immer in Gefahr, eine Tyrannei der Mehrheit zu werden. Um gegen den Druck einseitiger Klasseninteressen einen Ausgleich der Interessen zu schaffen, bedarf es einer über den Parteien stehenden starken Staatsmacht, und darum muß die Exekutive vom Parteienparlament unabhängig sein.

3. Die vom Parlament unabhängige, überparteiliche Exekutive liegt in der Hand des Kaisers. Im Kaisertum sah Roesler die Institution, durch die die unparteiische Regierung zum Wohl des ganzen Volkes am besten gesichert sei.

Wir stoßen hier auf ein Zentralproblem der japanischen Verfassungsgeschichte: Bestanden wirklich die realen Bedingungen, daß der Kaiser eine wirkliche Regierung zum Besten des Volkes ausüben konnte? Bedeutete die Ausschaltung der Parlamentsparteien von der exekutiven Herrschaft in Wahrheit nicht, daß die Exekutive der etablierten Führerschicht vorbehalten wurde, welche den Thron beherrschte, dem aktiven Hofadel und den Führern der westlichen Klane, welche die Restauration bewerkstelligt hatten, vor allem aus Satsuma und Choshu? Wie hat Roesler dieses Problem gesehen? Hat er es überhaupt gesehen?

Roesler hat das Problem wohl gesehen und eine befriedigende Lösung im Auge gehabt. Seine Konzeption der Kaiserherrschaft vereinigt verschiedene, auf der konstitutionellen Theorie und der realen Lage der politischen Kräfte beruhende Momente. Zunächst dachte Roesler nicht an ein „persönliches Regime" des Monarchen, wenn er eine wirkliche Regierung des Kaisers fordert. Die Bindung der Regierung des Kaisers an den Rat verantwortlicher und kontrollierbarer Minister ist ihm ein Grundpfeiler des monarchischen Konstitutionalismus. In der Meijizeit (und mehr noch in der Taisho- und Showazeit) ist auch von persönlicher Initiative und Entscheidung des Kaisers in Regierungsangelegenheiten wenig festzustellen. Die tatsächliche Regierung wurde zunächst durch die Führer der Restauration und dann durch die ihnen nachfolgenden Staatsmänner, vor allem aus Satsuma und Choshu, ausgeübt. Der Kaiser regierte, indem er den politischen Entscheidungen dieser Führer zustimmte. Das war die konkrete Gestalt der Kaiserherrschaft, welche Roesler in den achtziger Jahren vorfand. Und er sah darin — das ist das Entscheidende — keinen Widerspruch zu der von ihm befürworteten direkten Regierungsgewalt des Kaisers. Er sah eben in dieser Führerschicht die natürlich gegebenen konkreten Organe der Kaiserherrschaft. Er war der Auffassung, daß das Kaisertum nur im Bunde mit dieser Führerschicht seine Herrschaft ausüben konnte. Er sah im Kaisertum die Institution, in der sich tatsächlich die geschichtlich existierenden Führungskräfte der Nation konzentrierten und die wesensnotwendig aus dieser Schicht ihre politische Macht schöpfte. Die politische Führerschicht zur Zeit des Erlasses der Verfassung war, wie wir gesehen haben, in seinen Augen eine Art Herrschaft der Besten, eine Elite, die aus ethischer Staatsgesinnung die heilige Sache des Kaisers im Dienst am Wohl des Volkes wollte und dieses Wollen durch große Leistungen bewährte. Er sah es als natürlich, ja als dem konstitutionellen Prinzip entsprechend, daß der Kaiser durch diese Elite regierte.

Roesler hatte über die wesentliche Verbundenheit des Kaisers mit dieser Führerschicht konkrete Vorstellungen. Er wollte die Herrschaft des Kaisers in einer organischen Einheit mit dieser Elite, aber er wollte keine rein passive Abhängigkeit des Kaisers von dieser. Es konnte ihm nicht entgehen, daß die konstitutionelle Ausschaltung des Parlaments von der Exekutive de facto der im Besitz der Macht seienden Führerschaft die Regierung sichern würde. Er bejahte diese Art der Regierung, soweit sie die unter den Umständen bestmögliche Herrschaft der Besten war. Aber eine Ausschaltung des Kaisers von der Regierungsmacht durch diese Schicht wollte er unbedingt vermeiden. Die rechte Art der Verbundenheit des Kaisers mit der politischen Elite, weitgehend eine Sache der inneren Gesinnung und der konkreten Umstände, konnte offenbar durch die ausdrücklichen Artikel der Konstitution nicht adäquat geregelt werden. Aber Roesler wollte wenigstens in der Konstitution klar bestimmt haben, daß der Kaiser in Bestimmung der Minister frei ist und die Amtsträger der Regierung nur seine Ratgeber und Organe sind. Roesler setzt in seiner monarchischen Verfassungstheorie immer voraus, daß der Kaiser die letzte aktive und freie Entscheidung der Regierungsangelegenheiten behält. Formal juristisch war unter dieser Voraussetzung die Regierungsgewalt des Kaisers gesichert. Tatsächlich-politisch aber war eben diese Voraussetzung, wie wir noch sehen werden, keineswegs garantiert.

Ich möchte die Grundtendenz des Roeslerschen Verfassungskonzepts einen sozial-konstitutionellen Monarchismus nennen, wobei ich „sozial" in dem spezifisch Roeslerschen Sinne der freien Kooperation für das Wohl des Ganzen der Gesellschaft verstehe. Es geht ihm um die organische Synthese von Kaisertum und Konstitutionalismus, in der beide in den Dienst der harmonischen *Ordnung* des modernen Staatslebens gestellt sind: Das Kaisertum sollte in seiner sozialen Funktion der Integration der Volksgemeinschaft durch die Aufnahme der allgemeingültigen Elemente des Konstitutionalismus — Erfüllung des Staatslebens mit den freien Kräften der Gesellschaft — gestärkt werden, die konstitutionellen Einrichtungen aber durch die Unterordnung unter die Souveränität des Kaisers, die sowohl den Bund mit der Führerelite als die Einstellung auf das Wohl des Ganzen der Volksgemeinschaft einschloß, gegen die einheitszersetzenden Tendenzen des klassengebundenen Parlamentarismus gefeit werden. Diese „soziale Grundtendenz" seiner Verfassungstheorie ist bisher fast ganz übersehen worden. Im Einzelnen wird sie uns in dem Kapitel „Roeslers Konzeption des Sozialstaates" noch besonders beschäftigen.

Ablehnung der mythischen Begründung des Kaisertums

Als Rechtfertigung der Souveränität des Kaisers kennt der Roesler-Kommentar nur die historische Tatsache, daß in Japan jahrhundertelang die monarchisch-dynastische Herrschaft unbestritten bestanden hat. „The Japanese monarchy is the oldest and firmest in the world and it must therefore be assumed that the monarchical government is the one that is exclusively suited to the country[12]."

---

[12] C 43.

Roesler hielt die liberale These von der Volkssouveränität für einen historischen und philosophischen Irrtum und für verhängnisvoll in der politischen Praxis. Die Frage, wem die Souveränität zusteht, läßt sich nicht abstrakt, ohne Berücksichtigung der historischen Machtverhältnisse lösen. Das geschichtliche Leben bringt politische Führer an die Macht, und wo diese Führung tatsächlich vom Volke anerkannt wird und in ihrer Tätigkeit für das Volkswohl sich traditionell verfestigt, da wird das Machtverhältnis zu einem Rechtsverhältnis, da existiert die legale Souveränität. Das geschichtliche Leben selbst designiert den legitimen Souveränen. Roesler führt, wie auch Stahl, die monarchische Gewalt nicht auf eine direkte Einsetzung des Königs oder der Dynastie durch Gott zurück.

Bezüglich der Begründung des japanischen Kaisertums bestand zwischen der Auffassung Roeslers und derjenigen der japanischen Väter der Verfassung ein grundlegender Unterschied. Im Gegensatz zu der rein historischen Begründung Roeslers hielten Hirobumi Ito und Kowashi Inoue eine im Wesentlichen mythologische Begründung der Kaiserherrschaft. Sie bekannten sich zur Lehre vom „kokutai" (etwa: Grundstruktur des Staates), wie sie aus alten shintoistischen Mythen über den Anfang Japans seit Mitte des achtzehnten Jahrhunderts besonders durch die Kokugaku- und Mito-Schule entwickelt und im Kampf gegen das Tokugawa-Regime zur offiziellen Staatsideologie der Restauration geworden war. Nach ihr ist die Herrschaft der japanischen Kaiser eine göttliche und ewige Institution. Sie ist begründet von den göttlichen Ahnen der kaiserlichen Dynastie. Die Kaiser, die in ununterbrochener Linie von diesen Ahnen abstammen, regieren, die göttlichen Weisungen dieser Ahnen befolgend, für alle Zeiten das japanische Reich, und diese Herrschaft ist die Grundlage der rechten und wohltätigen Ordnung des menschlichen Lebens. Dieser Staatsmythos war gemeinsamer Glaubensartikel aller Führer der neuen Epoche. Im Sinne dieser Ideologie verstanden die japanischen Väter der Verfassung ihren 1. Artikel: „Das Großjapanische Reich wird vom Tenno aus der für ewige Zeiten ununterbrochenen Linie regiert" (nach der offiziellen englischen Übersetzung: „reigned over and governed by a line of Emperors unbroken for ages aeternal"). Der Artikel sollte eine Zusammenfassung der mythischen Kokutai-Ideologie sein. Er steht in fast allen Verfassungsentwürfen der damaligen Zeit, sowohl den von konservativer als von liberaler Seite. Im Sinne dieser Mythologie sagte Ito in seiner Rede zu Beginn der Beratungen des Geheimen Staatsrats über den Verfassungsentwurf: „Die Religion bildet in Europa die Grundlage des staatlichen Lebens, das Fühlen und Denken des Volkes ist tief von ihr durchdrungen und in ihr verwurzelt. In unserem Lande aber stellen die Religionen keine bedeutende Macht dar. Was in unserem

Lande allein die Grundlage sein kann, ist das Kaiserhaus." In den offiziellen Beidokumenten zur Verfassung, der Präambel, der Thronrede und dem Eid des Kaisers bei Verkündigung der Verfassung, die von Kowashi Inoue verfaßt sind, kommt diese Ideologie bestimmter zum Ausdruck. Als Grund der Kaiserherrschaft und der Verfassung werden die kaiserlichen Ahnen und ihre Weisungen, nach denen die Kaiser regieren, genannt. Diese sind hier aus dem Bereich des rein Menschlichen herausgenommen und gehören der ewigen Ordnung des Alls an. Der kaiserliche Thron ist eine dem geschichtlichen Wandel und menschlicher Entartung entzogene übergeschichtliche Institution. Sie wird „gleich ewig wie Himmel und Erde" (tenjo mukyu) genannt. Besonders der Eid des Kaisers ist aufschlußreich. Der Kaiser schwört und betet zum Kaiserlichen Gründer seines Hauses — man verstand darunter den von der Göttin Amatarasu Okami abstammenden Jimmu Tenno —: „Wir, der Nachfolger auf dem ewigen Thron unserer Vorfahren, schwören demütig und feierlich dem Kaiserlichen Gründer Unseres Hauses und den übrigen Kaiserlichen Ahnen, daß Wir in Fortführung der erhabenen, wie Himmel und Erde ewigen Politik die alte Regierungsform aufrecht erhalten und vor Verfall bewahren werden. . . . Wir erflehen die Hilfe Ihrer heiligen Geister und schwören Ihnen feierlich, jetzt und in Zukunft niemals zu versäumen, Unseren Untertanen in der Befolgung der hierdurch erlassenen Gesetze ein Beispiel zu sein. Mögen die himmlischen Geister diesen unseren heiligen Eid wahrnehmen!"

Im offiziösen Verfassungskommentar von Hirobumi Ito[12a], der in Wirklichkeit von Kowashi Inoue verfaßt ist, heißt es zu Art. 1: The splendor of the Sacred Imperial Throne, transmitted through an unbroken line of one and the same dynasty, has always remained as immutable as the heavens and the earth. At the outset, this Article states the great principle of the country, and declares that the Empire of Japan shall, to the end of times, identify itself with the Imperial dynasty unbroken in lineage, and that the principle has never changed in the past, and will never change in the future, even to all eternity". Zu Art. 3 heißt es: „The Sacred Throne was established at the time when the heavens and the earth became seperated" (Zitat aus dem Kojiki). „The Emperor is Heaven-descended, divine and sacred."

Inoue scheidet aus der Ideologie des Kaisertums fast allen konkreten Inhalt der shintoistischen Mythe über den Anfang der Dynastie aus. Er nennt nie die Namen Amaterasu und Jimmu — er war ein Rationalist und ist in seiner Philosophie stark vom Konfuzianismus beein-

---

[12a] Hirobumi Ito, Commentaries on the Constitution of the Empire of Japan, transl. by Miyoji Ito, Tokyo 1889; darin auch die Beidokumente der Verfassung.

flußt. Aber an der mythischen Begründung der sozialen und öffentlichen Ordnung, der Göttlichkeit und Ewigkeit der Kaiserherrschaft, hielt er fest und stellte die Verfassung auf diese Grundlage.

Der einzige, der sich gegen den mythischen Grundartikel der Verfassung wandte, war der Ausländer Hermann Roesler. In der langen Denkschrift, die er im September 1887 zum amtlichen Verfassungsvorschlag vorlegte, sagt er gleich am Anfang (Rückübersetzung aus dem Japanischen):

„Im 1. Art. des verbesserten Verfassungsvorschlags heißt es: ‚Tenno aus der ewig ununterbrochenen Linie‘ usw. Ich möchte wünschen, daß das keine Übertreibung wäre, aber — ich scheue mich, es kurz und bündig zu sagen — wir Menschen können die ferne Zukunft nicht bestimmt wissen. Ob sich die kaiserliche Dynastie bis in die fernen Jahrhunderte fortsetzen wird, kann kein Mensch wissen. Ist es nicht allgemeine Überzeugung, daß die jetzigen Weltmächte nicht ewig wie Himmel und Erde sind? Aus juristischen und politischen Gründen kann ich nicht zustimmen. Mich an eine geschichtliche Tatsache erinnernd, möchte ich nicht leichtsinnig die Zukunft voraussagen und den Zorn der Götter und Menschen herausfordern. Zu einer Zeit, als das hannoversche Königshaus blühte, anlässig der 800- oder 900-Jahrfeier des Königsreichs, erließ der König von Hannover ein Edikt, in dem er sagt: ‚Unser Könighaus wird ewig das Land beherrschen‘. Aber nur einige Jahre später verlor der König seine Krone, das Land wurde mit Preußen vereinigt, die Dynastie ging unter und die Ahnenfeiern wurden abgeschafft. Ich will natürlich mit diesem Beispiel nicht sagen, daß es auch anderswo so kommen muß. Ja, ich kann mir im Traume nicht vorstellen, daß sich in Japan so etwas ereignen wird. Ich möchte nur zu bedenken geben, daß es keine gute Politik sein kann, einen so vagen Satz zum Grundartikel der Verfassung zu machen und dadurch die Kritik der Welt herauszufordern.

Es ist eine geschichtliche Tatsache, daß die kaiserliche Herrschaft sich von Anbeginn in ununterbrochener Linie fortgeerbt hat. Etwas Ähnliches gibt es auf der ganzen Welt nicht. Diese wahrhaft ruhmvolle Tatsache ausdrücklich in den Text der Verfassung aufzunehmen, ist natürlich durchaus sinnvoll. Deshalb würde es der Verfassung zur größeren Ehre gereichen, wenn man ‚die ewig ununterbrochene Linie‘ abänderte in ‚die seit Anbeginn ununterbrochene Linie‘[13].“

Trotz des respektvollen Tones der Kritik spürt man, daß ihm die Angelegenheit von großer Wichtigkeit ist. Er wollte die Herrschaft des Kaisers nicht mit einem unwissenschaftlichen Mythus verquickt haben. Die der geschriebenen Verfassung zugrunde liegende „Grundstruktur des Staates“ war für ihn nichts Mythologisches, nicht das unvergängliche Erbe der göttlichen Ahnen des Kaiserhauses, sondern die der Wissenschaft faßbaren Entwicklungsgesetze des gesellschaftlichen Kulturlebens. Die normative Seite dieser Entwicklungsgesetze war ihm das „soziale Recht“, das aus der Bestimmung des Geistes zu humaner gemeinschaftsbezogenen Freiheit hervorgeht und allem positiven Recht

---

[13] JR 139, Anm. 12.

zu Grunde liegen muß. Die Bindung des Kaisertums an einen vorzeitlichen Mythus, dem die Idee der Freiheit der Persönlichkeit fremd war, mußte ihm als eine Verkehrung der rechten Staatsordnung erscheinen. Wahrscheinlich aber hat Roesler die pseudoreligiösen und mit der Geistesfreiheit unvereinbaren Implikationen des 1. Artikels nicht als eine unmittelbare Gefahr empfunden. Man konnte die Formulierung des Artikels für eine Unklarheit und Übertreibung halten, die zwar nicht in eine moderne Verfassung hineinpaßt, aber praktisch übersehen werden konnte. An die radikalen Folgerungen, die ein extremer Nationalismus später aus diesem Artikel zog, hat Roesler gewiß nicht gedacht.

Roeslers Einspruch war vergeblich. Ito und seine Mitarbeiter haben sich in ihrem Kaiserglauben nicht erschüttern lassen. Daß Roesler aber ohne Schaden seiner Autorität eine Kritik des offiziellen Staatsdogmas wagen durfte, zeigt, wie groß seine Autorität war. Die entscheidenden Sätze dieser Kritik sind in dem Abdruck seiner Denkschrift in den 1934 veröffentlichten Papieren Itos ausgelassen worden. Sie waren zu stark für die Öffentlichkeit, sie mußten geheim bleiben und wurden erst nach dem Kriege bekannt.

Roesler gab sein Bemühen, die Verfassung von der mythischen Ideologie frei zu halten, nicht auf. In seinem Verfassungskommentar ignoriert er einfach die mythische Kokutai-Ideologie und erklärt Geltung und Inhalt der Verfassung nach rein wissenschaftlichen Prinzipien. Er schrieb die grundlegenden Abschnitte dieses Kommentars, die Introductory remarks und das Kapitel über den Kaiser, ohne Zweifel mit der Absicht, die mythische Verfassungsideologie durch eine haltbarere Verfassungsbegründung zu ersetzen. Sein Kommentar bekundet, daß einer der Hauptbeteiligten am Verfassungsentwurf der entschiedenen Ansicht war, daß der Kokutai-Mythus für den eigentlichen Sinn der Meijiverfassung irrelevant ist, ja ihren eigentlichen Absichten widerspricht.

Die Enstehungsgeschichte und das Schicksal dieses Kommentars sind für Roeslers Kampf gegen die mythische Verfassungsideologie sehr aufschlußreich.

Roesler schrieb den Kommentar wahrscheinlich auf Aufforderung Hirobumi Itos. Das eigenhändige Manuskript fand sich in der Hinterlassenschaft von dessen engstem Mitarbeiter, Miyoji Itos, der es auch ins Japanische übersetzte. Der Kommentar scheint höchstens in dem engsten Kreis Hirobumi Itos bekannt geworden zu sein und wurde nie veröffentlicht. Bis nach dem Kriege wurde seine Existenz geheimgehalten. Heute befindet er sich in der National Library of Japan, Abteilung: Materialien zur Verfassungsgeschichte.

Am Ende des Kommentars steht das Datum 18th March 1891. Der Kommentar wurde aber bereits im Jahre 1888, vor Erlaß der Verfassung, begonnen. Der Titel des Kommentars war ursprünglich „Commentaries on the *Draft* [kursiv vom Vf.] of the Constitution of the Empire of Japan", und am Ende der Erklärung der Artikel des ersten Verfassungskapitels „Der Kaiser" schrieb Roesler das Datum 23. July 1888. Die Worte „Draft of" hat Roesler später ausgestrichen, und es finden sich im ersten Kapitel eine Reihe von Roeslers vorgenommener Änderungen, die den Text in Übereinstimmung mit der inzwischen verkündigten Verfassung bringen. Das 1. Kapitel mit den vorangestellten Introductory remarks lag also bereits kurz nach Ende der ersten Sitzungsperiode des Geheimen Staatsrats (18. 6. bis 13. 7. 1888), die der Beratung über das Verfassungskapitel „Der Kaiser" gewidmet war, vor. In diesem Teil des Kommentars sind die wichtigsten Fragen, die Grundlagen der Verfassung und der Kaiserherrschaft, behandelt. Roesler legt darüber seinen von der mythologischen Auffassung Itos und Inoues verschiedenen Standpunkt dar, und er tat das, obwohl er aus der Ablehnung seiner Kritik des 1. Artikels und den Sitzungen des Geheimen Staatsrat wußte, daß die Führer Japans an der mythologischen Auffassung der Verfassung festhielten. Nach Fertigstellung dieses Teils Ende Juli 1888 scheint Roesler den Kommentar nicht sogleich fortgesetzt zu haben. Der ganze Kommentar wurde jedenfalls erst im März 1891 vollendet.

Inzwischen war von der Regierung ein anderer Verfassungskommentar, der ihre eigene Verfassungsinterpretation enthielt, veröffentlicht worden. Kurz nach Veröffentlichung der Verfassung, im April 1889, erschien, unter dem Namen Hirobumi Itos, das „Dai-Nippon teikoku kempo gikai", ein Kommentar des Kaiserlichen Hausgesetzes und der Verfassung, und im August die von Miyoji Ito stammende englische Übersetzung des Kommentars zur Verfassung unter dem Titel „Commentaries on the Constitution of the Empire of Japan". Dieser Kommentar steht zu dem gleichbenannten Kommentar Roeslers in enger Beziehung. Der Ito-Kommentar entstammt einer Erklärung des Verfassungsentwurfs, den Kowashi Inoue für die Beratungen des Geheimen Staatsrats geschrieben hatte. Diese Erklärung enthielt die konstitutionellen Lehren, die Inoue im Laufe der Jahre von Roesler empfangen hatte, und zeigt an vielen Stellen den Einfluß Roeslerscher Memoranden. Sie enthält aber auch Ausführungen über den Ursprung der Dynastie und die Regierung des Tenno im alten Japan, die ausschließlich das Werk Inoues sind, der dafür ein besonderes Studium der literarischen Quellen unternommen hatte[14]. Diese Abschnitte der Erklärung verfolgen den Zweck, die Kontinuität der Verfassung mit der

[14] JR 139, Anm. 13.

Tradition des Kokutai's zu beweisen. Sie stellen den Versuch dar, aus dem Traditionsgut dasjenige hervorzuheben, was als historische und juristische Quelle der offiziellen Staatsideologie gelten sollte. Die Auffassung des Kokutai's aber ist die oben dargestellte mythologische. Wir können annehmen, daß Inoue wußte, daß Roesler an einem Verfassungskommentar arbeitete, und er hat vielleicht das bereits fertiggestellte erste Kapitel des Roesler-Kommentars in seiner Erklärung benutzt. Es lag ihm daran, daß seine Erklärung veröffentlicht wurde. Nach Beendigung der Verfassungsberatungen des Geheimen Staatsrats überarbeitete er seine Erklärung und legte sie dann Hirobumi Ito vor, der noch einige Verbesserungen anbrachte. Dann wurde das Werk noch einer Gruppe japanischer Juristen vorgelegt und schließlich im April 1889 unter dem Namen Hirobumi Itos als quasi-offizieller Verfassungskommentar der Regierung veröffentlicht.

Die Tatsache, daß Roesler trotz Veröffentlichung des Ito-Kommentars seinen Kommentar fortsetzte, zeigt, daß der Ito-Kommentar nicht genügend erschien, um den Sinn der Verfassung in allem klarzustellen. Ito selbst sagt im Vorwort seines Kommentars: „I do not intend them [i. e. his Commentaries] to be a systematic exposition of these great Laws; they are meant only as an medium of information. To another generation must be left the composition of an exhaustive elucidation of them, a task that is beyond any aspiration of mine.“ Roeslers Kommentar erfüllt höhere Ansprüche als der Itos. Er stimmt zwar in seiner Interpretation der Artikel im Allgemeinen mit Inoue überein, aber er ist viel detaillierter, fachwissenschaftlich-juristischer und entschiedener in den Folgerungen, die er aus den Grundprinzipien der Verfassung zieht. Der Grundunterschied aber ist die vom Ito-Kommentar ganz verschiedene Auffassung vom letzten Geltungsgrund der Kaiserherrschaft und der Verfassung. Und das scheint auch der Grund zu sein, warum Ito und seine Mitarbeiter den Kommentar geheim hielten und er nie der Öffentlichkeit bekannt wurde.

Roesler bemüht sich, den streng juristischen Gehalt des 1. Artikels festzustellen: Da in Japan seit undenklichen Zeiten eine Erbmonarchie existiert, kann die monarchische Herrschaft hier nicht legal abgeschafft oder abgeschwächt werden.

„This article sets forth two fundamental principles of the Japanese Constitution: 1. The Japanese Empire shall remain an Imperial Monarchy, so that any other form of government, and especially the republican government can never be made the Law of Japan....

2. The Empire shall be reigned over and governed by the Emperor. This confirms not only the abolition, as effected by the late restauration of the Imperial government, of any divisional power of government, as it has been exercised in old Japan by the territorial princes (Daimyos) or by a military commander (Shogun). It confirms also the entire unity and concentration of

the monarchical power in the person of the Emperor. It has been said by a modern French politician (Mr. Thiers), that the king reigns, but does not govern. According to this opinion, the monarch would enjoy the honors of royalty and might also exercise a certain sanctional power over the parlament, but the governmental and executive power would be a seperate ministerial power, independent to the monarch et not responsable to him. Such a division of the monarchical power cannot be admitted in Japan. In this country the monarchical power is entirely vested in the sovereign. Although the sovereign cannot personally perform the functions of public officials, yet these function constitute no seperate and independent power in the state, and especially there shall not be in Japan a seperate ministerial power, but the ministers perform their functions subject to the supreme decision of the Emperor and are responsable to him[15]."

In seiner Erklärung des Art. 3 spricht Roesler von der „divine nature and origin of the supreme power which is testified by the Christian as well as by every other religious belief and is only denied by free-thinkers", und leitet daher die Heiligkeit des Monarchen ab. Roesler anerkennt hier die Lehre vom göttlichen Recht des Königs, aber nur im Sinne der allgemeinen christlichen Lehre, daß alle staatliche Autorität von Gott ist (vgl. Röm. 13_1). Eine direkte göttliche Einsetzung des Königtums vertritt er nicht. Die christliche Lehre vom göttlichen Grund aller Staatsautorität dient hier zugleich als eine höfliche Korrektur der pseudoreligiösen Kokutai-Ideologie.

Wie stand Roesler zur sog. Organtheorie, die später der Gegenstand der berühmten Kontroverse des japanischen Staatsrechts wurde? Seine Memoranden und sein Kommentar enthalten nichts, was direkt für oder gegen diese Theorie spricht. Aus seiner Ablehnung der direkten Göttlichkeit der Kaiserherrschaft folgt aber in Wirklichkeit die Ablehnung der der Organtheorie entgegenstehenden Theorie der Identität von Staatsgewalt und Kaisergewalt. Nur unter der Voraussetzung der Göttlichkeit der Kaisergewalt läßt sich diese Identifizierung ja überhaupt vollziehen. Tatsächlich vertritt Roesler in seiner deutschen Schrift über die Reichsverfassung von 1871 die Organtheorie der Souveränität, die sich damals in Deutschland schon durchgesetzt hatte: „Allerdings ist die staatliche Souveränität zunächst beim Staate oder bei der Nation, allein sie verkörpert sich überall in besonderen Institutionen, durch welche sie zur geordneten Ausübung gelangt. Auch in Monarchien könnte der Monarch nicht souverän sein, wenn nicht dem Staate, den er regiert, die Souveränität innewohnte. Der Unterschied zwischen dem Souverain und bloßen Beamten liegt darin, daß jener aus eigenem Recht, diese dagegen nur kraft erteilter Ermächtigung die Regierungsgewalt ausüben[16]." Die ersten japanischen Vertreter der Organ-

[15] C 43.

[16] Gedanken über den konstitutionellen Werth der Deutschen Reichsverfassung, 17.

theorie, Kitokuro Ichiki und Nagao Ariga, standen als Ministerialbeamte in Beziehung zu Roesler und hatten Kenntnis von seinen konstitutionellen Ideen. Es ist durchaus möglich, daß sie unter dem Einfluß seiner Ideen sich die Ansicht bildeten, daß die Organtheorie dem Sinn der Verfassung entsprach.

Bezüglich der letzten Begründung des Rechts der Erbmonarchie hielt Roesler wahrscheinlich den aufgeklärten Traditionalismus, den wir bei christlichen konservativen Staatsdenkern finden. Das Königtum ist nicht unmittelbar von Gott eingesetzt. Aber eine Erbmonarchie, die seit Generationen zum Besten des Volkes gewirkt hat, muß man als eine von Gott sanktionierte Einrichtung ansehen, da ihre Abschaffung die Zerstörung der fundamentalen öffentlichen Ordnung bedeuten würde. Vorausgesetzt ist in dieser Auffassung, daß die sozial-politische Ordnung, welche die Erbmonarchie geschaffen hat, im Grunde und im Allgemeinen gesund und wohltätig bleibt, auch wenn individuelle Könige ihre Autorität mißbrauchen. Ferner, daß kein menschlicher Verstand eine andere Regierungsform ausdenken kann, welche das durch die traditionelle monarchische Ordnung hervorgebrachte Gute bewahren könnte. Deshalb kann die monarchische Einrichtung nicht rechtmäßig abgeschafft werden — solange als die angenommenen Voraussetzungen existieren.

2. Sein Beitrag zur Meijiverfassung im einzelnen

Text der Meijiverfassung[1a]

1. Abschnitt: Der Kaiser

Art. 1. Das Großjapanische Reich wird vom Kaiser (Tenno = Himmelskaiser) aus der für ewige Zeiten ununterbrochenen Linie regiert.

Art. 2. Die Kaiserwürde erbt sich nach Maßgabe des Gesetzes über das kaiserliche Haus im Mannesstamm des Kaiserhauses fort.

Art. 3. Der Kaiser ist heilig und unverletzlich.

Art. 4. Der Kaiser ist das Staatsoberhaupt des Reiches; er vereinigt in sich die Herrschaftsgewalt und übt sie nach den Bestimmungen dieser Verfassung aus.

Art. 5. Der Kaiser übt die gesetzgebende Gewalt mit Zustimmung des Reichsparlaments aus.

Art. 6. Der Kaiser sanktioniert die Gesetze und verfügt ihre Veröffentlichung und Durchführung.

Art. 7. Der Kaiser beruft das Reichsparlament ein und bestimmt seine Eröffnung, Schließung und Vertagung sowie die Auflösung des Unterhauses.

Art. 8. Der Kaiser erläßt zur Aufrechterhaltung der öffentlichen Sicherheit und zur Abwehr von Gefahren für diese, wenn das Reichsparlament

---

[1a] Die Übersetzung folgt weitgehend W. Roehl, Die Japanische Verfassung, Frankfurt a. M., 1963, S. 147 ff.

nicht tagt, in dringenden Fällen Thronverordnungen, die Gesetzesrang haben.
Diese Thronverordnungen sind dem Reichsparlament bei seiner nächsten Sitzung vorzulegen. Stimmt das Reichsparlament ihnen nicht zu, hat die Regierung sie für die Zukunft für unwirksam zu erklären.

Art. 9. Der Kaiser erläßt oder veranlaßt die Verordnungen zur Durchführung der Gesetze sowie die zur Aufrechterhaltung der öffentlichen Sicherheit und Ordnung und zur Förderung des Wohls der Untertanen erforderlichen Verordnungen. Durch eine Verordnung kann jedoch ein Gesetz nicht geändert werden.

Art. 10. Der Kaiser bestimmt die Organisation der einzelnen Zweige der Verwaltung und die Bezüge der Beamten und Offiziere, die er auch ernennt und entläßt. Sieht jedoch diese Verfassung oder ein anderes Gesetz besondere Bestimmungen vor, bewendet es dabei.

Art. 11. Der Kaiser führt den Oberbefehl über das Heer und die Marine.

Art. 12. Der Kaiser bestimmt die Organisation und die Friedensstärke des Heeres und der Marine.

Art. 13. Der Kaiser erklärt den Krieg, schließt den Frieden und alle internationalen Verträge.

Art. 14. Der Kaiser erklärt den Belagerungszustand.
Die Voraussetzungen und die Wirkungen des Belagerungszustandes werden durch Gesetz bestimmt.

Art. 15. Der Kaiser verleiht Adelstitel, Ränge, Orden und andere Auszeichnungen.

Art. 16. Der Kaiser befiehlt die allgemeine oder besondere Amnestie, die Strafherabsetzung und die Rehabilitierung.

Art. 17. Die Einsetzung eines Regenten bestimmt sich nach den Vorschriften des Gesetzes über das kaiserliche Haus.
Der Regent übt die Befugnisse des Kaisers im Namen des Kaisers aus.

2. Abschnitt: Die Rechte und Pflichten der Untertanen

Art. 18. Die Voraussetzungen, unter denen jemand japanischer Untertan ist, bestimmt das Gesetz.

Art. 19. Japanische Untertanen können entsprechend den durch Gesetz oder Verordnung bestimmten Fähigkeiten ohne Unterschied zu Beamten und Offizieren ernannt werden oder einen anderen öffentlichen Dienst aufnehmen.

Art. 20. Japanische Untertanen sind nach Maßgabe gesetzlicher Bestimmungen zum Militärdienst verpflichtet.

Art. 21. Japanische Untertanen sind nach Maßgabe gesetzlicher Bestimmungen zur Steuerzahlung verpflichtet.

Art. 22. Japanische Untertanen genießen im Rahmen der Gesetze die Freiheit, ihren Aufenthalt zu bestimmen und zu ändern.

Art. 23. Japanische Untertanen dürfen nur auf Grund der Gesetze verhaftet, festgehalten, verhört oder bestraft werden.

Art. 24. Keinem japanischen Untertanen darf das Recht auf die Entscheidung des gesetzlich bestimmten Richters genommen werden.

Art. 25. Außer in den gesetzlich bestimmten Fällen darf die Wohnung eines japanischen Untertanen ohne sein Einverständnis weder betreten noch durchsucht werden.

Art. 26. Außer in den gesetzlich bestimmten Fällen darf das jedem japanischen Untertanen zustehende Briefgeheimnis nicht verletzt werden.

Art. 27. Das Eigentum eines jeden japanischen Untertanen ist unverletzlich. Die zum Nutzen der Allgemeinheit erforderlichen Maßnahmen richten sich nach den gesetzlichen Bestimmungen.

Art. 28. Japanische Untertanen genießen die Freiheit des religiösen Glaubens, sofern sie die öffentliche Ruhe und Ordnung nicht stören und ihre Pflichten als Untertanen nicht verletzen.

Art. 29. Japanische Untertanen genießen im Rahmen der Gesetze die Freiheit der Rede, der schriftlichen Äußerung, der Veröffentlichung, der Versammlung und der Vereinsbildung.

Art.30. Japanische Untertanen haben unter Wahrung angemessener Ehrerbietung und unter Einhaltung der hierfür besonders erlassenen Bestimmungen das Petitionsrecht.

Art. 31. Die Vorschriften dieses Abschnitts hindern im Falle des Krieges oder des Staatsnotstandes die Ausübung der kaiserlichen Befugnisse nicht.

Art. 32. Die Vorschriften dieses Abschnitts finden auf Militärpersonen entsprechende Anwendung, sofern sie nicht zu Bestimmungen über das Heer oder die Marine oder zu deren Disziplin im Widerspruch stehen.

3. Abschnitt: Das Reichsparlament

Art. 33. Das Reichsparlament besteht aus zwei Häusern: dem Herrenhaus und dem Abgeordnetenhaus.

Art. 34. Das Herrenhaus wird nach Maßgabe der Verordnung über das Herrenhaus aus Angehörigen der kaiserlichen Familie und des Adelsstandes sowie aus vom Kaiser ernannten Mitgliedern gebildet.

Art. 35. Das Abgeordnetenhaus wird aus Mitgliedern gebildet, die nach Maßgabe des Wahlgesetzes vom Volke gewählt sind.

Art. 36. Niemand kann gleichzeitig Mitglied beider Häuser sein.

Art. 37. Jedes Gesetz bedarf der Zustimmung des Reichsparlaments.

Art. 38. Beide Häuser entscheiden über die von der Regierung eingebrachten Gesetzentwürfe und können auch selbst Gesetzentwürfe einbringen.

Art. 39. Eine Gesetzesvorlage, die in einem Haus abgelehnt worden ist, darf in derselben Sitzungsperiode nicht nochmals eingebracht werden.

Art. 40. Jedes Haus kann an die Regierung Vorstellungen über ein Gesetz oder einen anderen Gegenstand richten. Wird eine Vorstellung nicht befolgt, darf sie in derselben Sitzungsperiode nicht wiederholt werden.

Art. 41. Das Reichsparlament wird alljährlich einberufen.

Art. 42. Die Session des Reichsparlaments dauert drei Monate. Wenn es erforderlich ist, kann sie durch Thronverordnung verlängert werden.

Art. 43. In außerordentlichen dringenden Fällen kann eine außerordentliche Session einberufen werden.
Die Dauer der außerordentlichen Session wird durch Thronverordnung bestimmt.

Art. 44. Die Eröffnung, Schließung, Sessionsverlängerung und Vertagung soll für beide Häuser gleichzeitig erfolgen.
Wird die Auflösung des Abgeordnetenhauses verfügt, soll das Herrenhaus gleichzeitig vertagt werden.

Art. 45. Ist die Auflösung des Abgeordnetenhauses verfügt worden, so soll durch Thronverordnung eine Neuwahl seiner Mitglieder veranlaßt und das neue Abgeordnetenhaus innerhalb von fünf Monaten seit dem Tage der Auflösung einberufen werden.

Art. 46. In keinem Haus kann die Beratung eröffnet oder ein Beschluß gefaßt werden, wenn nicht mindestens ein Drittel aller Mitglieder anwesend ist.

Art. 47. Beide Häuser beschließen mit einfacher Mehrheit. Bei Stimmengleichheit entscheidet die Stimme des Präsidenten.

Art. 48. Die Verhandlungen beider Häuser sind öffentlich. Auf Verlangen der Regierung oder auf Beschluß des Hauses kann eine nichtöffentliche Sitzung abgehalten werden.

Art. 49. Jedes Haus kann dem Kaiser Denkschriften vorlegen.

Art. 50. Beide Häuser können Petitionen von Untertanen entgegennehmen.

Art. 51. Beide Häuser können die neben den Vorschriften dieser Verfassung und des Parlamentsgesetzes zur Regelung ihrer inneren Angelegenheiten erforderlichen Bestimmungen treffen.

Art. 52. Kein Mitglied des Reichsparlaments trägt außerhalb des Parlaments die Verantwortung für seine im Parlament geäußerte Meinung oder abgegebene Stimme. Hat das Mitglied jedoch selbst seine Meinung durch öffentliche Rede, Druck, Schrift oder auf sonstige Weise veröffentlicht, unterliegt dies den allgemeinen Gesetzen.

Art. 53. Außer auf frischer Tat oder wegen eines Verbrechens im Zusammenhang mit inneren oder äußeren Unruhen darf kein Mitglied eines der beiden Häuser während der Sitzungsperiode ohne Zustimmung des Hauses verhaftet werden.

Art. 54. Die Minister und die Beauftragten der Regierung können jederzeit in jedem Haus anwesend sein und das Wort nehmen.

4. Abschnitt: Die Minister und die Geheimen Staatsräte

Art. 55. Die Minister, und zwar jeder für sich, beraten den Kaiser und tragen dafür die Verantwortung.
Alle Gesetze, Thronverordnungen und kaiserlichen Erlasse in Staatsangelegenheiten bedürfen der Gegenzeichnung eines Ministers.

Art. 56. Die Geheimen Staatsräte beraten auf Anfrage des Kaisers die wichtigen Staatsangelegenheiten nach Maßgabe der Bestimmungen über die Organisation des Geheimen Staatsrats.

5. Abschnitt: Die Rechtsprechung

Art. 57. Die rechtsprechende Gewalt wird im Namen des Kaisers gemäß den Gesetzen von den Gerichten ausgeübt.
Die Gerichtsverfassung wird durch Gesetz bestimmt.

Art. 58. Zum Richter kann ernannt werden, wer die gesetzlich bestimmte Befähigung besitzt.

Ein Richter kann nur durch strafrechtliche Verurteilung oder disziplinäre Bestrafung seines Amtes enthoben werden.
Die Vorschriften über disziplinäre Bestrafung werden durch Gesetz bestimmt.

Art. 59. Die Verhandlungen und Entscheidungen der Gerichte erfolgen öffentlich. Ist jedoch ein Nachteil für Ruhe und Ordnung oder für die Sitten zu besorgen, kann nach gesetzlicher Bestimmung oder auf Beschluß des Gerichts die Öffentlichkeit der Verhandlung aufgehoben werden.

Art. 60. Die zur Zuständigkeit eines besonderen Gerichts gehörenden Angelegenheiten werden durch Gesetz besonders bestimmt.

Art. 61. Klagen, die eine Rechtsverletzung durch gesetzwidrige Maßnahmen einer Verwaltungsbehörde betreffen und zur Zuständigkeit des gesetzlich besonders bestimmten Verwaltungsgerichts gehören, dürfen vom ordentlichen Gericht nicht entgegengenommen werden.

6. Abschnitt: Das Finanzwesen

Art. 62. Die Auferlegung einer neuen Steuer und die Änderung des Steuersatzes sollen durch Gesetz bestimmt werden.
Auf Verwaltungsgebühren und andere Einnahmen, die eine Vergütung darstellen, findet Absatz 1 keine Anwendung.
Staatsanleihen und die Eingehung anderer Verbindlichkeiten zu Lasten der Staatskasse, die nicht im Haushalt vorgesehen sind, sollen der Zustimmung des Reichsparlaments unterliegen.

Art. 63. Die gegenwärtig bestehenden Steuern werden, solange nicht ein neues Gesetz eine Änderung bestimmt, in der bisherigen Weise eingezogen.

Art. 64. Die Ausgaben und Einnahmen des Staates sollen in Form eines jährlichen Haushalts der Zustimmung des Reichsparlaments unterliegen.
Ausgaben, die die Ansätze im Haushalt übersteigen oder außerhalb des Haushalts entstehen, bedürfen nachträglich der Zustimmung des Reichsparlaments.

Art. 65. Der Haushalt soll zuerst dem Unterhaus vorgelegt werden.

Art. 66. Die Ausgaben des kaiserlichen Hauses werden in der gegenwärtig festgesetzten Höhe alljährlich aus der Staatskasse bezahlt. Die Zustimmung des Reichsparlaments hierzu ist nicht erforderlich, es sei denn, daß eine Erhöhung der Ausgaben notwendig wird.

Art. 67. Das Reichsparlament kann bereits festgesetzte Ausgaben, die auf die verfassungsmäßigen kaiserlichen Befugnisse gegründet werden, sowie die Ausgaben, die in Auswirkung der Gesetze entstehen oder zu den gesetzlichen Verpflichtungen der Regierung gehören, ohne Einverständnis der Regierung weder verweigern noch herabsetzen.

Art. 68. Für spezielle Bedürfnisse kann die Regierung beim Reichsparlament die Bewilligung eines bestimmten Betrages, der für eine im voraus zu bestimmende Anzahl von Jahren als Ausgabenfund dient, nachsuchen.

Art. 69. Zur Deckung unvermeidbarer Fehlbeträge im Haushalt oder nicht vorgesehener notwendiger Ausgaben soll ein Reservefonds eingerichtet werden.

Art. 70. Wenn es für die Aufrechterhaltung der öffentlichen Sicherheit dringend notwendig ist und das Reichsparlament wegen innerer oder äußerer Umstände nicht einberufen werden kann, kann die Regierung auf Grund einer Thronverordnung die erforderlichen finanziellen Maßnahmen treffen.
Im Falle des Absatz 1 ist die Angelegenheit dem Reichsparlament in seiner nächsten Session vorzulegen und seine Genehmigung einzuholen.

Art. 71. Wenn das Reichsparlament über den Haushalt nicht entscheidet oder der Haushalt nicht zustande kommt, soll die Regierung den Haushalt des Vorjahres ausführen.

Art. 72. Die Abrechnung über die Einnahmen und Ausgaben des Staates soll vom Rechnungshof geprüft und bestätigt werden; die Regierung soll den Prüfungsbericht zusammen mit der Abrechnung dem Reichsparlament vorlegen.
Organisation und Befugnisse des Rechnungshofs werden durch Gesetz bestimmt.

7. Abschnitt: Ergänzungsbestimmungen

Art. 73. Wird in Zukunft eine Änderung der Bestimmungen dieser Verfassung notwendig, so soll durch Thronverordnung ein entsprechender Entwurf dem Reichsparlament zur Beratung überwiesen werden.
In diesem Falle kann die Beratung in jedem Haus nur eröffnet werden, wenn mindestens zwei Drittel seiner Mitglieder anwesend sind. Die Änderung kann nur mit einer Mehrheit von mindestens zwei Dritteln der anwesenden Mitglieder beschlossen werden.

Art. 74. Eine Änderung des Gesetzes über das kaiserliche Haus bedarf der Beratung im Reichsparlament nicht.
Die Bestimmungen dieser Verfassung können durch das Gesetz über das kaiserliche Haus nicht geändert werden.

Art. 75. Während einer Regentschaft können die Verfassung und das Gesetz über das kaiserliche Haus nicht geändert werden.

Art. 76. Alle bestehenden Rechtsvorschriften wie Gesetze, Regeln, Verordnungen oder wie immer sie genannt sein mögen, die dieser Verfassung nicht widersprechen, bleiben in Geltung.
Alle bestehenden Verträge und Anordnungen, die Ausgabenverpflichtungen für die Regierung mit sich bringen, werden nach Artikel 67 behandelt.

Roeslers Verfassungsvorschläge haben den Inhalt der Meijiverfassung weitgehend bestimmt. Die ausführliche Begründung dieser Vorschläge, die er in seinen Gutachten gibt, ist nicht nur für ein tieferes Verständnis der Meijiverfassung von Bedeutung. Die Argumente seiner Gutachten und sein Verfassungskommentar stellen das konkrete Ganze einer Staatsauffassung dar, die als festbestimmter Typus in der Geschichte der Staatsverfassungen einen bleibenden Platz beanspruchen darf.

Ich teile die Darstellung seiner Verfassungsvorschläge nach den Hauptproblemen, um die es beim Entwurf der Verfassung ging. Zu jedem Abschnitt gebe ich die entsprechenden Artikel seines Verfassungsentwurfes. (Wo das Gegenteil nicht besonders angemerkt wird, sind die von ihm vorgeschlagenen Artikel, oft wörtlich, in die Meijiverfassung eingegangen. Die übereinstimmenden Artikel der Meijiverfassung sind durch Angabe ihrer Nummer in eckigen Klammern hinter den von Roesler vorgeschlagenen Artikeln gekennzeichnet.)

Die Hoheitsrechte des Kaisers

Roesler trat von Beginn der Verfassungsberatungen für eine ausdrückliche Formulierung der einzelnen Hoheitsrechte in der Verfassung ein, während Ito und Inoue ursprünglich Einzelheiten des Herrscherrechtes nur in der Präambel der Verfassung erwähnen wollten. Roesler hielt die genaue Formulierung der Hoheitsrechte in einzelnen Verfassungsartikeln für notwendig, um den ganzen Umfang der kaiserlichen Gewalt rechtlich klarzustellen und so jeder Anzweiflung und Abschwächung der Herrscherrechte vorzubeugen. Die Formulierung der Artikel im 1. Kapitel der Verfassung „Vom Kaiser" ist sein Werk. Sein Entwurf lautet:

Grundbestimmung

Art. 1. Das Kaiserthum Japan ist eine auf ewig untheilbare Erbmonarchie. Die Krone ist erblich in dem Kaiserlichen Hause nach den Bestimmungen des Kaiserlichen Hausgesetzes. [2]

Titel I — Vom Kaiser

Art. 2. Der Kaiser ist der heilige und unverletzliche Souverain des Reiches. [3]

Alle Rechte der Staatsgewalt bleiben in seiner Person vereinigt und er übt dieselben nach der von ihm in dieser Verfassung gegebenen Bestimmungen aus. [4]

Art. 3. Alle Regierungsacte des Kaisers bedürfen zu ihrer Gültigkeit der Gegenzeichnung eines Ministers. Die Minister des Kaisers sind verantwortlich. [55]

Art. 4. Die gesetzgebende Gewalt wird vom Kaiser mit Zustimmung des Reichstags ausgeübt. [5]

Art. 5. Der Kaiser sanktioniert die Gesetze; er ordnet ihre Verkündigung und Vollziehung an. [6]

Art. 6. In Fällen eines allgemeinen Nothstandes und zur Abwendung gemeiner Gefahren kann der Kaiser unter Verantwortung des gesammten Ministeriums Verordnungen mit gesetzlicher Kraft erlassen. Dieselben sind dem Reichstag bei seinem nächsten Zusammentritt zur Genehmigung vorzulegen. [8]

Art. 7. Der Kaiser hat das Recht, Privilegien zu ertheilen und in einzelnen Fällen von Gesetz zu dispensieren, jedoch nicht in Widerspruch zu der Verfassung und mit erworbenen Rechten.

Art. 8. Der Kaiser verleiht den Adel, Orden und andere Auszeichnungen. [15]

Art. 9. Der Kaiser hat den Oberbefehl über das Heer und die Flotte. Er bestimmt deren Stärke im Frieden und im Krieg, und alle auf die bewaffnete Macht bezüglichen Anordnungen und Befehle gehen von ihm aus. [11 und 12]

Art. 10. Der Kaiser hat das Recht, Krieg zu erklären und Frieden zu schließen. Er erläßt die zur Ausübung des Kriegsrechts nöthigen Verordnungen. [13]

Art. 11. Der Kaiser vertritt das Reich nach Außen und schließt die Verträge mit anderen Staaten ab. Dieselben werden für die Unterthanen verbindlich durch ihre ordnungsmäßige Verkündigung. [13]

Art. 12. Der Kaiser beruft den Reichstag und eröffnet, verlängert und schließt dessen Sitzungen. Er kann den Reichstag vertagen oder auflösen.

Art. 13. Der Kaiser kann die Ausübung der ihm zustehenden Rechte an andere Personen übertragen.

Art. 14. Die Fälle, in welchen eine Regentschaft eintritt, werden durch die kaiserlichen Hausgesetze bestimmt. Der Regent übt die dem Kaiser zustehende Gewalt in dessen Namen aus. [17]

Während einer Regentschaft können die Verfassung und die Kaiserlichen Hausgesetze nicht abgeändert werden. [75]

Art. 15. Die dem Kaiser und den Mitgliedern des Kaiserlichen Hauses aus der Staatskasse zu leistenden Einkünfte werden durch die Kaiserlichen Hausgesetze festgesetzt. In den Staatshaushalt werden dieselben nicht aufgenommen. [66]

Art. 16. Der Kaiser erläßt mit Zustimmung der Agnaten seines Hauses, soweit deren bestehende Rechte dadurch berührt werden, die Kaiserlichen Hausgesetze und bringt sie bei der obersten Landesstelle zur allgemeinen Kenntnis und Hochachtung.

Die Kaiserlichen Hausgesetze bedürfen nicht der Zustimmung des Reichstages; jedoch können durch sie die Bestimmungen der Verfassung nicht abgeändert werden. [74]

Art. 72. Der Kaiser ernennt und entläßt die Minister. Alle Stellen im öffentlichen Dienst werden von ihm oder in seinem Auftrag besetzt, soweit nicht das Gesetz anders verordnet. [10]

Art. 73. Der Kaiser führt den Vorsitz im Ministerrath; er entscheidet die in demselben verhandelten Angelegenheiten.

Art. 74. Der Kaiser organisiert die gesammte Staatsverwaltung, er bestimmt die in derselben zu befolgenden Grundsätze und zu treffenden Einrichtungen. [10]

Art. 75. Der Kaiser hat das Recht, zur Durchführung der von ihm erlassenen Verordnungen und Verfügungen Strafen und Zwangsmittel anzudrohen und zu vollziehen.

Art. 76. Der Kaiser erläßt die zur Aufrechterhaltung des Staatswohl, der öffentlichen Ordnung und Sicherheit nöthigen Verordnungen. [9]

Er hat das Recht, den Belagerungszustand zu erklären; die Folgen desselben werden durch Gesetz bestimmt. [14]

Das weitgehende selbständige Verordnungsrecht, das Roesler vorgeschlagen hat und im Art. 9 der Meijiverfassung adoptiert ist, ist vielleicht der hervorstechendste Zug der Meijiverfassung. Sie geht in diesem Punkte über die Preußische Verfassung hinaus, die den König nur zum Erlaß für die Ausführung der Gesetze notwendigen Verordnungen (Art. 45) und zum Erlaß von Notverordnungen (Art. 63) berechtigt, während Verwaltungsverordnungen nur durch die konstitutionelle Praxis sanktioniert waren. Roeslers klare Begründung des selbständigen Verordnungsrechts gab in den langen und sorgfältigen Beratungen über das Verordnungsrecht den Ausschlag. Die Schöpfer der Verfassung waren wohl vertraut mit der existierenden Literatur über das Verordnungsrecht. Roesler konnte die Bedenken Inoues, ob ein so ausgedehntes Verordnungsrecht nicht dem Grundprinzip des Konstitutionalismus widerspreche, zerstreuen. Er betont, daß Ausführungs- und Polizeiverordnungen allein für eine effektive Regierung des Kaisers nicht genügen, daß die Regierung frei sein muß, aus eigener Initiative positive Anordnungen für die Förderung des öffentlichen Wohls zu treffen und daß die Vorenthaltung dieses Rechts die Vorherrschaft des Parlaments und die praktische Ausschaltung der unabhängigen kaiserlichen Gewalt bedeuten würde[1]. Der Ito-Kommentar gibt praktisch die Argumente Roeslers für das Verordnungsrecht. Hinter Roeslers Standpunkt steht seine Auffassung vom „Sozialstaat", auf die ich im nächsten Kapitel noch eingehen werde: Der moderne Sozialstaat verlangt für die Exekutive mehr Handlungsfähigkeit und Gestaltungsfreiheit als der nur Gefahren abwehrende liberale Staat. Ohne Zweifel hat das weite Verordnungsrecht das Erstarken der Bürokratie in Japan gefördert. Aber man darf bezweifeln, ob ohne dasselbe Japan so schnell die effektive Organisation eines modernen Staates aufgebaut hätte.

So sehr Roesler die Bedeutung des Verordnungsrechts betont, ebenso sehr ist er bemüht, die Grenzen dieses Rechts zu bestimmen, um seinen Mißbrauch zu verhindern. Die Meijiverfassung formuliert keine klare Scheidungslinie zwischen den Materien, welche durch Gesetz geregelt werden müssen, und solchen, welche durch Verordnung allein geregelt werden können. Roesler hielt eine praktisch anwendbare ausdrückliche Abgrenzung der Materien für unmöglich. Er insistiert aber darauf, daß Rechte und Pflichten der Staatsbürger bezüglich Freiheit und Eigentum durch Gesetz festgelegt werden müssen[2]. Der „Vorbehalt der Gesetzgebung" für diese Materien, den man als das Grundwesen des liberalen Rechtsstaates ansieht, wird von ihm voll und ganz anerkannt. Er tadelt die Auffassung, z. B. Gneists, daß alle Angelegenheiten, über die es kein Gesetz gibt, durch reine Verwaltungsverordnungen geregelt werden können. Er bemerkt, daß in modernen Staaten die Tendenz

---

[1] C 85.

[2] C 86, 165.

besteht, den Bereich der Rechte, die durch formelle Gesetze gesichert sind, auszudehnen und den Bereich der Verordnungen zu beschränken. Er ist der Ansicht, daß das im Volke vorherrschende Rechtsbewußtsein als Norm dafür zu gelten hat, was als formelles Gesetz festgelegt werden muß. Hier tritt seine Ablehnung des reinen Rechtformalismus klar zu Tage: Nur die Betrachtung der zu regelnden Sache selbst und die Berücksichtigung des lebendigen Rechtsbewußtseins des Volkes kann entscheiden, ob ein von der Volksvertretung beschlossenes Gesetz notwendig ist oder nicht.

Roeslers Auffassung der Militärgewalt des Kaisers ist von besonderem Interesse im Hinblick auf die spätere Entwicklung, die zur Unabhängigkeit und zur Übermacht des Militärs gegenüber der Zivilregierung führte. Die Meijiverfassung läßt das Militär keineswegs außerhalb der konstitutionellen Ordnung, wie öfters behauptet wurde. Sie kennt keine absolute Trennung der Militärgewalt von der allgemeinen politischen Gewalt. Da sie aber für die Ausübung des Oberbefehls (Art. 11) und die Bestimmung der Militärverfassung (Art. 12) keine Organe festlegt, blieben die Beziehungen der Militärgewalt zur allgemeinen Regierung im Konkreten unbestimmt. Roesler unterscheidet, wie es in der militärischen Organisation der modernen Staaten üblich ist, zwischen der militärischen Oberbefehlsgewalt und der zivilen Administration militärischer Angelegenheiten. Beide Gewalten sind nach ihm, abgesehen von der gesetzlichen Regelung der Militärpflicht und der Militärgerichtshöfe und der notwendigen Zustimmung des Reichstages zur Erhöhung militärischer Ausgaben, souveräne Rechte des Kaisers, die dem Eingriff der Legislativen nicht unterliegen[3]. Die Abgrenzung des Oberbefehls von der Militärverwaltung hielt er für schwierig, und er war nicht der Ansicht, die unter den japanischen Staatsrechtlern vorherrschend wurde, daß die Militärverfassung des Artikels 12 nur eine Angelegenheit der Militärverwaltung sei und damit allein unter die Zuständigkeit der allgemeinen Staatsverwaltung falle. Er war sich der politischen Bedeutung dieser Artikel voll bewußt und betont sehr die Notwendigkeit der Einheit zwischen militärischer und ziviler Gewalt.

„No well organized government can exist without the united supreme disposition of the armed forces, to execute the laws, to maintain peace and to resist foreign invasion and oppression. If there exists no unity of the civil and military power, the civil government will be deprived of its strength and efficiency, or the civil power will in fact pass over to the military power and thus the Constitution will be paralysed. Likewise the unity of the military power itself is absolutely essential to its nature; unity of command, of plan and decision, of organization, armament and exercise are indispensable to success either in defence and attack[4].“

---

[3] C 95/6.

[4] C 94.

Die Ausübung der Oberbefehlsgewalt bedarf keiner Gegenzeichnung eines Ministers. Aber er sagt nicht, daß die Anordnungen der Militäradministration der Gegenzeichnung nicht bedürfen, nach seinen Ausführungen über die Gegenzeichnung ist diese vielmehr durchaus nötig, wie auch der Ito-Kommentar diese Gegenzeichnung fordert. In Wirklichkeit wurde diese Gegenzeichnung nicht beobachtet, und das Militär dehnte überhaupt seine Macht gegen den Sinn der Verfassung ungebührlich aus — zum Schaden der konstitutionellen Abhängigkeit des Militärs. Die von Roesler betonte Einheit zwischen Militär- und Zivilgewalt durch die einheitliche Führung beider durch den Kaiser realisierte sich nicht. Der Kaiser hatte weder im militärischen noch im allgemeinen politischen Bereich eine wirkliche Macht. So konnte sich jene Unabhängigkeit des Militärs von der politischen Gewalt entwickeln (Aneignung Koreas, der Mandschurei, Invasion Chinas usw.), die so verhängnisvoll die Geschichte des modernen Japan bis zum Ende des pazifischen Krieges bestimmte.

Staatsminister und Geheimer Staatsrat

Die Unabhängigkeit der kaiserlichen Regierungsgewalt sollte nach der Meijiverfassung zentral durch die Unterstellung der Minister unter den Kaiser gesichert werden. Wir haben bereits die Vorschläge Roeslers zu diesem Punkte zitiert (Art. 72 - 76 seines Verfassungsentwurfes, S. 93). Die Minister sind lediglich Organe der kaiserlichen Exekutivgewalt. Roesler nennt sie „mere advisers to the Emperor“. Darum hat das Parlament kein Recht bezüglich der Ernennung und Entlassung der Minister, und sie sind individuell, nicht kollektiv als Kabinett, dem Kaiser allein verantwortlich. Roesler hatte schon 1881, als die monarchische Grundrichtung der Verfassung festgelegt wurde, die direkte und ausschließliche Abhängigkeit der Minister vom Monarchen gefordert und ausgeführt, daß kollektive Verantwortung der Konzeption eines eigenständigen Rechts des Kabinetts entspreche und zu einer wirklich monarchischen Regierung schlecht passe[5]. Er vertritt konsequent, daß es in einem strikt monarchischen Staat keine eigentliche parlamentarische Verantwortung der Minister geben kann. Der Ito-Kommentar spricht auf Grund des Beschwerderechts des Parlaments gegen Regierungsmaßnahmen von einer indirekten Verantwortung der Minister gegenüber dem Volk. Bekanntlich konstruierte später der bekannte Verfassungsrechtler Minobe aus der konstitutionellen Idee des Parlaments eine strikte Verantwortung der Minister gegenüber dem Reichstag. Es ist aus den Quellen offenbar, daß diese Konstruktion den Intentionen der Schöpfer der Verfassung widerspricht. Roeslers Auffassung von der Herrschaft des Kaisers besagt, daß der Kaiser nicht

---

[5] JR 178 Anm. 5.

nur symbolisch herrscht (to reign), sondern wirklich regieren sollte (to rule)[6]. Das war die Rolle, welche die Konstitution von ihm verlangte. Sie wies dem Kaiser ohne Zweifel die wichtigsten politischen Entscheidungen zu. Die Minister, durch die er seine Regierung ausübt, sollten nur seine verantwortlichen Ratgeber sein.

Die wirkliche Regierung, welche die Verfassung dem Kaiser zuwies, war kein „persönliches Regiment" nach der Willkür des Monarchen. In der konstitutionellen Monarchie kann der Monarch seine Regierungsgewalt nur nach dem Rat eines Ministers ausüben, der durch Gegenzeichnung des Regierungsaktes die Verantwortung dafür übernimmt. Durch die Gegenzeichnung wird der Minister der Prüfung und Zensur der Öffentlichkeit unterworfen und wird in einem gewissen Sinne dem Volke verantwortlich. Die Notwendigkeit der Gegenzeichnung ist darum ein wirksames Gegenmittel gegen willkürliche und unverantwortliche Regierungsakte des Monarchen und unterscheidet eine konstitutionelle Regierung des Monarchen wesentlich von einem persönlichen Regiment.

Roesler hatte in Art. 73 seines Verfassungsentwurfs vorgeschlagen: „Der Kaiser führt den Vorsitz im Ministerrath und entscheidet die in demselben verhandelten Angelegenheiten." Der Artikel intendierte ohne Zweifel, die Regierungsgewalt des Kaisers gegen eine Usurpation durch ein ohne den Kaiser handelndes Kabinett zu sichern. Der Artikel wurde nicht in die Meijiverfassung aufgenommen. Ito und Inoue wollten keine direkte Regierung des Kaisers. Die Nichtbeteiligung des Kaisers an der Politik war schon längst feste Tradition. Es war vor allem die mythische Auffassung vom Kaiser als eines geschichtstranszendenten Repräsentanten der göttlichen Ordnung, die forderte, daß der Kaiser keine aktuellen politischen Entscheidungen gab. Er durfte nicht in die Arena politischer Streitigkeiten und fehlerhafter Entscheidungen herabgezogen werden. Sollte der Nimbus seiner göttlichen Weisheit und Heiligkeit erhalten werden, dann mußte er jenseits der Sphäre politischer Entscheidung als reiner Repräsentant der heiligen Ordnung des Daseins thronen. So haben sich die Japaner gescheut, politische Entscheidungen von ihm zu verlangen und haben ihn von der wirklichen Leitung der Regierungsgeschäfte ausgeschlossen. Hieraus entstand jener schreiende Widerspruch zwischen der Verfassung und der Praxis der Regierungsweise, der in Japan bis zum Ende des Krieges herrschte. Nach der Verfassung war der Kaiser der wahre politische Herrscher, der die wichtigsten politischen Entscheidungen zu treffen hat. In Wirklichkeit ist die Regierung des Kaisers während der ganzen Zeit des Bestehens der Verfassung eine rein nomi-

---

[6] Ebenda.

nale gewesen, an seiner Statt regierte das Kabinett und die hinter ihm stehenden Machtgruppen. Die „Regierung des Kaisers“ beschränkte sich darauf, ohne eigene Entscheidung diejenigen als Minister zu ernennen, welche die wahren Machthaber ihm vorschlugen, und das zu unterzeichnen, was diese Minister ohne seine Beteiligung festgelegt hatten.

Ein Wort ist hier noch über den Geheimen Staatsrat zu sagen. In Roeslers Verfassungsentwurf kommt kein Geheimer Staatsrat vor. Er war eine Idee Itos. Ito wünschte den Geheimen Staatsrat als ein Beratungsorgan des Kaisers in Streitigkeiten zwischen der Regierung und dem Reichstag. Roesler war gegen einen Staatsrat, der die Stellung der Minister als verantwortliche Berater des Kaisers hätte schwächen können[7]. Er sah aber auch die Vorteile eines solchen besonderen Beratungsorgans und entwarf auf Verlangen Itos das Gesetz über den Geheimen Staatsrat, das dessen Funktion als Beratungsorgan des Kaisers für konstitutionelle Fragen und wichtige Gesetze festlegt[8]. Daß der Vorsitzende des Staatsrates später eine wichtige Rolle bei der Auswahl des Ministerpräsidenten spielen sollte, lag vollkommen außerhalb der Intention Roeslers.

Konstitutionelle Begrenzungen der Regierungsgewalt

So stark die Meijiverfassung die kaiserliche Gewalt betont, sie beschränkt dieselbe konstitutionell. Nach Roeslers Überzeugung erfüllte die Meijiverfassung durchaus die Forderungen einer konstitutionellen Regierung, die durch das Prinzip der persönlichen Freiheit inspiriert ist. Roesler spricht in seinen Gutachten und seinem Kommentar oft und unzweideutig von den Beschränkungen der kaiserlichen Gewalt, während man später das Wort „Beschränkung“ zu vermeiden suchte, auch wenn man die Sache anerkannte.

Roesler ist für die volle Souveränität des Kaisers, aber diese ist ihm keine absolut unbegrenzte. Eine Souveränität im Sinne des Fehlens jeglicher rechtlichen Bindung des Herrschers gibt es für ihn nicht. Souveränität heißt für ihn, daß dem Herrscher das Recht zur Staatsführung innerhalb der Grenzen seines Amtes, die durch das vorstaatliche Recht umschrieben sind, ursprünglich und ganz zukommt. Über die Grenzen des Herrscherrechtes sagt er:

„The governmental power is not of a private, but of a public nature; it should not be exercised licentiously, but for the welfare of the people. This nature and effect is inherent to every system of government; it must produce certain limits to the exercise of the governmental power to prevent rashness and deviation of judgement. In an absolute government such limits are

[7] JR 178 Anm. 7.

[8] Ebenda.

found in religion and moral precepts, in tradition, in education, in a certain organization of the government and the like; in constitutional government they are determined by law and become so more effective. The general constitutional limit is a certain concurrence of the people and a proper legal foundation of government. Thus laws require the assent of the National Assembly, all governmental act require the signature of ministers, justice is administered by independent judges according to law."

„Such limits are not contrary to the nature of the sovereign power, inasfar as they do not unreasonably check and weaken it; for the sovereign power must not be absolute in all respects and to all extend. On the other side such limits are essential to the nature of a constitutional government which is destined to establish certain political rights and a lawful liberty of the subjects with regard to the government[9]."

Roesler faßt die in der Meijiverfassung enthaltenen Beschränkungen der Herrschergewalt in 5 Kategorien zusammen:

„1) Every law, the annual budget and other important financial measures require the consent of the Diet.

2) Every act of the executive power of the sovereign requires the advise and the signature of a minister of state.

3) The judicature shall be exercised by independent courts of law according to law only.

4) The respective domains of the legislative, executive and judicial power are to be constitutionally fixed as much as possible.

5) In all governmental affairs, the Diet can receive petitions, make addresses to the Emperor or representation to the government, and put questions to or demand explanations from the same[10]."

Das sind substantielle Beschränkungen der Regierungsgewalt. Angesichts dieser Beschränkungen fragt man sich, wie man von einem „Absolutismus" oder ein „Scheinkonstitutionalismus" der Meijiverfassung sprechen kann. Das grundlegende konstitutionelle Recht war für Roesler das Zustimmungsrecht des Parlaments zu Gesetzen und Steuern. Die interessanteste und heftigste Debatte in den Beratungen des Geheimen Staatsrat über den Verfassungsentwurf war über das Zustimmungsrecht zu den Gesetzen. Der Unterrichtsminister Arinori Mori, einer der Großen der neuen Epoche und in früheren Jahren für liberale Ideen sehr aufgeschlossen, war der Wortführer der Traditionalisten, denen es gegen die Idee der kaiserlichen Gewalt zu sein schien, die Gesetzgebung der Zustimmung des Volkes zu unterwerfen. Sie wünschten „Zustimmung" (japanisch: shônin) durch eine Art „Beipflichtung" (concurrence) ohne striktes Ablehnungsrecht zu ersetzen. Es war ein Gutachten Roeslers, das Ito die Argumente lieferte, die den Widerstand der Traditionalisten überwanden[11]. In diesem Gutachten, dessen Inhalt

[9] C 66.

[10] C 152/3.

[11] JR 178 Anm. 11.

sich auch in seinem Kommentar zu Art. 6 findet, unterscheidet er vier Stadien in der Ausübung des Gesetzgebungsrechtes (Rückübersetzung aus dem Japanischen).

„Wenn man das Gesetzgebungsrecht im einzelnen analysiert, lassen sich folgende vier Elemente unterscheiden: Initiative, Deliberative, Sanktion und Promulgation. Das Sanktions- und Promulgationsrecht steht ausschließlich dem Kaiser zu. Zur Ausübung dieser Rechte bedarf es nicht der Zustimmung des Parlaments. Die Initiative steht entweder ausschließlich dem Kaiser zu oder das Parlament hat daran Anteil. Bei der Ausübung derselben aber stehen die beiden selbständig da und brauchen zur Wirksamkeit ihrer Rechte nicht die Zustimmung der Gegenseite. Die Deliberative bedeutet das Recht, zu den Gegenständen, die als Gesetz festgelegt werden sollen, Stellung zu nehmen. Darin liegt das Recht, den Gesetzesvorschlag anzunehmen, zu verwerfen, zu ändern und zu ergänzen. Annahme und Verwerfung sind aber offenbar Akte der Zustimmung oder Ablehnung. Praktisch betrachtet besagt auch Änderung und Ergänzung nichts anderes. ...

Das Zustimmungsrecht des Parlaments geht nicht über das Recht der Stellungnahme hinaus. Es greift nicht in die Ausübung der Souveränität ein. Es bedeutet nur die Teilnahme an der Gesetzgebung. ...

Das Wort Zustimmung schließt nicht die Bedeutung ein, daß ein Höherer dem Vorschlag eines Niedrigeren seine Billigung erteilt oder daß ein Recht verliehen wird. Es bedeutet nur, daß zwischen beiden Teilen dem Willen nach Übereinstimmung, Billigung und Einverständnis ausgedrückt wird. Erlaubnis ist das Wort, das von einem Höheren bezüglich des Vorschlags eines Niedrigeren gebraucht wird. Das Wort Zustimmung soll die Übereinstimmung untereinander, ohne Rücksicht auf die Stellung beider, ausdrücken. ...

Die souveräne Gewalt kann ohne Zustimmung der Untertanen nicht über Leben und Eigentum der Untertanen verfügen. Die Untertanen greifen deswegen aber nicht in die Ausübung der Souveränität ein. Sie halten sich innerhalb ihrer Schranken als Untertanen und können sich im Besitz ihrer Rechte gegen den Mißbrauch der Souveränität schützen. Das ist der Sinn der verfassungsmäßigen Zustimmung, es sind nicht beide Teile an der Ausübung des gleichen Rechts beteiligt. Da die beiderseitigen Rechte sich auf Verschiedenes beziehen, muß nur klar sein, daß in Fällen, wo beide Teile entgegengesetzt sind, auf dem Wege der Zustimmung Übereinstimmung zu erzielen ist.

Das Wort Beipflichtung (concurrence) möchte ich, außer in Fällen, wo es klar die Bedeutung ‚Zustimmung' auszudrücken vermag, nicht gebrauchen."

Es war Roeslers grundsätzliche Auffassung — und Ito und Inoue teilten die gleiche Überzeugung —, daß es ohne ein wahres Zustimmungsrecht des Parlaments kein echtes konstitutionelles Staatswesen gebe und daß ohne dieses Recht das Parlament im Wesen nur eine beratende Körperschaft sei, die der Exekutive untergeordnet ist. „There would be no true effectful constitutionel government if the parlamentary vote upon laws could be put aside according to the pleasure of the Monarch whose legislative would then be unlimited in every respect[12]." Die abschließenden und entscheidenden Akte der Gesetzgebung, Sanktion und Promulgation, aber stehen ausschließlich dem Kaiser zu.

Als Ergebnis der Diskussionen des Geheimen Staatsrats wurde shônin (Zustimmung) zunächst in yokusan (Mitwirkung, concurrence), dann in hoyoku oyobi kyôsan, das englische advise and consent, und schließlich in kyosan abgeändert, als dessen Äquivalent ausdrücklich das englische consent bezeichnet wurde[13].

Konstitutionelle Beschränkungen gibt es nach der Meijiverfassung auch bezüglich der kaiserlichen Gewalt der Verwaltungsorganisation. Roesler sagt zu Art. 10:

„The organisation of the government to its whole extend is by this article reserved to the Emperor with those exceptions only which are provided for in the Constitution or in other laws. Those exception refer to the following objects:

1) the organisation of the Court of administrative Ligation (art. 61) and the Board of audit (art. 72).

2) the organisation of selfgovernmental bodies in ken, fu, gun or local communities, as thereby the performance of certain parts of the public buisiness is entrusted to independent organs and ceases to appertain to the Emperor alone,

3) exception may also be made by special laws, as for instance the State of siege or the creation of iuridical persons and the like. ... By the said exceptions, a broad condescendence has been accorded to the tendencies of modern constitutional government as now prevailing in other countries[14]."

Unter den der kaiserlichen Organisationsgewalt nicht unterstehenden Verwaltungsorgane zählt Roesler die der öffentlichen Selbstverwaltung auf. Er wollte die Grundzüge der gebietlichen Selbstverwaltung in die Verfassung aufgenommen haben. In seinem Verfassungsvorschlag heißt es unter Titel VI von der Verwaltung:

„Art. 77. Die Verwaltung des Staates wird auf die Eintheilung in Fu, Ken und Gun gegründet, welche die Rechte von Corporationen haben. Sie werden durch Staatsbehörden verwaltet unter geordneter Mitwirkung von Organen der Selbstverwaltung.

Art. 78. Die Verwaltung der Gemeinden wird durch Gesetz geregelt. Die Gemeinden haben die Rechte von Corporationen und verwalten ihr Vermögen und ihre Angelegenheiten selbst durch gewählte Organe unter Aufsicht des Staates."

Die Meijiverfassung schweigt über die Selbstverwaltung, die tatsächlich schon eingeführt war oder bald eingeführt werden sollte. Nach der

[12] C 70.

[13] Das Japan Weekly Mail brachte am 2. März 1889 einen offenbar von der Regierung inspirierten Artikel über die Bedeutung von kyosan, in dem die Auffassung Roeslers aus seinem Gutachten für den Geheimen Staatsrat wiedergegeben ist.

[14] C 89.

Ansicht Itos sollte sich die Verfassung nur mit den relativ stabilen Grundeinrichtungen befassen und Sichänderndes der gewöhnlichen Gesetzgebung überlassen. Für Roesler gehörte die Selbstverwaltung zur Grundstruktur des Staatslebens.

Die bürgerlichen Rechte

Roesler war von Anbeginn dafür eingetreten, daß die bürgerlichen Freiheitsrechte ausdrücklich in der Verfassung formuliert werden müßten und daß ohne solche Artikel die Verfassung einen wesentlichen Mangel haben würde. Im ersten Verfassungsentwurf von Kowashi Inoue waren die bürgerlichen Rechte nur in der Präambel zur Verfassung erwähnt. Roesler schlug folgende Artikel vor, die auch sämtlich in die Verfassung aufgenommen wurden.

Titel IV. Von allgemeinen Rechten und Pflichten.

Art. 50. Die Grundsätze über den Erwerb und Verlust der Staatsangehörigkeit werden durch Gesetz bestimmt. [18]
Nach diesen Bestimmungen wird Ausländern die Naturalisation von der Staatsregierung ertheilt. Die große Naturalisation darf nur Solchen ertheilt werden, welche entweder durch 15 Jahre sich im Lande aufgehalten oder dem Staate ausgezeichnete Dienste geleistet haben.
Nur durch die große Naturalisation wird die Fähigkeit erlangt, zum Mitglied des Reichstags, zum Staatsminister oder Chef eines Verwaltungszweigs, oder zum Befehlshaber einer Truppen- oder Flottenabtheilung ernannt bezw. gewählt zu werden.

Art. 51. Jeder hat innerhalb der gesetzlichen Schranken das Recht der freien Auswanderung. [22]

Art. 52. Jeder genießt den gleichen Schutz des Staats, Gleichheit vor dem Gesetz und die gleiche Zulassung zu allen öffentlichen Ämtern. [19]

Art. 53. Die Sicherheit der Personen, der Wohnung und aller Rechte wird gewährleistet. [23, 24, 25]

Art. 54. Das Eigenthum ist unverletzlich. Die Zuläßigkeit und die Bedingungen der Enteignung werden durch Gesetz geregelt. [27]

Art. 55. Jeder hat die freie Wahl des Erwerbs und Berufs mit Ausnahme derjenigen, welche dem Gesetz zuwider laufen, die öffentliche Ordnung oder das Gemeinwohl verletzen oder zu welchen besondere Genehmigung erforderlich ist.

Art. 56. Die Freiheit des religiösen Bekenntnisses wird gewährleistet, ausgenommen soweit dadurch die öffentliche Ordnung oder das Gemeinwohl gefährdet wird oder den Pflichten gegen den Staat Abbruch geschieht. [28]

Art. 57. Es besteht Freiheit der Meinungsäußerung, der Versammlungen und Vereine nach Maßgabe der Gesetze. [29]

Art. 58. Das Briefgeheimniß ist unverletzlich. Die im öffentlichen Interesse nothwendigen Ausnahmen werden durch Gesetz bestimmt. [26]

Art. 59. Das Petitionsrecht steht Jedermann zu. [30]
Die öffentlichen Behörden können nur an ihre vorgesetzten Stellen

Wünsche und Beschwerden richten; ebenso die öffentlichen Beamten in Bezug auf ihre durch ihr Amt gegebenen Rechte und Pflichten.

Art. 60. Die Wehr- und Steuerpflicht wird durch Gesetz bestimmt [20, 21]. Zur Erhebung von administrativen Gebühren und Abgaben, welche nicht die Natur einer Steuer, sondern die einer Gegenleistung haben, wird ein Gesetz nicht erfordert.

Art. 61. Die Militairdisciplin wird durch Kaiserliche Verordnung bestimmt. Die vorhergehenden Artikel 51. bis 59. finden auf Militairpersonen nur soweit Anwendung, als sie den Militairgesetzen und -Verordnungen nicht zuwiderlaufen. [32]

Art. 62. Durch die Bestimmungen des gegenwärtigen Titels wird die Ausübung der den Kaiser zustehenden Prärogative nicht berührt. [31]

Bezeichnenderweise wurden von konservativer Seite im Geheimen Staatsrat Zweifel geäußert — der Wortführer war wieder der Unterrichtsminister Mori —, ob der japanische Untertan, der zum Volksoberhaupt in der Beziehung absoluter Ergebenheit stehe, eigentliche Rechte gegenüber dem Staat haben könne[15]. Die Antworten Itos und Inoues in dieser Debatte zeigen, daß sie Roeslers Lehren über die persönliche Freiheit verstanden hatten und überzeugt waren, daß diese Freiheitsrechte zum Wesen der konstitutionellen Freiheit gehören.

Die meisten der heutigen japanischen Staatsrechtler sind der Ansicht, daß die betreffenden Artikel der Meijiverfassung nicht Rechte, die der Person unabhängig vom Staate zukommen, sondern nur Rechte, die vom Kaiser verliehen und damit im Prinzip auch widerrufbar sind, bedeuten. Ferner behaupten sie, daß die einschränkenden Klauseln dieser Artikel („soweit es sich mit der öffentlichen Ruhe und Sicherheit und ihren Pflichten als Untertanen verträgt", „innerhalb der gesetzlichen Grenzen" u. ä.) dem willkürlichen Eingriff des Staates in diese Rechte Raum geben und so die garantierten Rechte ihrer praktischen Wirksamkeit berauben. Auf den Wortlaut der Meijiverfassung kann sich diese Beurteilung der Artikel nicht stützen. Und Roeslers Interpretation derselben offenbart eine ganz andere Auffassung.

Er nennt diese Artikel „a declaration of rights"[16]. Er war ein prinzipieller Gegner der extremen liberalistischen Auffassung dieser Rechte. „Der extreme Liberalismus beruht auf dem sog. Laissez faire-Prinzip in der Politik (Manchestertum). Der Wert dieses Prinzips ist schon auf wirtschaftlichen Gebiet äußerst zweifelhaft, auf geistigem Gebiet ist dieses Prinzip absolut zurückzuweisen." „Dies Prinzip ist ohne

---

[15] JR 179 Anm. 15. — R. gibt in Verw. I, 74 die Gründe, warum die Bezeichnung „Untertan" der Stellung des freien Staatsbürgers im modernen Staat nicht ganz entspreche. „Auf den fortlaufenden Gebrauch des Wortes Untertanen kommt es indessen wenig an, obwohl der Ausdruck in administrativer Hinsicht nicht mehr korrekt erscheint." In seinem Verfassungsentwurf kommt das Wort „Untertan" nicht vor.

[16] C 116.

Zweifel falsch. Es setzt sich hinweg über die Amtspflicht der Regierung, höchster Richter und Gesetzgeber des Volkes zu sein, die moralischen und rechtlichen Ideen des Volkes zu vertreten und unvernünftige und schlechte Lehren zurückzuweisen[17]." Roesler wendet sich gegen die Identifizierung der Freiheitsrechte mit der ungeschichtlichen und individualistischen Naturrechtsidee der Aufklärung:

„According to the Japanese Constitution those (rights) remain what they really are, questions of positive national law, and it has wisely abstained from the formal recognition of absolute ‚human' or ‚natural' rights, which by the political philosophy of the last century and also in some constitutions of that time have been extolled to an intirely undue predominance and which in practical experience are only apt to disturb the sound relation between the Government and the subjects, and to instigate social disharmony and revolutionary commotions. No doubt the natural law, that is to say the sense of natural justice, necessity and utility, is underlying the positive law, but its formation as such must be governed by the consideration of the actual conditions and wants of each nation[18]."

Roesler ist alles andere als ein Gegner der bürgerlichen Freiheitsrechte. Er glaubt nur, daß diese Rechte tiefer und fester begründet werden müssen als durch die Naturrechtsauffassung eines Lockes oder Rousseaus. Diese Begründung ist die Philosophie der „sozialen Freiheit", die er in seinen deutschen Schriften ausführlich dargelegt hat[19] und auch in seinem Verfassungskommentar zum Ausdruck kommt.

Die Freiheitsrechte gründen nicht in einer unveränderlichen „Natur" des Menschen, in einem abstrakt geschichtslos aufgefaßten Wesen des Menschen. Sie sind vielmehr geschichtlich bedingt: sie sind eine Forderung des geschichtlichen Kulturzustandes der modernen, auf freie Kooperation beruhenden Gesellschaft. Sie kommen dem Einzelnen als Glied dieser modernen Kulturgemeinschaft zu und sind durch die Bedürfnisse und Aufgaben dieser Gemeinschaft bedingt. Nicht der isolierte individuelle Geist, sondern der geschichtliche objektive Allgemeingeist, d. h. das moderne gesellschaftliche Kulturleben mit seiner Tendenz zur freien, aber in gesellschaftlicher Zusammenarbeit sich vollziehenden kulturellen Persönlichkeitsentfaltung ist der Grund und Boden der staatsbürgerlichen Freiheit, und darum nennt Roesler sie eine „soziale Freiheit". Wo die moderne Kulturgemeinschaft existiert — und das war nach Roesler im neuen Japan der Fall —, da existieren die staatsbürgerlichen Freiheitsrechte. Der Staat oder der Wille des Volkes kann sie ursprünglich weder geben noch nehmen. Der moderne Staat ist verpflichtet, diese Rechte in seiner Verfassung zu garantieren,

---

[17] JR 179 Anm. 17.

[18] C 115/6.

[19] Siehe 1. Kap. 26.

aber er deklariert und schützt damit nur die Freiheitsrechte, die schon unabhängig von ihm in der Ordnung der modernen Gesellschaft existieren. Die Freiheitsrechte gehören also prinzipiell in die Verfassung; sie sind in der Meijiverfassung nicht, wie man behauptet, nur garantiert, um das Verlangen des Volkes nach Freiheit nicht zu enttäuschen und die öffentliche Meinung für die Verfassung günstig zu stimmen.

In dieser sozialen Auffassung der Freiheit werden auch der Sinn und der Umfang der verfassungsmäßigen Beschränkungen der Freiheit klar. Roeslers Auffassung löst in hervorragender Weise das viel erörterte philosophisch-staatsrechtliche Problem, wie die Freiheit rechtmäßig beschränkt werden kann. Der Raum der Freiheit ist nach dieser Auffassung von vornherein umschrieben durch die soziale Bestimmung der Freiheit, die mit der sozialen Ordnung des Kulturlebens zusammenfällt, und die aus dieser Ordnung sich ergebenden Beschränkungen der Freiheit gehören innerlich zum Wesen der konkreten Freiheit, die ohne sie sich selbst zerstört. Nicht äußere Zweckmäßigkeitserwägungen oder bloße Interessen des Staatswillens, sondern der innere Zusammenhang der Freiheit mit einer lebendig erfaßten sozialen Kulturordnung ist bei Roesler die Begründung der verfassungsmäßigen Grenzen der Freiheit.

Roesler insistiert, daß der Bereich der Freiheit und die in ihm enthaltenen Beschränkungen der Freiheit durch Gesetz bestimmt werden müssen. Und das heißt, daß sie durch die Volksvertretung beschlossen werden müssen und nicht durch bloße Verordnungen festgelegt werden können.

Roeslers soziale Auffassung der Freiheit wurde auch von den japanischen Entwerfern der Verfassung geteilt. Sie liegt den Ausführungen des Ito-Kommentars über Freiheit und Gesetz zugrunde. „Liberty exists only in a community in which order prevails."

Der Kommentar zu Art. 29 bietet ein gutes Beispiel der Auffassung Roeslers von der Freiheit:

„Political and social liberty in general requires the right of public discussion and communication, for the protection of existing rights and interests, and the promotion of a mutual understanding between the government and the nation and the different classes thereof. Without the freedom of public discussion, the subjects could not safely take an active part in the affairs of state by political election and wrong opinions or tendencies could not be refuted or stigmatized in the popular mind. From these considerations, freedom of public discussion is equelly desirable to the government and the subjects. On the other side, public discussion is not altogether beneficial, but may be very injurious to the national welfare, by the propagation of false news and ideas, by slander and provocation, by inciting dangerous passions, by disturbing the peaceful harmony of people, by disrespect to the laws and the rights of the government, by misguiding the sentiments of patriotism and public duties and so on. Therefore the exercise of the right of public discussion must be regulated by laws regarding the public, especially the periodical press and public meetings and associations[20]."

Sehr charakteristisch tritt seine soziale Auffassung der Freiheit in seiner Stellung zur Eigentumsfreiheit hervor. Roesler war sich als Soziologe klar bewußt, daß die Freiheit des Privateigentums die Grundlage der gesamten neuzeitlichen bürgerlichen Gesellschaftsordnung ist. Aber er kennt keine Unbeschränktheit des Privateigentums. Er betont, daß das öffentliche Wohl Grenzen des Privateigentums setzt. In seinem „Das soziale Verwaltungsrecht" hat er diese Beschränkungen unter dem Titel „Soziale Verpflichtungen des Eigentums" viel grundsätzlicher behandelt als es in der bisherigen Literatur der Fall war[21], und dargelegt, daß sie das Eigentumsrecht keineswegs verletzen, sondern vielmehr ergänzen, insofern sie der in der ganzen Gesellschaft begründeten Freiheit des Eigentums Rechnung tragen. In den Beratungen über den Eigentumsartikel der Verfassung drang er sehr darauf, daß die Eigentumsgarantie so formuliert werde, daß man daraus keine Unbeschränktheit des Eigentums herauslesen könne[22]. Der 2. Absatz des Art. 27 („das Eigentum berührende Maßnahmen, die für das öffentliche Wohl notwendig sind, werden durch Gesetz bestimmt") trägt diesen Vorstellungen Roeslers Rechnung. In seinem Kommentar sagt er:

„The system of property existing in each state is to be established by law, including usage, upon a national basis and within the limits of natural law, as mentioned above and the excessive accumulation and use of property by single individuals, as undermining the natural fundament of property, should be prevented. Also by the commandments of religion and morals the benefits of property should be made accessible to indigents, by charity and self-restrain of luxury. From this point of view the establishment and development of a true national system of property is one of the greatest and most difficult legislative problems. The system of property in Japan has from olden times undergone various changes. At present it is regulated by the Civil Code according to the principles of Western jurisprudence, mainly to the effect that all features of feudal property have been abolished; so it is now uniformly accessible freely and equelly to all subjects, without any difference of orders and classes, under the rules of the civil law.

The present article of the Constitution gurantees the inviolability of the property of subjects as an acquired right and is thereby protected against any unlawful encroachment by the executive power. But this does not apply to any changes of the system of property that may be enacted by the sovereign legislative power by modification of the civil law, nor to the restrictions of the use of property that are or may be imposed by police and administrative ordinances from varies considerations of public interest, as of health, safety, national defence and prosperity and the like[23]."

---

20 C 143.

21 Siehe 1. Kap. 31.

22 JR 179 Anm. 22.

23 C 136.

Es ist mir aus der damaligen Zeit kein Gelehrter des Verfassungsrechts bekannt, der so grundsätzlich und entschieden die sozialen Beschränkungen des Eigentums hervorhebt.

Die Grundlage der bürgerlichen Freiheiten war für Roesler die Religionsfreiheit. „Religious belief offers the fundamental principles upon the nature and the natural rights and duties of man, and greatly determines the system of law and of policy in a nation. Consequently the constitutional liberties of a people would not be complete and would lack their proper foundation without the constitutional freedom of religious belief[24]." Die Religionsfreiheit bedeutete praktisch in erster Linie Freiheit für das von ausländischen Missionaren gepredigte Christentum. Toleranz gegenüber dem Christentum bestand schon seit 1872. Die Gründe dafür waren rein politisch, besonders die Rücksicht auf das Ausland. Aber die Furcht vor der Staatsgefährlichkeit des Christentums war noch nicht ganz überwunden und von einem wirklichen Verständnis für den inneren Wert der Religionsfreiheit oder gar des Christentums war man noch weit entfernt. Kowashi Inoue war ein prinzipieller Gegner des Christentums. Er glaubte, daß das Christentum mit seiner absoluten Bindung an Gott die irdischen Pflichten des Menschen relativiere, vor allem die unbedingte Loyalität zur staatlichen Autorität aufhöbe[25]. Aber er wollte keine Unterdrückung des Christentums. Er glaubte, daß durch staatliche Verwaltungsmaßnahmen bezüglich der Tätigkeit der Missionare die staatsgefährlichen Tendenzen des Christentums im Zaume gehalten werden könnten[26].

Vor allem ist über die Stellung der Verfassungsgeber zur Religionsfreiheit zu bedenken: Sie dachten nicht daran, mit der Gewährung der Religionsfreiheit die staatliche Beförderung und Forderung des Kaiserglaubens, d. h. den Glauben an die Göttlichkeit der Dynastie, aufzugeben. Der Staat würde diesen Glauben nicht aufdringlich und in einem ausdrücklichen Bekenntnis fordern. Er sollte vielmehr die selbstverständliche Voraussetzung des nationalen Lebens, die letzte Quelle der sittlichen Bindung der Japaner sein. Die Verfassungsgeber haben de facto den Kaiserglauben nicht in die von der Verfassung freigestellte Religion eingeschlossen, ohne sich aber über die dadurch vollzogene Beschränkung der Religionsfreiheit ganz klar zu sein. Sie verstanden das Wort „shinkyo" (Glaubenslehre) im Art. 28 in einem eingeschränkten Sinne, der den von allen verlangten Glauben an die Göttlichkeit des Kaisers nicht einschloß. Der später von leitenden Beamten des Unterrichtsministeriums klar entwickelte Unterschied zwischen Religion als freiem Privatglauben und Staatsshinto als von allen

[24] C 138/9.
[25] JR 179, Anm. 25.
[26] JR 179, Anm. 26.

Japanern geforderte Weltanschauung findet sich de facto schon bei den Verfassungsgebern von 1889.

In den Beratungen des Geheimen Staatsrats wurde bemerkt, daß der Artikel über die Religionsfreiheit die bestehende Vorschrift, daß höhere Staatsbeamte an den shintoistischen Zeremonien des Kaiserhofes teilnehmen müssen, verfassungswidrig zu machen scheine[27]. Man ging über diese Bedenken hinweg. Sie zeigen aber die Richtung, aus der der Religionsfreiheit im damaligen Japan grundsätzlich Gefahren drohten: Mußte die Religionsfreiheit nicht Schaden leiden, wenn der Staat das Bekenntnis zur Kokutai-Ideologie und zum Staatsshinto vorschrieb?

Es ist auch bemerkenswert, daß Gneist den Japanern riet, den Buddhismus zur Staatsreligion zu machen[28], und L. von Stein befürwortete, die shintoistische Verehrung der kaiserlichen Ahnen als Staatsreligion zu behandeln[29]. Es war also nicht einfach selbstverständlich, daß die Religionsfreiheit zu einem verfassungsmäßig verbrieften Recht gemacht wurde, wenn wir auch von Diskussionen unter den Entwerfern über diesen Punkt keine Kunde haben.

In dem Nachruf, der nach dem Tode Roeslers in der Wiener Wochenzeitschrift „Vaterland“ erschien und von einem wohlinformierten Freund der Familie Roesler, Paul von Biegeleben, stammt, heißt es: „Als Hauptverdienst Roeslers wird die Erringung der Religionsfreiheit besonders genannt“. Der Verfasser scheint an besondere Schwierigkeiten, die Roesler überwand, zu denken. Welcher Art diese Schwierigkeiten waren, läßt sich heute über das Gesagte hinaus nicht feststellen. Auf jeden Fall sahen die Angehörigen und Freunde Roeslers die Garantierung der Religionsfreiheit als sein besonderes Verdienst.

Roesler sagt in seinem Kommentar, daß die in der Verfassung garantierte Religionsfreiheit an sich nicht das Recht zur öffentlichen Ausübung der Religion, d. h. zum öffentlichen Gottesdienst und zur öffentlichen Verbreitung der religiösen Lehre einschließe, sondern dies einer darüber hinausgehenden gesetzlichen Regelung bedürfe.

„By the Japanese Constitution the public exercise of religion is not freely permitted, but remains entirely under existing laws and ordinances, and further settlement of these grave matters belongs to the future policy of the government. Religion is not altogether a private affair, nor can all the different religious denominations enjoy the same equality of rights. A state religion may be established upon the basis of national faith, and privileges may be accorded to such religion or to others related therewith[30].“

[27] JR 179, Anm. 27.

[28] JR 179, Anm. 28.

[29] E. Grünfeld, Lorenz von Stein und Japan, Jahrb. f. Nationalökonomie u. Statistik, 3. F., Bd. 5 (1913).

[30] C 142.

Roesler sah, daß ein gemeinsamer religiöser Glaube eines Volkes eine Grenze der Religionsfreiheit darstellt und daß eine religiöse Zersplitterung des Volkes dem Staat nicht gleichgültig sein kann. Er hielt das religiöse Sektenwesen für eine nationale Gefahr und war kein Freund der anglo-amerikanischen protestantischen und der russischen orthodoxen Missionstätigkeit. In einer Kritik der von Okuma geplanten Vertragsrevision, die den Ausländern in Japan freie religiöse Propaganda erlaubte, sagt er:

„Es könnte geschehen, daß die russische Regierung eine ausgedehnte religiöse Propaganda in Japan betreibe, oder daß das Land von Amerika und Europa aus mit den protestantischen Sekten aller Art überschwemmt würde. ... Einheit und Reinheit der nationalen Religion ist eine der wichtigsten politischen Grundsätze für jede Regierung. Dieses Ziel kann aber nicht erreicht werden, wenn vom Ausland her alle beliebigen religiösen Irrlehren, mit ihrem unfehlbaren Gefolge von politischer Versuchung, in ein Land eingeschleppt werden können. Insbesondere das unbedingte Recht des öffentlichen Gottesdienstes scheint eine im hohen Grade verwerfliche Freiheit zu sein; denn wohin muß es mit der Achtung der Wahrheit und des Rechts kommen, wenn dem Irrtum vom Staate das gleiche Recht wie der Wahrheit eingeräumt wird. Offenbar hat ein Glaube um so weniger die Vermutung der Wahrheit für sich, in je mehr verschiedene Richtungen er gespaltet ist[31].“

Roesler erachtet die objektive Wahrheit für eine Bedingung zwar nicht des Rechts der privaten Religionsübung, aber der öffentlichen Propaganda einer Religion. Er war nicht für eine absolute Trennung von Staat und Religion. Aber er hat bestimmt nicht daran gedacht, den Buddhismus oder den Shintoismus zu einer Staatsreligion zu machen. Die von ihm gewollte Religionsfreiheit sollte in erster Linie der katholischen Religion zugute kommen. Es ist interessant, daß er in seinem Kommentar auf die Notwendigkeit eines Konkordats mit dem Vatikan für die Regelung der Aktionsfreiheit der katholischen Kirche hinweist[32]. Gegen die bestehende liberale Behandlung der anderen christlichen Religionsgemeinschaften hat er nichts unternommen.

Wir müssen zum Schluß darauf hinweisen, daß die Meijiverfassung nicht nur Rechte, sondern auch Pflichten der Staatsbürger aufführt. Sie erwähnt ausdrücklich die militärische Dienstpflicht (Art. 20) und die Steuerpflicht (Art. 21). In Hinblick auf Art. 9 der jetzigen japanischen Verfassung, der selbst das Recht der nationalen Selbstverteidigung illusorisch zu machen scheint, ist die emphatische Begründung der Militärpflicht in Roeslers Kommentar von Interesse: „The first right and supreme object of the policy of a state is its independence and integrity. Every state must be able to defend these and to fight for the national honour and rights whenever they may be in danger; therefore

[31] JR 179, Anm. 31.
[32] C 157.

every independent state must keep armed forces on land, and also at sea, when it is a maritime state, and the subjects are naturally obliged to make the adaequate sacrifices therefor[33]."

Der Reichstag

Der Reichstag war für Roesler das wichtigste Organ zur Aufrechterhaltung der Freiheit des Volkes. Aus der Tatsache, daß er nicht das Recht hatte, eine parlamentarische Regierung zu erzwingen, folgt nicht, daß er in Roeslers Konzeption nicht eine große politische Macht haben sollte. Tatsächlich hat das parlamentarische System in Japan zur Einführung der parlamentarischen Regierung geführt. Roesler dürfte diese Entwicklung kaum vorausgesehen haben. Aber er war überzeugt, daß der Reichstag die entscheidende Rolle in der konstitutionellen Kontrolle der Regierung spielen sollte.

Roeslers Verfassungsentwurf hat zwei Titel über den Reichstag: Titel II „Von Reichstag" gibt die Bestimmungen über die Organisation des Reichstags, Titel III handelt „von den Rechten des Reichstags". Die Meijiverfassung enthält keine näheren Bestimmungen über die Zusammensetzung der beiden Häuser, sondern verweist dafür auf die Verordnung über das Herrenhaus und das Wahlgesetz. (Ich gebe zu Roeslers Vorschlägen in eckigen Klammern die Nummer der entsprechenden Artikel der betreffenden 3 Gesetze, R = Reichstagsgesetz, H = Verordnung betreffs des Herrenhauses, W = Wahlgesetz.)

Titel II. Vom Reichstag.

Art. 17. Der Reichstag besteht aus dem Senate und dem Hause der Abgeordneten. [33]

Art. 18. Der Senat ist zusammengesetzt:

1. Aus den volljährigen Prinzen des Kaiserlichen Hauses;
2. aus den Fürsten, Marquis und Grafen des Reiches als erblichen Mitgliedern;
3. aus 30 Viscounts und 10 Baronen des Reiches, welche von ihren Standesgenossen gewählt werden;
4. aus denjenigen Mitgliedern, welche der Kaiser wegen ihrer Verdienste oder wegen ihrer Geburt oder wegen ihres Vermögens entweder erblich oder auf Lebenszeit ernennt;
5. aus je einem Mitgliede für jeden Fu und Ken, welche von den 25 höchst besteuerten Grund- und industriellen Besitzern in jedem Fu und Ken aus ihrer Mitte gewählt werden. [H 34, 41]

Die Zahl der unter No. 4 und 5 genannten Mitglieder soll die Zahl der unter No. 2 und 3 genannten nicht übersteigen. [H 47]

Sämtliche Wahlen zum Senat erfolgen auf Lebenszeit. Die Wahlregelment werden durch Kaiserliche Verordnung erlassen.

Art. 19. Der Eintritt in den Senat erfolgt auf Grund Kaiserlicher Berufung mittelst eines allerhöchsten Patents.

---

[33] C 122.

Bedingungen des Eintritts, und beziehungsweise der Ernennung und Erwählung zum Senat sind die Volljährigkeit und die Abwesenheit eines der in Art. des Gesetzes, betreffend die Wahlen zum Abgeordneten Hause, bezeichneten Unfähigkeitsgründe. [H 10]

Art. 20. Der Präsident und der Vicepräsident des Senats werden vom Kaiser aus dessen Mitgliedern ernannt. [H 11]

Art. 21. Die Mitglieder des Hauses der Abgeordneten werden vom Volke auf je 3 Jahre durch directe Wahlen nach Maßgabe des Wahlgesetzes gewählt. [35]

Allgemeine Neuwahlen finden statt beim Ablauf jeder Wahlperiode und im Fall der Auflösung des Abgeordneten-Hauses; besondere Wahlen, wenn durch Tod, Rücktritt, Annahme eines besoldeten Staatsamtes oder durch den Eintritt eines sonstigen Grundes die Stelle eines Abgeordneten erledigt wird. In beiden Fällen können die bisherigen Abgeordneten wieder gewählt werden.

Im Falle einer Auflösung des Abgeordneten-Hauses wird der Senat gleichzeitig vertagt. [44.2]

Art. 22. Wahlberechtigt und wählbar ist jeder in die Wählerliste aufgenommene selbständige und unabhängige Japaner, welcher das 25. Lebensjahr vollendet hat, dem Staate eine directe Steuer entrichtet und nicht an einem der in dem Wahlgesetze bezeichneten Unfähigkeitsgründe leidet.

Selbständig ist jeder, wer zur freien Verfügung über sein Vermögen berechtigt ist; unabhängig ist jeder, wer mit eigenen Mitteln einen Haushalt führt und nicht in einem privaten Arbeits- oder Dienstverhältniß steht oder öffentlich seine Dienste an Jedermann ausbietet.

Art. 23. Die Wahlkreise und die Stimmbezirke in denselben werden auf Grund der Verwaltungseintheilung des Reiches durch Gesetz gebildet. [W 1]

Derjenige ist gewählt, welcher in der Mehrheit der Stimmbezirke eines Wahlkreises die Mehrzahl der Stimmen erhalten hat. [W 58]

Alle auf die Feststellung der Wählerliste und auf die Wahlresultate bezüglichen Reclamationen werden durch gerichtliches Urtheil entschieden. [W 78]

Art. 24. Die Aufstellung von Wahlkandidaten und die Empfehlung der Wahl bestimmter Personen durch öffentliche Behörden, Wahlcomités, Vereine, Gesellschaften oder in deren Namen in öffentlichen Versammlungen, in Zeitungen, durch Verbreitung oder Anschlagen von Druckschriften oder durch ein anderes Mittel der Öffentlichkeit ist untersagt.

Art. 25. Diejenigen, welche sich in einem Wahlkreise zur Wahl präsentieren, haben das Recht in demselben während der dem Wahltage vorausgehenden 4 Wochen zum Zwecke des Betriebs ihrer Wahl öffentliche Versammlungen zu veranstalten, Inserate in Zeitungen einzudrukken und Druckschriften unter ihrem Namen öffentlich zu verbreiten.

Die gesetzlichen Bestimmungen über die vorherige Anzeige solcher Versammlungen und über deren polizeilichen Überwachung, sowie über die amtliche Deponierung von Druckschriften werden hierdurch nicht berührt.

Art. 26. Niemand kann zugleich Mitglied des Senats und des Hauses der Abgeordneten sein. [36]

Art. 27. Das Haus der Abgeordneten wählt seinen Präsidenten und Vicepräsidenten für jede Sitzungsperiode.

Art. 28. Die Abgeordneten erhalten den Ersatz ihrer Reisekosten nach der Hauptstadt und zurück und eine Entschädigung von 5 Yen für jeden Tag der Sitzungsperiode während der Dauer ihrer Anwesenheit bei den Sitzungen, mit Einschluß des dem Einberufungstag vorhergehenden und des auf den Tag der Schließung nächstfolgenden Tages. [R 19]

Art. 29. Die Mitglieder jedes Hauses sind für ihre Äußerungen und Abstimmungen bei den Verhandlungen in demselben vor den Gerichten nicht verantwortlich. [52]

Kein Mitglied eines Hauses kann während der Sitzungsperiode wegen einer mit Strafe bedrohten Handlung verhaftet oder zur Untersuchung gezogen werden, außer, wenn es bei Verübung der That oder unmittelbar nachher ergriffen wird oder wenn das Haus seine Zustimmung dazu ertheilt. [53]

Art. 30. Der Reichstag wird durch Kaiserliche Verordnung einberufen, wenigstens einmal in jedem Jahre [41], in der Regel auf dem 1. November, und außerdem sooft als es die Umstände erfordern [43]. Jedes Mitglied des Reichstags wird persönlich durch ein an ihn gerichtetes Schreiben des Ministers des Inneren geladen.

Art. 31. Die Sitzungsperiode dauert in der Regel nicht länger als 3 Monate, doch kann der Kaiser sie jeder Zeit verlängern. [42]

Wenn das Haus der Abgeordneten aufgelößt worden ist, so muß binnen 3 Monaten die Neuwahl der Abgeordneten vorgenommen und binnen weiterer 3 Monate der Reichstag einberufen werden.

Art. 32. Kein Haus des Reichstags kann sich versammeln, bevor der Reichstag einberufen und bzw. eröffnet ist, oder nachdem er geschloßen, vertagt oder aufgelöst worden ist.

Kein Haus kann für sich allein einen gültigen Beschluß fassen über Gegenstände, in welchen ein Beschluß des Reichstags erforderlich ist.

Art. 33. Jedes Haus beschließt mit absoluter Stimmenmehrheit [47]. Zur Gültigkeit eines Beschlußes ist die Anwesenheit von wenigstens 100 Mitgliedern in jedem Hause erforderlich. Kein Mitglied eines Hauses kann sich in demselben durch eine andere Person vertreten lassen.

Art. 34. Die Minister des Kaisers haben das Recht auch wenn sie nicht Mitglieder sind, in jedem Hause zu erscheinen, an den Verhandlungen theilzunehmen und jederzeit das Wort zu ergreifen. Sie können auch Commissäre in jedes Haus abordnen, welchen dieselben Rechte wie ihnen selbst zustehen. [54]

Art. 35. Die Sitzungen jedes Hauses sind öffentlich. Jedoch findet auf den Antrag der Staatsregierung oder nach dem Beschlusse eines Hauses der Ausschluß der Öffentlichkeit statt. [48]

Art. 36. Der Geschäftsgang in dem Reichstag wird durch Gesetz geregelt. Auf Grund desselben wird von jedem Hause eine Geschäftsordnung beschlossen.

Titel III. Von den Rechten des Reichstags.

Art. 37. Der Reichstag hat diejenigen Rechte, welche ihm in der Verfassung ausdrücklich beigelegt sind.

Art. 38. Die zum Wirkungskreise des Reichstags gehörigen Gegenstände werden in jedem Hause getrennt verhandelt. Es hängt von der Regierung ab, an welches Haus sie zuerst ihre Vorlagen bringen will; ausgenommen hiervon sind die auf den Staatshaushalt bezüglichen Vorlagen, welche zuerst an das Haus der Abgeordneten gebracht werden. [65]

Art. 39. Jedes Haus ist verpflichtet, über die von der Staatsregierung oder von dem anderen Hause gemachten Vorlagen in Berathung zu treten und darüber Beschluß zu fassen. Die Vorlagen der Staatsregierung sollen stets, wenn diese es verlangt, der Zeit nach den Vorzug haben.

Art. 40. Der Reichstag beräth und beschließt über die Gesetzentwürfe, welche ihm von der Staatsregierung vorgelegt werden.
Jedes Haus hat das Recht, die Vorlage von Gesetzentwürfen zu beantragen oder selbst Gesetzentwürfe vorzulegen [38]; die auf die Verfassung bezüglichen Gesetzentwürfe können jedoch nur von der Staatsregierung ausgehen.

Art. 41. Jedes Mitglied eines Hauses kann in demselben den Erlaß von Gesetzen beantragen oder Gesetzentwürfe vorlegen, wenn es hierfür die Unterstützung von 15 anderen Mitgliedern findet. [R 29]
Das Haus beschließt, ob es solche Anträge und Vorlagen in Berathung ziehen will. Bei der Berathung von Gesetzentwürfen und anderen Vorlagen der Staatsregierung ist jedes Mitglied zur Stellung von Anträgen berechtigt.

Art. 42. Der Reichstag ist berechtigt, in Bezug auf alle Staatsangelegenheiten und besonders über Mißbräuche und Mängel in der Rechtspflege und Verwaltung schriftliche Wünsche, Beschwerden oder förmliche Adressen an den Kaiser zu richten. [49]
Dieselben werden durch Vermittlung der Staatsregierung dem Kaiser vorgelegt, wenn dieser nicht eine andere Form der Entgegennahme verfügt.

Art. 43. Jedes Haus ist berechtigt, von Privaten und Corporationen in deren Angelegenheiten, wenn auf dem ordentlichen Wege der Verwaltung keine Abhülfe erlangt werden konnte, schriftliche Anträge und Beschwerden anzunehmen und darüber zu beschließen. Das Haus kann dieselben als ungeeignet oder unbegründet zurückweisen, oder sie der Staatsregierung zur Kenntnißnahme oder Berücksichtigung mittheilen. [50]

Art. 44. Jedes Mitglied eines Hauses hat das Recht, in Bezug auf die in den beiden vorhergehenden Artikeln genannten Gegenstände in dem Hause Anträge zu stellen; es hängt jedoch von dem Beschluß des Hauses ab, ob es über dieselben berathen und beschließen will.

Art. 45. Jedes Mitglied eines Hauses hat das Recht, an die Staatsregierung Anfragen zu richten [R 48], nachdem sie dieser von dem Präsidium mindestens 3 Tage vorher schriftlich und kurz motiviert mitgetheilt worden sind.
Die Staatsregierung beantwortet solche Anfragen entweder sofort

oder binnen einer angemessenen Frist, wenn sie dieselben für geeignet zur Beantwortung hält. [R 49]
Das Haus kann beschließen, über die in solchen Anfragen berührten Gegenstände zu verhandeln und Beschlüsse daran zu knüpfen.

Art. 46. Alle Vorlagen der Staatsregierung, alle Anträge eines Mitglieds und alle eingehenden Wünsche oder Beschwerden müssen in jedem Hause zur Vorberathung und Stellung eines bestimmten Antrags an eine Commission verwiesen werden. [R 28]
Die Minister und Regierungscommissaire haben bei den Verhandlungen einer Commission dieselben Rechte wie bei den Verhandlungen jedes Hauses selbst.

Art. 47. Alle von dem Präsidium an ein Haus oder an eine Commission gemachten Vorlagen sind gleichzeitig der Staatsregierung mitzutheilen.

Art. 48. Jedes Haus und die Commissionen jedes Hauses haben das Recht, über die in ihren Wirkungskreis gehörenden Gegenstände diejenigen Erläuterungen und Aufschlüsse, welche sie für erforderlich halten, von dem Gesammtministerium oder von den einschlägigen Ministerien zu verlangen, und letztere sind verpflichtet, solchen Ansuchen zu entsprechen.
Ein unmittelbarer Verkehr mit anderen Behörden oder mit Privaten und Corporationen ist dem Reichstag, einem Hause oder einer Commission nicht gestattet.

Art. 49. Der Kaiser ertheilt seine Entschließung auf die von dem Reichstag oder einem Hause gefassten Beschlüsse und gestellten Anträge entweder sogleich oder beim Schluß jeder Sitzung im Reichstagsabschied.

Roesler hielt das Zweikammersystem für wesentlich zu einer gesunden Wirksamkeit des Parlaments. Er wollte ein Abgeordnetenhaus, das durch direkte allgemeine Wahlen gebildet wurde. In seinem Entwurf haben nur solche, die nicht selbständig ihren Lebensunterhalt gewinnen und keine Steuern zahlen, kein Wahlrecht. Er wandte sich scharf gegen den Erlaß des Wahlgesetzes, das als Bedingung des Wahlrechts die Zahlung von wenigstens 15 Yen direkter Steuern festlegte[34]. Das allgemeine Wahlrecht war für Roesler das notwendige Gegengewicht gegen die Übermacht der Erwerbsklasse im Bourgeoisiestaate. Sein Kommentar über das Wahlsystem ist tatsächlich eine Polemik gegen das preußische System der indirekten Wahlen und des Zensus, das Gneist für Japan vorgeschlagen hatte, und beweist, daß er alles andere als ein Reaktionär war. Er zeigt deutlich, daß ihm das eingeführte Wahlsystem zu beschränkt erscheint und daß er seine baldige Liberalisierung erhofft[35]. Es ist auch zu bemerken, daß er den Präsidenten und Vizepräsidenten des Abgeordnetenhauses durch dieses selbst gewählt haben wollte, während das Gesetz über den Reichstag bestimmte, daß sie aus je drei vom Abgeordnetenhaus präsentierten Kandidaten vom Kaiser ernannt werden.

---

[34] JR 179, Anm. 34.
[35] C 162.

Andererseits ist er in seinen Anschauungen über die Bedeutung des Herrenhauses ein echter Konservativer. Er vertritt, daß es neben dem nach dem Mehrheitsprinzip gewählten Abgeordnetenhause eine andere nationale Repräsentation geben müsse, in der die Gruppen, welche den Staat in besonderer Weise tragen, entscheiden. Er legt die klassischen Argumente des Konservatismus für ein Oberhaus vor.

1) It secures a more considerate and solid deliberation of parliamentary matters form various points of view, especially as the two branches are composed according to different principles, by which all the different interests and tendencies of the country are far more completely respected, and forms a great check to hasty, one-sided, passionate and oppressive legislation, allowing errors and rashness to be corrected before they have produced any public mischief.

2) It is a check to the accumulation of undue preponderance in the legislative body, which could be dangerous to the rights of the Crown and to the liberties of the people.

3) It secures more stable and harmonious relations between the Crown and removes the frequent occasions for the exercise of the sovereign prerogatives in cases of conflict, as of the right of veto, prorogation, dissolution, etc.

4) It forms a firm conservative counterweight against the fluctuating popular movements, as represented by periodical elections; and acts as a protection against anarchy as well as against the egoism of particular classes.

5) It reduces the undue predominance of factious leaders, and the chances of surprise, intrigues or of corrupt party combinations.

6) It saves the country from the pernicious effects of the absolute majority principle, as the majority votes in each branch wil be formed upon more comprehensive and vast adjustments, under different and sometimes opposite opinions and feelings.

7) The existence of an upper branch expecially, as ist is commonly composed, acts as a bulwark for the Crown and the State with regard to the superior interests of national integrity and civilization, against the vulgar and imprudent tendencies of the great masses of the people[36].

Roesler stellte für die Zusammensetzung des Oberhauses drei Prinzipien auf: 1. Das Oberhaus muß Unabhängigkeit von der Regierung haben, darum sollen Männer, die der Regierung oder Verwaltung angehören, nicht Mitglieder sein. 2. Im Mitgliedsbestand soll durch Eintritt neuer Persönlichkeiten ein passender Wechsel stattfinden. 3. Das Volk soll durch von ihm gewählte Mitglieder Anteil am Oberhaus haben; doch deren Anzahl die Zahl der vom Kaiser Ernannten nicht übersteigen. In diesem Sinne entwarf er die Verordnung über das Herrenhaus[37]. Die Berufung ins Herrenhaus auf Grund hohen Vermögens rechtfertigt er aus der gesellschaftlichen Bedeutung des Eigentums:

[36] C 154/5.

[37] JR 180, Anm. 37.

„The members nominated on account of their wealth represent the vast interests and the peculiar importance of private property as a social and political institution; property, being one of the great columns of the State edifice and of the universal foundation of individual life, and deserving a superior consideration in all governemental aspects, is thus admitted to a proportional share of honour and weight in the supreme national council[38]."

Roeslers Vorschläge über die Rechte des Reichstags wurden sämtlich in der Meijiverfassung adoptiert.

Wir haben schon hervorgehoben, daß Roesler das echte Zustimmungsrecht des Reichstags zu den Gesetzen und zum Budget verteidigte. Das Recht, daß ein Haus selbst Gesetzesentwürfe vorlegt, war in dem dem Staatsrat vorgelegten Verfassungsentwurf noch nicht enthalten. Man folgte aber schließlich dem Vorschlag Roeslers, auch dieses Recht zu geben[39]. Was die Macht des Parlaments gegenüber der Regierung angeht, so wußte Roesler wohl, daß die von ihm befürworteten Rechte des Reichstags, Interpellationen (representations) und Vorstellungen an die Regierung und Eingaben an den Kaiser zu richten, den Reichstag, selbst wenn er nicht das formelle Recht hatte, die Regierung nach seinem Willen zu bestimmen, befähigten, einen großen Druck auf die Regierung auszuüben, und die nachfolgende Geschichte hat bewiesen, daß der Reichstag sich die Regierung wohl gefügig machen konnte und daß sich schließlich in den zwanziger Jahren sogar parlamentarische Regierung in Abhängigkeit von der Mehrheitspartei durchsetzte.

Roesler war kein grundsätzlicher Gegner der parlamentarischen Regierung. Was ihn zur Ablehnung derselben für Japan bestimmte, waren die obwaltenden politischen Herrschaftsverhältnisse, die durch jahrhundertelange unwiderstandene Tradition geheiligte monarchische Herrschaft und die Unreife der politischen Parteien. Unter anderen Realverhältnissen, welche die Voraussetzungen einer mehr demokratischen Regierungsform geboten hätten, hätte Roesler sich einer parlamentarischen Regierung nicht widersetzt. Ja es scheint, daß er parlamentarische Regierung für das eigentliche Ideal hielt. In seiner Kritik der Bismarck-Verfasusng des deutschen Reiches (1877) sagt er markant:

„Der konstitutionelle Charakter der Parlamente besteht in der Fähigkeit, verantwortliche Ministerien aus sich heraus zu erzeugen, also in der Notwendigkeit der parlamentarischen Regierung. In der parlamentarischen Regierung liegt diejenige Fülle, Macht und Lebensfähigkeit der politischen Aktion eines Staates, welche aus der wirklichen Einheit zwischen dem Souverain und der Nation entspringt. Ohne diese Einheit ist die Staatsgewalt ihrer bis in die Tiefe des Volkes hineinreichenden Machtfülle und Stetigkeit beraubt, vielmehr dem glänzenden Elend der dynastischen Politik und dem

---

[38] C 157.

[39] JR 180, Anm. 39.

subjektiven Ermessen der jeweiligen Machthaber preisgegeben. Die constitutionelle Regierung ist die Versöhnung der Gegensätze zwischen dem Souverain und der Nation, sie stellt den nie rastenden Interessenstreit im Volk auf den Boden gemeinsam anerkannter Rechtsbegriffe und politischer Grundsätze. Die constitutionelle Verfassung ohne parlamentarische Regierung muß Demoralisation erzeugen, weil sie die Entscheidung über Recht und Unrecht in Stücke reißt und die Gemeinschaft der Rechtideen in der Nation zerstört. Denn wenn die Regierung nicht verpflichtet ist, ihre politische Aktion mit der Auffassung des Parlaments in Übereinstimmung zu halten, so kann sie ihre eigenen Wege gehen, und diesem wird dann in den Augen der Nation der Makel der Rechtswidrigkeit anhaften; ist aber das Parlament gezwungen, der Regierung auf ihren Wegen willenlos zu folgen, so müssen Überzeugung und Charakter zu Grunde gehen.

Unter der parlamentarischen Regine kann es nur regierungsfähige Parteien geben; dadurch erhält das Parteiwesen Kraft und Beständigkeit. Politische Grundsätze, die von keiner Regierung realisiert werden können, sind dadurch von jeder ernstlichen und dauernden Parteibildung ausgeschlossen. Hierdurch pflanzt sich die Verantwortlichkeit der Regierung in das Parlament und dessen Parteien hinein fort, und das politische Leben gewinnt in unbegrenztem Maße an Wahrhaftigkeit und Rechtlichkeit. Die politische Führung fällt wirklichen Capacitäten, ächten Staatsmännern zu, und nicht jenen ephemeren Scheingrößen und Charlatanen, welche in der Erzeugung störender Verwicklungen, im Aufsuchen kärglicher Nothbehelfe und täuschenden Opportunitätsrücksichten, in subjektiven oratorischen Leistungen und in künstlicher Majoritätsmacherei ihren Ruhmestitel finden[40]."

Roesler mag die Anwendung dieser Grundsätze auf die konstitutionelle Einrichtung Japans angesichts der politischen Unreife der Parteien verschoben haben. Er war nie für den uneingeschränkten Parlamentarismus, wohl aber für eine graduelle Entwicklung des konstitutionellen Systems. Das Ziel, daß sich die politische Aktion der Regierung mit der Auffassung des Parlaments in Übereinstimmung halten muß, hat er nie aufgegeben. Ich möchte daher glauben, daß die tatsächliche Entwicklung der parlamentarischen Regierung, die in der Taishoära zum Durchbruch kam, nach seiner grundsätzlichen Auffassung keine Fehlentwicklung war.

Die Rechtspflege

Die Unabhängigkeit der Rechtspflege sah Roesler dadurch garantiert, daß Organisation und Ausübung derselben ausschließlich durch Gesetz bestimmt werden. „While according to Art. 10 the administrative organization can be determined by the Emperor alone by way of ordinance, the iudical organization shall be made by law, as an indirect safeguard of the exercise of judicature according to Law[41]." Er schlug folgende Artikel vor:

---

[40] Gedanken über den konstitutionellen Wert 25/6.
[41] C 205.

Titel V. Von der Rechtspflege

Art. 63. Die Rechtssprechung wird im Namen des Kaisers durch die Gerichte ausgeübt, welche in der Ausübung des Richteramtes von jedem Einfluß der Regierung unabhängig sind. [57, Abs. 1]

Art. 64. Die Organisation der Civil- und Strafgerichte erfolgt durch Gesetz. [57, Abs. 2]

Art. 65. Die Richter werden vom Kaiser oder in dessen Namen auf Lebenszeit ernannt. Niemand darf in Zukunft zum Richter ernannt werden, der nicht die vorgeschriebene Fähigkeit dazu besitzt. [58, Abs. 1]
Die Disciplinalverhältnisse der Richter werden durch Gesetz bestimmt. [58, Abs. 2 u. 3]

Art. 66. Niemandem darf der gerichtliche Schutz versagt und niemand darf seinem gesetzlichen Richter entzogen werden. [24]
Die in außerordentlichen Fällen zulässigen Ausnahmen werden durch Gesetz bestimmt. [60]

Art. 67. Der Staat und die Gemeinden nehmen in allen Sachen des Privatrechts vor den Gerichten Recht.
Civilansprüche gegen den Kaiser sind gegen die Verwaltung der Kaiserlichen Civilliste zu richten.

Art. 68. Der Kaiser hat in Strafsachen das Recht der Begnadigung. [16]

Art. 69. Die Verhandlungen vor den erkennenden Gerichten sind öffentlich; jedoch kann aus Rücksichten der öffentlichen Ordnung und Sittlichkeit die Öffentlichkeit durch Gesetz oder Gerichtsbeschluß ausgeschlossen werden. [59]

Art. 70. Alle Gerichte sind verbunden, ihren Urtheilen und Entscheidungen Gründe beizufügen.

Art. 71. Die Gerichte entscheiden über ihre Competenz selbst innerhalb ihres Wirkungskreises.

Die Meijiverfassung stimmt mit diesen Vorschlägen überein, ausgenommen, daß sie den Art. 70 von Roesler nicht übernimmt.

Die Meijiverfassung ging durch die Einrichtung der Verwaltungsgerichtsbarkeit über die meisten Konstitutionen der damaligen Zeit hinaus. Roesler war ein entschiedener Verfechter der Verwaltungsgerichtsbarkeit und betrachtete sie als ein wesentliches konstitutionelles Recht. In klassischen Schriften hat er zur Klärung der Lehre über die Verwaltungsgerichtsbarkeit, die damals im Rechtswesen sich durchzusetzen begann, entschieden beigetragen[42]. Die Verwaltungsgerichtsbarkeit war ihm der Schlußstein in der Sicherung der sozialen und politischen Freiheit der Staatsbürger. Unter dem Titel VI „Von der Verwaltung“ schlug er folgende Artikel vor:

Art. 79. Der Schutz der Rechte gegen gesetzwidrige Entscheidungen und Maßnahmen der Verwaltungsbehörden wird durch Gewährung der

---

[42] Über Verwaltungsgerichtsbarkeit, in: Ztschr. für das Privat- und öffentliche Recht der Gegenwart 1 (1874) 180 ff. Der Österreichische Verwaltungsgerichtshof, ebenda, 4 (1877) 201 ff.; siehe 1. Kap., S. 29 f.

Klage vor dem Verwaltungsgerichtshof gesichert. Das Verfahren bei diesem Gerichtshof wird durch Gesetz bestimmt. [61]

Art. 80. Die civilrechtliche Haftung der Beamten für die durch grobe Verletzung ihrer Amtspflichten zugefügten Vermögensbeschädigungen, kann, nachdem solche Pflichtverletzungen im Verwaltungswege festgestellt sind, vor den Gerichten verfolgt werden.

Art. 81. Competenzkonflikte zwischen der Verwaltung und den ordentlichen Gerichten oder zwischen diesen und dem Verwaltungsgerichtshof werden entschieden durch einen zur Hälfte aus Mitgliedern des Obersten Gerichtshofes und zur anderen Hälfte aus Mitgliedern des Verwaltungsgerichtshofes bestehenden Gerichtshof, in welchem der Präsident des letzteren den Vorsitz führt.

Die Meijiverfassung enthält von Art. 80 und 81 Roeslers nichts. Das Verwaltungsgerichtsgesetz bestimmt (Art. 48) bis zur Aufstellung eines Kompetenzgerichtshofs als Forum für die Entscheidung von Kompetenzkonflikten den Geheimen Staatsrat, worüber aber nie Verfahrensvorschriften herauskamen. Das Verwaltungsgerichtsgesetz folgt im Wesentlichen einem Entwurf Roeslers, der sich an das österreichische System anlehnt[43], aber mit der wichtigen Ausnahme bezüglich der Kompetenz des Verwaltungsgerichts, über die ich noch sprechen werde.

Roesler verteidigt die Trennung der Verwaltungsgerichtsbarkeit von den gewöhnlichen Gerichten.

„... it seems rather contrary to the true principles of government that the administrative authorithies should sue or be sued in the courts of law, like private individuals, upon the exercise of their respective governmental powers and be subject to the decisions of the courts of law, like the parties in a private suit. In that system the separation of judicature and administrature and the responsability of the latter in its domain is abolished and the liberty of administrative action to a great deal paralysed[44]."

Er lehnt die Ausdehnung der Verwaltungsgerichtsbarkeit zu einer universellen Kontrolle der Gesetzmäßigkeit der staatlichen Tätigkeit ab.

„The mere illegality of a measure or decision where no individual right has been violated thereby, would not be sufficient for bringing an administrative action, and the administrative complaint only could be admissable in such case, because the institution of an administrative court is destined only as an constitutional protection of the rights of the subjects, but not as an universal supervision of the administration by the court, which otherwise would finally concentrate in itself all the administrative power and greatly restrict the system of government through responsable ministers of state. Illegal measures as such may be complaint of by petition to the higher authorities, or to the Emperor, or to the Imperial Diet[45]."

Roesler war der Überzeugung, daß die Supremität der Gerichte nicht das universelle Heilmittel gegen staatlichen Rechtsmißbrauch ist, son-

---

[43] JR 180, Anm. 42.

[44] C 215.

[45] C 215/6.

dern daß schließlich nichts dagegen hilft, wenn nicht die Legislative, die Exekutive und die Judikative von sich aus mit dem Willen erfüllt sind, die ihnen von der Verfassung gesetzten Grenzen zu beobachten. In seinem Verfassungsentwurf sagt er in Art. 94: „Die Prüfung der Rechtsgültigkeit gehörig verkündeter Gesetze und Verordnungen steht den Gerichten und Behörden nicht zu.“ Die Meijiverfassung dagegen enthält keine Bestimmung, die das Prüfungsrecht der Gerichte bezüglich der Verordnungen ablehnt. Roesler sieht sich darum in seinem Kommentar gezwungen, zuzugeben, daß dieses Prüfungsrecht besteht[46].

Roesler tadelt in seinem Kommentar scharf die preußische Verwaltungsgerichtsbarkeit, weil in ihr das allgemeine Prinzip, daß das Verwaltungsgericht bei jeder Rechtsverletzung durch die Verwaltungsbehörden Kompetenz hat (Generalklauselprinzip), fehlt, die Festsetzung der Fälle, wo Klage statthaft ist, vielmehr allein besonderen Gesetzen überlassen ist (Enummerationsprinzip). „The question of competency of the administrative courts is consequently made in Prussia a mere question of convenience and selection so that there is no guarantee for universal protection of rights in administrative matters[47].“ Diese Kritik richtete sich zugleich gegen das japanische Gesetz über den Verwaltungsgerichtshof, das in diesem Punkte dem preußischen Gesetz folgt. In seinem Entwurf für dieses Gesetz hatte er klar die generelle Kompetenz des Verwaltungsgerichtes für jede Art von rechtverletzenden Verwaltungsmaßnahmen ausgesprochen[48]. Das promulgierte Gesetz aber beschränkte auf Empfehlung seines Rivalen Albert Mosse die Kompetenz auf die in Gesetz und Verordnung aufgezählten Fälle. Das verletzte das ausgeprägte Rechtsgefühl Roeslers.

Der Staatshaushalt

Die einzigartige Budgetgesetzgebung der Meijiverfassung beruht ganz auf den Vorschlägen Roeslers. Sie bezeugen wie sonst kaum eine Verfassungsbestimmung sein Bestreben, ein Grundprinzip des Konstitutionalismus, das Zustimmungsrecht des Parlaments zum Staatsbudget, in Einklang zu bringen mit den Erfordernissen einer Regierung, die nicht einfach dem Willen des Parlaments ausgeliefert ist. Sein Verfassungsentwurf schlug vor:

Titel VIII. Vom Staatshaushalte.

Art. 82. Alle Einnahmen und Ausgaben des Staates, mit Ausnahme der in Artikel 15 genannten, werden für jedes Jahr im voraus veranschlagt und auf den Staatshaushaltsetat gebracht. Letzterer wird von

[46] C 251.

[47] C 219.

[48] JR 180, Anm. 48.

der Staatsregierung vorgelegt und mit Zustimmung des Reichstags festgelegt. [64]

Diese Zustimmung erstreckt sich nicht auf die Erhebung solcher Einnahmen, welche in den bestehenden Gesetzen begründet sind; desgleichen nicht auf die Bestreitung solcher Ausgaben, welche auf den bestehenden Gesetzen oder anderen rechtlichen Verpflichtungen des Staates beruhen oder welche in Kraft der verfassungsmäßigen Rechte des Kaisers angesetzt werden, noch auch auf die zu ihrer Deckung nöthigen Mittel. [67]
Die Prüfung des Reichstags bezieht sich mithin nur auf die Gesetzmäßigkeit und Höhe der Etatansätze, und auf die Zweckmäßigkeit der zur Bestreitung der Ausgaben vorgeschlagenen Deckung.
Kommt eine Einigung über die Feststellung des Etats nicht zu Stande, so entscheidet der Kaiser unter Verantwortung des Gesammtministeriums.

Art. 83. Die gesammte Staatsverwaltung wird auf Grund des nach Art. 82 festgestellten Etats geführt.
Sollten äußere Umstände die rechtzeitige Einberufung des Reichstags oder die rechtzeitige Feststellung des Etats verhindern, so bleibt der zur Zeit bestehende Etat, jedoch unbeschadet der Bestimmungen des Art. 88 vorläufig in Kraft.

Art. 84. Wenn sich durch Ersparung bei den Ausgaben oder durch Mehreinnahmen Überschüsse ergeben, so kann die Staatsregierung darüber zur Bestreitung unvorhergesehener und nothwendiger Ausgaben verfügen. Andere Etatsüberschreitungen unterliegen der nachträglichen Prüfung des Reichstags nach den Bestimmungen des Art. 82.

Art. 85. Um die Staatsregierung für unvorhergesehene dringende Bedürfnisse mit den erforderlichen außerordentlichen Hilfsmitteln zu versehen, ist ein Staatsschatz mittels jährlicher Zuschüsse zu bilden, welche in den Etat aufgenommen werden. [68]
Die Verfügung über den Staatsschatz steht der Staatsregierung nach Maßgabe der Bestimmungen dieses Titels zu.

Art. 86. Die gesammte Staatsschuld wird unter die Gewährleistung des Reichstags gestellt. Jedes Haus des Reichstags ernennt aus seiner Mitte je einen Commissair, welche von der Verwaltung der Staatsschulden genaue Kenntnis zu nehmen und die Einhaltung der gesetzlichen Normen zu überwachen haben.

Art. 87. Die Bestandteile des Staatsvermögens können, ausgenommen aus reinen Verwaltungsrücksichten, ohne Zustimmung des Reichstags nicht veräußert werden. Finanzgesetz

Art. 88. Zur Erhebung neuer Steuern und zur Eingehung einer Staatsschuld ist in allen Fällen die Zustimmung des Reichstags erforderlich. [62]
Diese Zustimmung kann jedoch nicht verweigert werden, wenn die zur Bestreitung verfassungsmäßiger Ausgaben nöthigen Mittel auf andere Weise nicht aufgebracht werden können.
In Fällen eines außerordentlichen dringenden Bedürfnisses, wenn der Reichstag nicht versammelt und seine schleunige Einberufung wegen äußerer Verhältnisse unmöglich ist, oder wenn der Reichstag verfassungswidrige Beschlüsse fassen sollte, kann der Kaiser unter Verantwortung des Gesammtministeriums die erforderlichen finan-

ziellen Maßregeln treffen und nötigenfalls auch neue Steuern ausschreiben oder eine Staatsschuld eingehen. Die getroffenen Maßregeln sind so bald als möglich dem Reichstag vorzulegen und über die Verwendung der aufgenommenen Geldsummen Nachweis zu geben. [70]

Art. 89. Die Rechnungen über den Staatshaushaltetat werden von dem Kaiserlichen Rechnungshof geprüft und festgestellt.
Dem Reichstag wird bei jeder ordentlichen Versammlung die allgemeine Rechnung über den Staatshaushaltetat und eine Übersicht des Bestandes der Staatsschulden, zugleich mit den allgemeinen Bemerkungen des Rechnungshofes zur Entlastung der Staatsregierung vorgelegt. [72]

Art. 90. Das den Bestimmungen der Kaiserlichen Hausgesetze unterliegende Vermögen des Kaiserlichen Hauses soll in seinem Bestande unverändert erhalten und zur Entlastung der Staatskasse thunlichst vermehrt werden. Eine Einwirkung auf die Verwaltung desselben geht den Reichstag nichts an. [66]
Der Kaiser kann über das ihm gehörige Privateigentum frei verfügen; in Ermangelung einer solchen Verfügung fällt dasselbe bei seinem Ableben dem Kaiserlichen Hausvermögen zu.

Die wichtigsten Bestimmungen dieses Entwurfs, Art. 82, Absatz 1 und 2, sind in Art. 64 und 67 der Verfassung vollständig enthalten. Dagegen setzt die Verfassung an Stelle des Absatz 4 des vorgeschlagenen Artikels: „Wenn der Reichstag über den Staatshaushalt nicht abgestimmt hat oder wenn der Staatshaushalt nicht zustande gekommen ist, so hat die Regierung den Staatshaushalt des Vorjahres auszuführen" (Art. 71). Roesler hielt die reine Weiterführung des vorjährigen Etats für eine ungenügende Lösung, er verlangt eine Entscheidung des Monarchen[49]. Aber er hält in Art. 88, Abs. 1 seines Vorschlags daran fest, daß neue Steuern und neue Schulden der Zustimmung des Reichstags bedürfen. Auch das finanzielle Notstandsrecht der Verfassung folgt Roeslers Vorschlägen[50]. In den früheren Entwürfen von Inoue war es noch gar nicht erwähnt.

Die Art. 67 und 71 der Verfassung sind nur aus den Erfahrungen des preußischen Verfassungskonflikts (1861 - 66) zu verstehen. Die Ablehnung der neuen Militär-Ausgaben durch das preußische Abgeordnetenhaus schuf eine die Grundlagen des Rechtsstaates erschütternde rechtlose Lage, da die preußische Verfassung keine Bestimmungen für eine rechtliche Regelung solcher Konflikte zwischen Regierung und Parlament bot und die Behauptung Bismarcks, die Regierung könne in solcher Situation durch reine Verordnung die „Lücke" der Verfassung nach ihrem Willen ausfüllen, sich nicht auf die Verfassung stützen konnte. Für Roesler war es eine der wesentlichen Aufgaben der Ver-

---

[49] JR 180, Anm. 49.

[50] Ebenda.

fassung, die Möglichkeit der Entstehung einer rechtlosen Lage bei Budgetkonflikten zu verhindern. Der Sinn der von ihm vorgeschlagenen Lösung war, eine unbezweifelhafte Rechtsbasis sicherzustellen, auf der der Budgetkonflikt entschieden wird. Er sagt mit aller Klarheit, daß Zustimmung des Reichstags zum Budget für eine konstitutionelle Regierung wesentlich ist:

„The theory was set forth by the (Prussian) government and afterwards supported by theorists, that one house could not have the right of decision on the budget and that when no agreement could be obtained between the government and the Diet, the government must have the right of settling the budget estimates by ordninance upon its own responsability; but this theory is clarly irreconcilable with the principles of constitutional finance and was soon abandoned by the Prussiam government.

Some theorist pretend that when the budget is not agreed between the government and the Diet, the government by force of unadoidable necessity is compelled to proceed by way of administrative measure; but this is a mere assumption, as in budget matters the governement has no right of disagreeing with the Diet. There is accordingly, with regard to parlamentary consent, a great difference between the budget estimates and projects of Law; the votes of the Diet concerning the former is binding on the government while the latter are not. That is acknowledged in all constitutions; and as the budget is, from a financial point of view, the outline of rules for the actual conduct of the whole government in each year, the whole government is so far put under the control of the Diet. Such indirect parlamentary control of the government, even in administrative matters, is therefor to be deemed essential to a constitutional government[51].“

Das Budgetrecht des Parlaments ist aber nicht unbegrenzt. Hier liegt das Originelle der Budgettheorie Roeslers. Der Reichstag hat die Pflicht, den Provisionen des Budget zuzustimmen, die zur Aufrechterhaltung der bestehenden gesetzlichen Ordnung notwendig sind. Könnte der Reichstag jede Provision des Budgetvorschlages ablehnen, so könnte er die Tätigkeit der Regierung einfach lahmlegen und der Staat könnte seinen pflichtmäßigen Aufgaben nicht mehr erfüllen. Das Budget aber ist — das ist der theoretische Kern der Argumentation — kein Gesetz, durch das die gesetzliche Ordnung selbst geändert werden kann, sondern lediglich eine Disposition über das finanzielle Verhalten der Regierung innerhalb der bestehenden gesetzlichen Ordnung. An der bestehenden gesetzlichen Ordnung findet also das Budgetrecht des Reichstags seine Schranken. Was zur Durchführung dieser Ordnung finanziell notwendig ist, ist unverweigerliches rechtskräftiges Budget. „The Budget shell be voted upon to the effect that the government can be conducted according to the Constitution and the existing laws; the right of voting is of a mere financial nature and can not be exercised with a view to set aside or curtail the constitutional right

---

[51] C 225/6.

of the government[52].“ Ausgaben für neue Projekte der Regierung, neue Steuern und neue Schulden aber bedürfen stets der Zustimmung des Reichstags.

„The consent of the Diet is required only when an increased or new expenditure for any administrative object is projected by the government, or even for an already fixed expenditure in matters that do not belong to the constitutional powers of the Emperor[53].“

Bismarcks Auffassung von der Freiheit der Regierung in Budgetskonflikten ist also klar abgelehnt und die Unverweigerlichkeit des Budgets beschränkt auf die Ausgaben, die zu dem durch Verfassung und Gesetz vorgeschriebenen Bereich der Regierung gehören.

Ergänzungsbestimmungen

Der Roesler-Entwurf:

Titel VIII. Allgemeine Bestimmungen

Art. 91. Alle Gesetzesentwürfe und Vorlagen der Staatsregierung werden mit Genehmigung des Kaisers dem Reichstag vorgelegt.

Art. 92. Der Reichstag und alle Gerichte und Behörden sind zur gewissenhaften Beobachtung der Verfassung verpflichtet.
Verfassungswidrige Beschlüsse des Reichstags sind nichtig und in jeder Beziehung unverbindlich.

Art. 93. Die Verfassung kann nur auf dem Wege der Gesetzgebung geändert werden.

Art. 94. Gesetze und Verordnungen sind verbindlich, wenn sie in der gehörigen Form verkündet worden sind.
Die Prüfung der Rechtsgültigkeit gehörig verkündeter Gesetze und Verordnungen steht den Gerichten und Behörden nicht zu.

Art. 95. Alle zur Zeit der Einführung der Verfassung bestehenden Gesetze und Verordnungen bleiben in Kraft, bis sie auf dem verfassungsmäßigen Wege abgeändert werden; jedoch soll ihre Revision auf Grund der Verfassungsbestimmungen unverzüglich erfolgen und im Falle ihres offenbaren Widerspruchs mit der Verfassung soll die Letztere den Vorzug haben. [76]

Die Meijiverfassung hat keinen Artikel, der dem charakteristischen Artikel 91 von Roesler entspricht. Betreffs der Verfassungsänderungen ist die Verfassung strenger als Roesler: sie setzt in Art. 73 fest, daß nur durch kaiserliche Verordnung eine entsprechende Vorlage gemacht werden kann, keine Verhandlungen darüber eröffnet werden können, wenn nicht Zweidrittel aller Mitglieder anwesend sind und daß keine Änderung ohne eine Zweidrittel-Mehrheit der anwesenden Mitglieder beschlossen werden kann. Wir haben bereits erwähnt, daß sie sinngemäß zwar die gerichtliche Prüfung von Gesetzen, aber nicht von Verordnungen ausschließt.

---

[52] C 232/3.

[53] C 235.

3. Roeslers Konzeption des Sozialstaates

Die Untersuchung der Verfassungstheorie Roeslers dürfte klar gemacht haben, wie sehr sie den klassischen Lehren des deutschen monarchischen Konstitutionalismus verpflichtet ist. Seine Verfassungstheorie enthält aber auch ein neues Element, das bei den Klassikern des Konservatismus fehlt oder wenigstens unentwickelt blieb. Dieses neue Element, das den monarchisch-konstitutionellen Bestand seiner Staatsauffassung wesentlich modifiziert, ist die Konzeption des Sozialstaates, die er in seinen deutschen Schriften entwickelt hat und auch seinen staatsorganisatorischen Vorschlägen in Japan zugrunde liegt. Sich berufend auf die Umwandlung des Staates durch Kräfte der modernen Wirtschaftsgesellschaft, sagt Roesler in der Einleitung seines „Sozialen Verwaltungsrechts“: „Das Wesen des modernen Staates ist schwer verständlich ohne seinen Gegensatz zur modernen Gesellschaft. ... Daraus folgt unabweisbar, daß auf dem Boden der modernen Gesellschaft das alte Staatsrecht nicht forterhalten werden kann. Das Kulturleben der modernen Gesellschaft verlangt ein neues Staatsrecht, neue Aufgaben, neue Pflichten, neue Funktionen der Staatsgewalt, denen das Staatsrecht der alten Zeit nicht gewachsen ist.“

Die Untersuchungen von A. Rauscher und H. Roeskens haben erschlossen, wie tief sich Roesler mit den Problemen der kapitalistischen Gesellschaft auseinandergesetzt hat, wie scharf er den Zusammenhang zwischen Kapitalismus und liberalem Konstitutionalismus gesehen hat und wie ihm der Aufbau einer „sozialen Verwaltung“ der Weg war, in der Dynamik und Klassenspannung der Industriegesellschaft die Ordnung des Kulturlebens und die Harmonie der gesellschaftlichen Interessen aufrechtzuerhalten. Diese soziale Konzeption stand Roesler auch beim Entwurf der japanischen Verfassung vor Augen, und ich glaube, daß in ihr der Schlüssel zum vollen Verständnis seiner in Japan vertretenen Staatstheorie liegt.

Liberalistische Geschichtschreiber sind geneigt, die Ideen des deutschen monarchischen Konstitutionalismus, die von Stein, Gneist und Roesler den Schöpfern des Meijiverfassungssystems vermittelt wurden, ohne weiteres als die preußische oder gar bismarcksche Staatsideologie zu bezeichnen. Das mag für Gneist bis zu einem gewissen Grade zutreffen. Bei Roesler verfehlt man mit dieser Identifizierung das Wesentliche. Sein Konstitutionalismus beruht im Grunde auf einer durch Elemente des Liberalismus, vor allem aber durch neue gesellschaftliche Einsichten entfalteten organischen Staatsauffassung.

Ich habe bei der Darlegung seines Verfassungsentwurfes auf verschiedene soziale Momente, die ihn kennzeichnen, aufmerksam gemacht. Da ist vor allem seine Auffasung der bürgerlichen Rechte als soziale

Rechte, welche als „soziale Freiheit" in der Ordnung der modernen Kulturgemeinschaft gründen. Die Ordnung des Eigentums ist ihm ein Zentralproblem des modernen Staates. Seine Forderung der staatlichen Bankaufsicht und der Arbeitsgesetzgebung sind Anwendungen seiner sozialen Auffassung der Freiheit. Typisch ist seine Ablehnung des Klassenwahlrechts und sein Eintreten für das allgemeine Wahlrecht, weil er in ihm das notwendige Gegengewicht gegen den Druck der kapitalbesitzenden Klasse sieht. Das sind gewichtige Elemente eines modernen Sozialstaates. Sie beweisen, daß Roesler den modernen japanischen Staat hingeordnet haben wollte auf das Ziel der Entfaltung eines modernen Sozialstaates[1]. Die Verfassung von 1889 enthält gewiß nicht die ganze Organisation eines Sozialstaates im Sinne Roeslers. Die Verfassung sollte nur das Grundgerüst eines modernen japanischen Staates festlegen. Aber Roesler wollte, daß dieses Grundgerüst so angelegt war, daß es das Gebäude der sozialen Verwaltung tragen konnte, welche für ihn die eigentliche Organisationsform der modernen freien Gesellschaft war.

Grenzen des parlamentarischen Konstitutionalismus

Man muß Roeslers Verfassungsvorschläge im Ganzen seiner sozialen Auffassung sehen. Seine Staatsauffassung ist ganz soziologisch begründet. Die Staatsverfassung steht nach ihm im Zusammenhang mit der Eigentumsverfassung. Ursprünglich waren politische Herrschaft und Besitzhaben identisch. Der Besitz war in den Händen der Herrschenden und war die Hauptstütze ihrer Herrschaft. Auch im Mittelalter blieben Herrschaft und Besitz einander gebunden. Erst seit Entwicklung der Geldwirtschaft treten Staat und Besitz auseinander. Der Besitz verliert seine staatliche Funktion und seine Fesselung an den Staatszweck und entwickelt sich als freies Erwerbskapital nach den Prinzipien des produktiven Erwerbs. In den Gesetzen des produktiven Erwerbs ist die Verfassung der modernen Gesellschaft begründet. Das aus den Staat herausgetretene Kapital sucht die Ausübung der öffentlichen Gewalt für die Zwecke der Produktion zu beherrschen. Das Mittel dazu ist das konstitutionelle System. Die Triebkraft der konstitutionellen Bewegung des 19. Jahrhunderts ist das Bestreben der Erwerbsklasse, sich durch das Parlament die Entscheidung über die Steuern und das Budgetrecht und dadurch die Herrschaft über die Staatsführung zu sichern[2].

„Wir sehen die wirtschaftlichen Zustände in das Staatsrecht hinübergreifen, und dort periodische Neubildungen hervorbringen, in einem solchen

---

[1] Vgl. Roeskens.

[2] Vorles. 122/3; Gesetzm. § 18: Geschichtliche Entwicklung der Verfassung des Besitzes, 29 ff.

Maße, daß man von den Staatsverfassungen überhaupt sagen möchte, sie seien um so mehr Produkte der Volkswirtschaft, je moderner sie sind. So können die verschiedenen konstitutionellen Staatsverfassungen mit ihren verschiedenen Wahlsystemen, insbesondere aber mit dem allgemeinen Stimmrecht als getreue Abdrücke der sozialen Konfiguration eines Volkes bezeichnet und wissenschaftlich auch gar nicht anders verstanden werden[3]."

„Das Kapital ist es, das im Staate, in der Verfassung und Verwaltung dominiert und durch die seinem Wesen dienende Ausübung der Staatsgewalt die Gesellschaft seiner Schwerkraft unterwirft[4]."

Mit seinem soziologisch geschärften Blick hatte Roesler erkannt, daß das konstitutionelle System des 19. Jahrhunderts keineswegs eine reine Verkörperung der Freiheit war, sondern von den Interessen des Kapitals beherrscht war. Dadurch aber trägt der Konstitutionalismus eine gefährliche, selbstzerstörerische Tendenz in sich. Der Druck des Kapitalinteresses ruft notwendig den Gegendruck der durch den Kapitalismus benachteiligten anderen Gesellschaftsklassen, insbesondere der ausgebeuteten Arbeiterklasse hervor. Dieser Gegensatz muß, sich selbst überlassen, zum Klassenkampf führen, der den Staat zerreißt. Die politischen Parteien im modernen Staat vertreten die Interessen einer bestimmten Klasse, und im parlamentarischen Parteienkampf kommt der Klassenkampf zum Austrag. Sie kämpfen um die Herrschaft im Staat, um mit den Mitteln des Staates die Gegenseite machtlos zu machen. Die gewählte Volksvertretung spiegelt in ihren Parteien die Interessengegensätze in der Gesellschaft. Der reine Parlamentarismus ist also keineswegs ein Gegenmittel, sondern eher eine Beförderung des den Staat untergrabenden Klassenkampfes. Statt zum Ausgleich der Interessen führt der Parteien-Parlamentarismus zur Untergrabung der Einheit und Ordnungsmacht des Staates. Bezüglich des allgemeinen Wahlrechts bemerkt Roesler:

„Es ist eine Illusion zu glauben, daß schon durch das allgemeine Stimmrecht an sich der nationale Wille die wirksamste Vertretung findet. Es öffnet vielmehr der schrankenlosen Parteiagitation Thür und Thor und bringt mehr die Gegensätze und die Zerissenheit, als den inneren Zusammenhang und die Einheit des Nationalwillens zum Ausdruck. Es pflanzt die Schwäche unvermittelter Partei-Zerklüftung in die gewählte Körperschaft fort und spiegelt die geistige Hülflosigkeit der großen Menge sehr deutlich wieder. Geschöpft aus dem rohen Prinzip der nackten Zahl, läßt es die Minoritäten, die stärksten wie die schwächeren, schutzlos und wird geradezu ein Mittel zu ihrer Unterdrückung[5]."

Daß der dem Kampf der Parteien ausgelieferte Konstitutionalismus eine die Idee des Rechtsstaates zerstörende Tendenz in sich trägt und zur Lösung des sozialen Interessenkampfes nicht geeignet ist, war eine

---

[3] Nationalök., 435/6.

[4] Gesetzm., 33.

[5] H. Roesler, Gedanken über den konstitutionellen Wert, 21.

Überzeugung, die fast alle deutschen Staatsrechtler des 19. Jahrhunderts, nicht nur die konservativen, sondern auch die liberalen, teilten — ich nenne als Repräsentanten dieser Auffassung nur den liberalen Bluntschli. Das führte sie zur Forderung einer Beschränkung des Parlamentarismus. Roeslers sozial-konstitutionellen Ideen wurzeln tief in diesem deutschen Konstitutionalismus.

Der soziale Konstitutionalismus

Die deutsche Staatswissenschaft hat immer eine Verbindung des konstitutionellen Rechtsstaates mit der organischen Staatsauffassung gesucht. Wir finden solche Versuche in verschiedener Form bei zahlreichen Gelehrten, besonders bei Dahlmann, Bluntschli, von Mohl und Gerber[6]. Für eine Entfaltung der organischen Staatsauffassung, die für eine Lösung des in der Kapitalherrschaft wurzelnden Problems des Konstitutionalismus in Frage kommt, ist besonders Lorenz von Stein bahnbrechend gewesen. Von ihm ist Roesler in seinen sozialen Staatsideen gewiß inspiriert gewesen.

Lorenz von Stein ist der Schöpfer der Idee des „sozialen Königtums". Dieses Wort ist zu verstehen aus den sozialen Verhältnissen um die Mitte des vorigen Jahrhunderts: Gegenüber der Notlage des vierten Standes hat heute das Königtum seinen alten Sinn neu zu bewähren. Der Beruf des Königtums ist es, „der Schirmherr der Schwachen, der König der Bettler, der Retter und Vater der Masse des Volkes zu sein". Mit großen Worten hat L. von Stein das Lebensgesetz der Institution des Königtums ausgesprochen:

„Auf diese Weise (aus der sozialgeschichtlichen Betrachtung des Königtums) folgt nun der Satz, der als das höhere Lebensgesetz des Königstums über die Throne hinweggeht und der alle Jahrhunderte hindurch, in denen das Königtum bestanden hat und bestehen wird, über Liebe, Macht und Glück und Ruhe der Kronen gebietet: das wahre, mächtigste, dauerndste und geliebteste Königtum ist das Königtum der gesellschaftlichen Reform. Alles Königtum wird fortan entweder ein leerer Schatten oder eine Despotie werden oder untergehen in Republik, wenn es nicht den hohen sittlichen Mut hat, ein Königtum der sozialen Reform zu werden[7]."

Bei Stein ist die Idee des sozialen Königtums die Konsequenz seiner ganzen Auffassung von der Rolle des Staates in der modernen Klassengesellschaft[8]. Sein Gedankengang ist folgender: Er geht aus vom Ver-

---

[6] K. Bluntschli, Geschichte der neueren Staatswissenschaft, München 1881. E. R. Huber, Deutsche Verfassungsgeschichte seit 1789, Bd. 2, Stuttgart 1960.

[7] L. v. Stein, Geschichte der sozialen Bewegung in Frankreich, Bd. 3, Reprint 1959, 40/1.

[8] Zum Folgenden siehe: E. R. Huber, L. von Stein und die Grundlegung der Idee des Sozialstaates, in: Nationalstaat und Verfassungsstaat, Stuttgart 1965, 127 ff.; E. Forsthoff, Verfassungsprobleme des Sozialstaates, Münster W., 1954, 18 f.

fassungsstaat seiner Zeit, der durch den Dualismus von gesellschaftlicher Ungleichheit und staatsbürgerlicher Gleichheit gekennzeichnet ist. Alle genießen im liberalen Rechtsstaat die gleichen staatsbürgerlichen Rechte, aber das Staatsvolk ist gespaltet in die Klassen der Besitzenden und der Besitzlosen. Die Angehörigen der besitzlosen Klasse sind wirtschaftlich, sozial und kulturell in der Freiheit der Entwicklung gehemmt. Der Sinn des Staates und der staatsbürgerlichen Gleichheit aber ist die Sicherung der persönlichen Freiheit für alle. Der Staat muß verhindern, daß eine Gesellschaftsklasse sich des Staates bemächtigt, zur privilegierten Rechtsklasse wird und dadurch die staatsbürgerliche Freiheit wieder aufhebt. Wo aber die gesellschaftlich benachteiligte Klasse der notwendigen Mittel zur menschenwürdigen Existenz beraubt ist, wird die staatsbürgerliche Gleichheit und Freiheit illusorisch, es besteht für sie keine *reale* Freiheit mehr. Der Druck dieser Not wird sie zur Revolution, die die Diktatur des Proletariats zum Ziel hat, treiben. Mit der Klassendiktatur aber würde die Möglichkeit der universellen Freiheit überhaupt untergehen. Der Staat, der seiner Idee nach der Wahrer der persönlichen Freiheit für alle ist, hat also die Pflicht, die die Freiheit bedrohende gesellschaftliche Ungleichheit zu mildern und den notleidenden Schichten zu Hilfe zu kommen. Dieser Aufgabe ist nur der Staat mächtig, der nicht den Gesellschaftsklassen ausgeliefert ist, sondern über ihnen steht. Den übergesellschaftlichen Rang des Staates verkörpert und sichert der den gesellschaftlichen Bindungen entrückte Monarch. Der Thron muß sich in der modernen Gesellschaft identifizieren mit der Idee der sozialen Freiheit für alle. So kam L. von Stein zu einer neuen Rechtfertigung der Monarchie in der Konzeption des monarchischen Sozialstaates.

Steins Konzeption des sozialen Königtums ist ein Markstein der Ideengeschichte des 19. Jahrhunderts. Sie vereinigt zum ersten Male dialektisch die beiden Grundprobleme des Jahrhunderts, das konstitutionelle und das soziale Problem. Die Konzeption des monarchischen Sozialstaates ist keine Negation, sondern die Vollendung der liberalen konstitutionellen Idee. Der den Klassenbindungen entrückte Monarch wirkt dahin, *allen* Gesellschaftsgliedern die Freiheit der Entfaltung zu geben, die in der Klassengesellschaft durch Stimmrecht und Parteienparlament allein nicht gesichert ist. Steins Ideen haben in der damaligen Zeit besonders auf solche, die sich auf der Grundlage einer organisch-christlichen Staatsauffassung um die Lösung der sozialen Frage bemühten, tief gewirkt. Die Verbindung der in der Idee des sozialen Königstums sich kristallisierenden speziellen Vorstellungen mit dem Ideengut des Konstitutionalismus ist kennzeichnend für eine bestimmte, für die soziale Problematik aufgeschlossenen Richtung des deutschen monarchischen Konstitutionalismus. Man kann diese Richtung einen

„sozialen Konstitutionalismus" nennen, weil in ihr das konstitutionelle Grundanliegen der Sicherung der individuellen Freiheit durch die Einsicht in die sozialen Bedingungen der Freiheit und die Betonung der sozialen Aufgaben des Staates in eigentümlicher Weise modifiziert ist. Außer L. von Stein sind vor allem Gneist und Roesler zu dieser Richtung zu zählen.

Roesler sieht die Lösung des sozialen und konstitutionellen Problems in der Durchsetzung des „sozialen Rechts" und der Schaffung des „Staats des sozialen Rechts". Die Untersuchungen von A. Rauscher und H. Roeskems, auf die ich hier verweisen kann, haben diese Zentralidee seines wissenschaftlichen Werkes aufgehellt.

Hinsichtlich der Herrschaft des Kapitals besagt das soziale Recht: „Dem Kapital muß die Rüstung des sozialen Rechts aufgezwungen werden."

Dem Kapitel muß „alles daran gelegen sein, [im sozialen Recht] das rechtliche Maß seiner Herrschaft zu finden und genau zu beobachten, damit diese Herrschaft zugleich als ein Postulat der Freiheit und der Notwendigkeit im Volksleben erscheint, so daß sich auch hier der alte Spruch bewahrheitet: iustitia est fundamentum regnorum. ... Insbesondere aber ist in der Verwaltung durch das soziale Recht ein Damm gegen die durch die maßlose Kapitalherrschaft drohenden Gefahren aufzurichten"[9].

Soziale Verwaltung

Roeslers These bezüglich des modernen Staates war: „Die Hauptkraft des modernen Staates liegt in der Verwaltung, durch welche die Gesellschaftsordnung im Gleichmaß erhalten wird[10]." Er hat das Verwaltungsrecht, das die konkrete Anwendung des sozialen Rechts ist, in seinem großen Werk „das soziale Verwaltungsrecht" dargestellt. Wer Roeslers wahre Gesellschafts- und Staatsauffassung kennen lernen will, muß dieses Werk studieren. Zum Verständnis seiner Gutachten in Japan bietet das Werk reiche Aufklärung. Aus demselben wurden „Einleitung", das „1. Buch Personenrecht" und ein Teil des „2. Buches Sachenrecht" von Chu Egi ins Japanische übersetzt und kamen 1884 als Veröffentlichung des Polizeiamtes heraus.

Roesler stellt die Verwaltung als „soziale Verwaltung" dar, als die Zusammenarbeit aller gesellschaftlichen Organe für die gemeinsamen Kulturziele der modernen Kulturgemeinschaft nach dem sozialen Recht (siehe 1. Kap.). Es ist Roesler eigentümlich, daß bei ihm nicht der Staat der ausschließliche oder hauptsächliche Träger der öffentlichen Verwaltung ist. Die gesellschaftlichen Kooperationen, die sich, entsprechend den speziellen Funktionskreisen des gesellschaftlichen Lebens,

---

[9] Gesetzm., 398.

[10] Nationalök., 465.

zur Erfüllung bestimmter gesellschaftlicher Kulturaufgaben, z. B. Produktion, Handel, Verkehr, Gesundheitswesen, Erziehung, Wissenschaft usw., bilden, sind die öffentlichen Verwaltungsorgane, die nach eigenem, nicht vom Staate verliehenen, öffentlichen Recht ihre Angelegenheiten selbst regeln. Zu diesen Selbstverwaltungskörpern tritt der Staat als höchstes Zentralorgan der sozialen Kooperation. Er hat durch seine Gesetzgebung, Rechtssprechung und Verwaltung das soziale Recht durchzusetzen. In diesem Sinne wirkend wird der Staat zum Sozialstaat. Für den Staat ist es entscheidend, daß die staatlichen Formen erfüllt werden „mit dem notwendigen materiellen Rechtsgehalt, der aus der sozialen Rechtsidee geschöpft werden muß“[11]. Der formell liberale Rechtsstaat muß sich vollenden zum „Staat des sozialen Rechts“.

Roeslers Vorstellungen vom sozialen Staat und von der sozialen Selbstverwaltung stehen im scharfen Gegensatz zu denen Gneists. Gneist geht im Anschluß an Stein aus von dem Gegensatz zwischen Staat und Gesellschaft. Die Gesellschaft ist der Bereich der sich widersprechenden Gruppen- und Klasseninteressen. Besonders sucht das Kapital die Arbeiterklasse in Abhängigkeit zu halten. Ordnung in das gesellschaftliche Chaos kann nur der Staat bringen. Im modernen konstitutionellen Staat hat das dadurch zu geschehen, daß der Staat die gesellschaftlichen Klassen in seinen Organismus hineinzieht und zur Erfüllung überparteiischer staatlichen Pflichten einsetzt. Der Weg dazu ist die Selbstverwaltung: Der Bürger übernimmt auf der Ebene seines gesellschaftlichen Lebenskreises die Funktionen der inneren Landesverwaltung als „Ehrenamt“ und bekommt ebenso einen gewissen Anteil an der Rechtsprechung. In der Erfüllung dieser Ehrenämter wird er zu einem lebendigen praktischen Rechtsbewußtsein und zur Verantwortung für die Belange der Allgemeinheit und des Staatsganzen erzogen. Die Neuordnung der preußischen Verwaltung in den Jahren 1878 - 83 folgte diesen Ideen Gneists[12].

Roesler erhob gegen die Ideen Gneists folgende Kritik: Es widerspricht dem Wesen der Verwaltung, Laien zu Trägern der Staatsverwaltung zu machen. Diese Laien haben nicht die Sachkenntnis und Unparteilichkeit echter Verwaltungsbeamten. In Wirklichkeit würde diese Art der Selbstverwaltung das konstitutionelle Problem des Interessenstreits der Klassen auf alle untergeordneten Punkte des Staatslebens übertragen. Die Ehrenämter, für die nur die wirtschaftlich unabhängigen, besitzenden Klassen in Frage kommen, „machen die Arbeiter und kleinen Leute wieder zu Amtsuntertanen der Großbesitzer“. Es ist unerträglich, daß dem Besitz, der tatsächlich durch das kapitalistische

[11] Gesetzm., 399.

[12] R. Gneist, Der Rechtsstaat, 2., 1879.

System herrscht, auch noch die lokale Exekutive in die Hand gegeben wird. Demgegenüber ist der etwaige Druck der Staatsbehörden das kleinere Übel. Die Gneistsche Selbstverwaltung ist zudem eine Verkennung der im modernen Staat notwendigen einheitlichen Konzentration der öffentlichen Gewalt. Schließlich gibt es bei aller Beteiligung an der Verwaltung in der von Gneist inspirierten preußischen Verwaltung doch keine echte Selbstverwaltung, weil bei allen Verwaltungsbeschwerden höhere Staatsbehörden und das Ministerium die entscheidende Berufungsinstanz sind[13]. Diese scharfe Kritik an Gneist und der neupreußischen Verwaltungsorganisation hat Roesler in Deutschland die Feindschaft der nationalliberalen Professoren zugezogen und dazu beigetragen, ihn von seinen Fachgenossen zu isolieren. In Japan stieß Roesler in den Vorschlägen des Regierungsberaters A. Mosse wieder auf den Einfluß Gneists und wurde dadurch in einen harten Kampf mit leitenden Staatsmännern verwickelt (siehe S. 137 f.).

Roeslers Vorschläge für einen sozial-rechtlichen Aufbau Japans

Es ist merkwürdig, daß gerade die drei ausgesprochensten Vertreter des deutschen sozialen Konstitutionalismus, Stein, Roesler und Gneist, auf den Aufbau des modernen Japans Einfluß gewonnen haben. In den Vorlesungen, die Stein für die zu ihm nach Wien kommenden japanischen Staatsbeamten hielt, ist der Gedanke, daß der König die soziale Harmonie der Klassen zu vertreten hat, deutlich genug ausgesprochen[14]. In den „Gesprächen Gneists", die Gneists Lehren für die Japaner enthalten, handelt ein eigener Abschnitt ausdrücklich vom sozialen Königstum[15]. Die Führer des Meijistaates haben die Sozialgesetzgebung Bismarcks, die bekanntlich von der Idee des sozialen Königtums inspiriert war, aufmerksam verfolgt, und das Wesen der „sozialen Frage" ist ihnen dadurch tiefer aufgegangen. Wie Roesler sich die Anwendung der sozial-konstitutionellen Ideen auf Japan dachte, geht aus einer ausführlichen Denkschrift hervor, die im Zusammenhang mit dem Verfassungsentwurf stand und am 6. Juni 1887, um die Zeit der Beratungen auf Natsushima, vorgelegt wurde[16].

Die Denkschrift beantwortet eine Frage Kowashi Inoues nach den sozialen Prinzipien des preußischen Staates, die durch die Abwendung Bismarcks in den achtziger Jahren von den liberalen Ideen und seiner Hinwendung zu einer auf das niedrige Volk sich stützenden Politik

---

[13] H. Roesler, Der österreichische Verwaltungsgerichtshof, in: Ztschr. für das Privat- und öffentliche Recht der Gegenwart, 4 (1877) 233 ff.; Gesetz, 397 ff.

[14] JR 192, Anm. 2.

[15] JR 192, Anm. 3.

[16] JR 192, Anm. 4, Inada II, 141 - 148.

veranlaßt war. Roesler führt in seiner Antwort aus, daß in Deutschland wegen der sozialen Fürsorge der Monarchen das Gleichgewicht der Klassen gewahrt wurde und Wohlstand, Bildung und sittliche Staatsgesinnung im ganzen Volke verbreitet sind. Auf Japan übergehend heißt es dann (Rückübersetzung aus dem Japanischen):

„Auch in Japan ist die Zeit gekommen, die Staatsverfassung auf der Grundlage der bürgerlichen Mittelklasse aufzubauen. Das ist klar, wenn man die bei der heutigen Lage Japans unaufhaltsame Richtung des Fortschritts ins Auge faßt. Japan ist dazu bestimmt, eine Großmacht des Seeverkehrs und Handels zu werden. Japan muss die Kultur des Westens annehmen, vor allem seine Produktionskraft steigern und mit aller Macht die Entwicklung der Industrie und des Handels betreiben. Das ist ohne Vermehrung des Kapitals und der Arbeitskraft, die Errichtung eines den heutigen Erfordernissen entsprechenden Erziehungssystems und ohne Steigerung des Verkehrs und der Verkehrsmittel unmöglich. Darum muß dies heute m. M. n. das vordringlichste Ziel des jap. Volkes sein. In Verfolg dieses Zieles ist der bürgerlichen Erwerbsklasse in Verfassung und Politik die höchste Beachtung zu schenken. Nach den deutschen Prinzipien urteilend, möchte ich aber betonen: Zwar soll das Gewinnstreben der bürgerlichen Klasse keinem einseitigen ungebührlichen Zwang unterworfen werden, aber der harmonisch ausgeglichene Wohlstand des Ganzen muß die oberste Richtschnur der Politik bilden.

Um im Staate dieses harmonische Gleichgewicht herzustellen, mögen hauptsächlich folgende Grundprinzipien befolgt werden.

1. Man erhalte eine unparteiische Staatsgewalt, die, von einem starken Pflichtbewusstsein erfüllt und das allgemeine Vertrauen geniessend, die Interessen und Rechte der einzelnen Klassen mit Gerechtigkeit wahrt.

2. Man organisiere das Oberhaus so, daß der Erbgrundbesitz die Mehrheit hat. Man führe nicht ein auf Großvermögen begrenztes Wahlrecht ein und dehne das Recht der Teilnahme an der Regierung auf die niedrigen Klassen aus. So stärkt man das monarchische Regime, hält am hohen Ziel der Politik fest und schafft gegen die mittlere Klasse des Kapitals ein geeignetes Gegengewicht.

3. Man vermehre und stärke durch das Erbvermögenssystem den Großgrundbesitz des Adels. Um ein Gegengewicht gegen die städtische Klasse zu haben, erhalte man, auf Grund des Erbrechts (Ablehnung des Prinzips des römischen Rechts, wonach der Grund gleichmässig unter die Erben verteilt wird), einen wohlhabenden Bauernstand.

4. Zur wirtschaftlichen Selbständigkeit des Bauernstandes ist das von altersher bestehende Dorfsystem zu erhalten.

5. In den Dorfgemeinden ist ein auf dem Grundbesitz aufbauendes System der Selbstverwaltung einzurichten. Die Exekutivgewalt aber soll hauptsächlich in den Händen von Beamten liegen.

6. Durch Förderung der Wissenschaft, Kunstfertigkeit und Allgemeinbildung ist von Seiten der Regierung die geistige Entwicklung der Bevölkerung zu fördern.

7. Die leiblichen und sittlichen Bedürfnisse der niedrigen Klassen sind zu befriedigen. (Nahrungsmittel, Trinkwasser, Wohnung, Volkserholung usw.)

8. Entsprechend ihrer Vermögenskraft sind den einzelnen Klassen die Steuern gleichmässig aufzuerlegen. Die indirekten Steuern sind möglichst zu vermehren und die Lasten der notleidenden Schichten zu vermindern.

9. Unter der Bedingung des Erweis der Fähigkeit stehen alle öffentlichen Ämter den Klassen in gleicher Weise offen.

Unter Wahrung dieser Prinzipien und allseitiger Durchführung dieser Methoden muss das Hauptziel sein, das Interesse des Mittelstandes zu befördern, Handel, Gewerbe, Schiffahrt, Kapital und produktive Arbeitskraft zu vermehren. In gleicher Weise sind bei denen, die sich geistigen Berufen widmen wollen, Begabung und Wissen zu pflegen, zur Entwicklung aber der geistigen Kräfte die allgemeinen hygienischen Bedingungen und die Gesundheit der Leibesorgane nicht zu vernachlässigen. Man muss also in der heutigen Zeit vor allem durch das Kapital und die Arbeitskraft die Kraft des Staates entwickeln. Wenn man aber dabei das Wohl des ganzen Volkes und die Förderung der andern Klassen vernachlässigt, kann ein ruhiger Fortbestand nicht erwartet werden.

Es ist in einer Monarchie selbstverständlich, dass man die königliche Macht zu stärken sucht und als Mittel ihrer Stützung den Adel fördert. Ebenso selbstverständlich ist es, dass man die niedrigen Klassen schützt. Der Grund dafür ist: 1. Erfahrungsgemäss gibt es wenige Stellen, bei denen die niedrigen Schichten eine Stütze finden können, und darum verlangen sie dringend nach diesem Schutz. 2. Die Erhaltung des natürlichen Sittengefühls und Pflichtbewusstsein bei den niedrigen Ständen hängt ab von ihrem Vertrauen und ihrer Loyalität zur Monarchie und ihrer tiefen Dankbarkeit für die empfangenen Wohltaten. Das Andenken an die Güte des Monarchen prägt sich dem Gemüte des Volkes tief ein.

Besonders waren es die preußischen Könige, die durch Hochschätzung der Tugend, strenge Pflichterfüllung und den Schutz der niedrigen Klassen die Hoheit der königlichen Gewalt dem Herzen des Volkes unauslöschlich eingeprägt haben. Die gleichen Regierungsprinzipien wie in Preußen finden wir auch in den anderen deutschen Ländern. Als dann in Deutschland eine einheitliche Zentralgewalt errichtet und die Kraft der Nation wieder in ihrem alten Glanze erstrahlte, rückte Deutschland vermöge dieser Grundsätze sofort wieder in die Reihe der Großmächte auf, während andere Staaten nicht wenig unter Parteiregierung und einseitiger Klassenherrschaft zu leiden haben.

Zum Schluss möchte ich meine Ausführungen in einem Wort zusammenfassen: Nur die Religion kann im Volk eine sittliche Grundllage schaffen. Die Sittlichkeit des Volkes ist der festeste Wall gegen die unsittliche Anarchie der Klassenherrschaft. Bismarck hat lange eine dem Liberalismus zuneigende Politik betrieben (Kulturkampf, schrankenlose Erwerbs- und Handelsfreiheit, Laissez faire des Profitstrebens, Ausschaltung des Einfluss des Christentums aus den Schulen, Zulassung der Juden zur Regierung). Er stiess dabei aber auf den Widerstand des Volksgefühls und sah sich deswegen veranlasst, den Rückzug anzutreten. Seit 8 Jahren bemüht er sich wieder, den alten Prinzipien folgend die Harmonie des deutschen Staatswesens wiederherzustellen.

Bekanntlich neigt die bürgerliche Mittelklasse im Allgemeinen dem Liberalismus zu. Das wird auch in Japan eine unvermeidliche Tendenz sein. Da die Mittelklasse in Japan sich zweifellos dem englisch-amerikanischen politischen Ideen ergeben wird, ist es der natürliche Lauf der Dinge, daß sie

Versammlungs- und Pressefreiheit erstrebt. Diese Tendenz wird die Unterstützung Englands finden. Die gewohnte Taktik Englands ist, die Partei der Ausländer zu ergreifen und gegen die Landesregierung für Freiheit und Rechte zu agitieren. Eine große Förderung dieser Pläne Englands bedeutet die jetzt unter dem Druck Englands unternommene Vertragsrevision, indem sie in Japan mit englisch sprechenden Richtern besetzte Gerichtshöfe und die englische Rechtswissenschaft einführt. Japan wird dadurch in eine sehr schwierige Lage geraten. Die Warnung, das Treugefühl der niedrigen Klassen zu stärken und sich nicht überrennen zu lassen, betrifft aufs tiefste das Geschick der Regierung."

In dieser Denkschrift klingen deutlich Motive des sozialen Königtums an. Man darf daraus nicht folgern, daß Roesler sich in allem mit dieser Idee identifizierte. Er hat im sozialen Königtum nicht die ganze und eigentliche Lösung der sozialen Frage gesehen. Er hat stets betont, daß es dafür mehr als auf die Staatshilfe für die sozial Bedrückten auf die Weckung eines lebendigen, aus der Religion stammenden sittlichen Gemeinschaftsgefühls, auf die Stärkung des Bewußtseins des sozialen Rechts ankommt. Die Denkschrift zeigt sehr klar, daß sich seine Verfassungstheorie nicht begreifen läßt als rein formal-juristische Konstruktion aus den abstrakten Prinzipien einer konstitutionellen Monarchie, sondern daß sie aufbaut auf der Betrachtung der gesellschaftlichen Tendenzen, Verhältnisse und Institutionen in der gegebenen geschichtlichen Staatsgemeinschaft. Diese überindividuellen geschichtlichen Institutionen sind von größerer Bedeutung als die formellen konstitutionellen Einrichtungen. Sie liegen jeder positiven konstitutionellen Rechtsordnung voraus, bestimmen grundlegender als die konstitutionellen Einrichtungen das Staatsleben, und ihre gesunde Entfaltung muß ein Hauptanliegen bei der Gestaltung des Verfassungssystems sein. Roesler führt als solche sozialen Institutionen in seiner Denkschrift außer dem dynastischen Königtum, in dem die organische Einheit des Staates ihren lebendigen geschichtlichen Mittelpunkt hat, an: den Adel und das Bauerntum, den Erbgrundbesitz, die Dorfgemeinschaft, die gesellschaftliche Macht der bürgerlichen Erwerbsklasse, das Steuersystem, die Selbstverwaltung, ein durch Prüfungen qualifiziertes Beamtentum, das öffentliche Gesundheitswesen, allgemeine Bildung, Sittlichkeit und Religion. Er empfiehlt auch das allgemeine Wahlrecht, aber im Ganzen der von ihm betonten Einrichtungen ist es doch nur eine der notwendigen Einrichtungen. Die genannten Einrichtungen sind nach seiner modern-organischen Staatsauffassung die Grundpfeiler, auf der sich der moderne japanische Staat aufbauen muß. Er hat die Förderung dieser Einrichtungen auch in anderen Gutachten öfters betont.

Parlamentunabhängige Verwaltung und Beamtentum

Ein wesentliches Element des Konstitutionalismus, den Roesler, Stein und Gneist den Japanern lehrten, ist es, daß sie in gleicher Weise der

Verwaltungstätigkeit des Staates eine schöpferische, gegenüber der Legislativen selbständige Funktion zuweisen. Die Ordnung des modernen Gesellschaftslebens, so ist ihre Auffassung, verlangt eine aktive, sozial gestaltende Verwaltung, die den mannigfaltigen konkreten Aufgaben des sozialen Wohls in selbständiger Initiative begegnen kann. Diese sozialen Aufgaben können nur erfüllt werden, wenn der Verwaltung durch ein weites selbständiges Verordnungsrecht ein freier Spielraum der Tätigkeit gesichert ist und sie nicht auf Schritt und Tritt den Beschlüssen des Parlaments ausgeliefert ist, insbesondere wenn dieses Parlament von Parteiinteressen beherrscht ist. Es war nicht ein Steckenbleiben in der absolutistischen Staatsauffassung, sondern die Sicht der neuen Sozialfunktionen der Verwaltung im modernen Staat, die sie zur Forderung einer relativen Selbständigkeit der Verwaltung gegenüber der Legislativen führte. Roesler führt in seinem Kommentar zum Art. 9 typisch moderne wirtschaftlich-soziale Aufgaben der Verwaltung an: „The national currency, banking institutions, the organisation of the different branches of industry and commerce, public roads, railways, the use of rivers for navigation and other purposes and so on are all evidenty administrative matters which must be regulated for the promotion of public welfare and development of the national civilization." Wir haben gesehen, daß diese Unabhängigkeit der Verwaltung von Parlament bei ihm etwas Relatives war, weil er die fortschreitende gesetzliche Regelung solcher Verwaltungsaufgaben befürwortete[17]. Der Staat der Meiji-Verfassung sollte nach den Absichten Roeslers der moderne gestaltende Verwaltungsstaat sein, der in freier Aktivität das ständig neue Aufgaben stellende Kulturleben der modernen Gesellschaft nach dem „sozialen Recht" regelt.

Roesler wußte auch, daß ein solcher sozialer Verwaltungsstaat nur durch eine fachmännisch gebildete und unparteiische Beamtenschaft verwirklicht werden kann. Er hat — ebenso wie Stein und Gneist — die Rolle eines solchen Beamtentums stark betont und seine Entwicklung nach Kräften gefördert. Er hat eine bestimmte Art von Bürokratie, in der das soziale Leben durch eine Beamtenschaft, die sich der sozialen Idee des Staates und der Monarchie verpflichtet fühlt, gestaltet wird, für notwendig gehalten und in der Meijiverfassung bewußt ein Regierungssystem legitimieren wollen, in dem eine *solche* Bürokratie einer der wichtigsten Faktoren des Staatslebens war.

Roesler kannte aber auch die freiheitsbedrohenden Tendenzen der modernen Staatsbürokratie. Und das organische Gegengewicht dagegen war ihm die soziale Selbstverwaltung, die ich dargestellt habe. Abweichend von den Vorschlägen Roeslers enthält die Meijiverfassung

---

[17] C 86.

keine Bestimmungen über Selbstverwaltung, aber sie enthält auch nichts, was ihrer Entwicklung entgegen wäre (siehe S. 101).

Sein Kampf gegen die Selbstverwaltungsvorschläge Mosses

Die Selbstverwaltung, die in Japan eingeführt wurde, entsprach allerdings nicht den Vorstellungen Roeslers. Gneists Selbstverwaltungsideen hatten in Japan einflußreiche Freunde gefunden. Besonders der damalige Innenminister Yamagata war für die Ideen Gneists eingenommen. Er war der Ansicht, daß sich die Beteiligung des Volkes an den öffentlichen Angelegenheiten vornehmlich auf der unteren Ebene des Staatslebens, in den Gemeinden und Präfekturen, verwirklichen solle, daß auf dieser Ebene der Parteienkampf durch die traditionelle und lokale Verbundenheit der Teilnehmer zurückgedrängt würde und dadurch auch auf der höheren Ebene des Reichsparlaments der Gegensatz und Druck der Parteien gemindert würde. Yamagata fand in einem Schüler Gneists, Albert Mosse, der als Kabinettberater nach Japan kam (1886 - 90), einen gewandten Helfer, der die Gesetzesentwürfe über Selbstverwaltung ausarbeitete. Während Roesler Mosses Vorschläge für die Gemeindeselbstverwaltung nur in einigen untergeordneten Punkten kritisierte[18] — er war ein resoluter Verfechter der Gemeindeselbstverwaltung —, richtete er gegen dessen Entwurf der Selbstverwaltung in den Präfekturen und Kreisen schwere grundsätzliche Einwände. Mosse teilte die Präfekturen, — die er unrichtigerweise den preußischen Provinzen gleichsetzte, während sie in Wirklichkeit den französischen Präfekturen nachgebildet waren — in Kreise (Gun), die es als Verwaltungseinheit bisher in Japan nicht gab. In Präfekturen und Kreisen wollte er gewählte Vertreterversammlungen einführen, die auch in die Exekutive eingriffen. Sie wählen 2/3 der Mitglieder des engeren Präfektur- bzw. Kreisausschusses. Diese Ausschüsse haben Teil an der Exekutive des Präfekten bzw. des Kreisvorstehers und entscheiden die Verwaltungsklagen. Roeslers Einwände dagegen sind die gleichen wie gegen die von Gneist inspirierte neue preußische Verwaltungsorganisation. Mosses Selbstverwaltung schwäche in empfindlicher Weise die Zentralgewalt des Staates, die in Japan geschichtlich begründet stärker sei als in Deutschland; ihre Einführung sei für Japan überstürzt, sie stelle einen kostspieligen Apparat auf, für dessen finanzielle Deckung nicht gesorgt sei; sie verleihe Rechte, die selbst in Preußen nicht bestehen. Man solle erst die Früchte der eben eingeführten Gemeindeselbstverwaltung abwarten und als Muster der Selbstverwaltung die altpreußische und bayerische Verwaltungsorganisation studieren[19].

[18] JR 192, Anm. 6.
[19] JR 192, Anm. 7.

Roesler wurde in seinem Widerstand von Kowashi Inoue, dem Leiter des Gesetzgebungsbüros, unterstützt, und auch im Gesetzberatungsausschuß (Genroin) war eine starke Partei gegen Mosses Vorschläge. Selbst Gneist fand die Vorschläge seines Jüngers Mosse für zu weitgehend und verfrüht. Das 1890 verkündete Gesetz verleiht auch den Präfektur- und Kreisversammlungen keine exekutiven Rechte, sondern nur die Legislative in bestimmten beschränkten Angelegenheiten, ließ aber das Übergewicht der gewählten Laien in den Ausschüssen bestehen. Die Kreisordnung wurde allerdings aus den Gründen, die Roesler dagegen urgiert hatte, im Jahre 1922 wieder abgeschafft. Roesler hat den Einfluß Mosses schwer ertragen. Es wird berichtet, daß er sagte: „Er macht mir alles kaputt." Er befürchtete von den Ideen Mosses und Gneists eine Verdunkelung und Verdrehung des von ihm verfolgten Planes der Staatsorganisation Japans.

Roesler hat sich in Japan um die Entwicklung der kooperativen, genossenschaftlichen Selbstverwaltung in den Gemeinden und in öffentlichen Berufsverbänden u. ä. bemüht. Auf dem Gebiet der Wirtschaftsverwaltung hat sich einiges von seinen Vorstellungen, z. B. in den Handelskammern, verwirklicht. Aufs Ganze gesehen aber hat sich das System der sozialen Selbstverwaltung, das er im Sinne hatte, nicht in Japan entwickelt. Und darin möchte ich einen Hauptgrund sehen, warum der Meijistaat zu einem bürokratischen Absolutismus wurde.

Wir wollen uns zum Schluß dieses Kapitels die Frage vorlegen, wie weit die „Oligarchen" des Meijistaates die von Stein und Roesler vertretenen Ideen eines Sozialstaates verstanden und befolgt haben. Ich möchte sagen: Sie sind nicht spurlos an ihnen vorübergegangen, wenn sie auch nicht zu einer wirksamen Organisation des von jenen intendierten Sozialstaates geführt haben. Die Lehren dieser Männer gaben ihnen wenigstens die Ahnung von einer sozialphilosophisch und modern sozial-wissenschaftlich unterbauten Staatsauffassung. In dieser Staatsauffassung waren die wirklichen Probleme des modernen Staates viel tiefer erfaßt als in den Vorstellungen ihrer liberalen Gegner, der Bewegung für die liberalen Volksrechte, die gerade hinsichtlich der sozialen Frage notorisch unklar und unentwickelt waren. Die spezifisch sozialen Lehren Steins und Roeslers konnten den „konservativen" Führern ein Gefühl geistiger Überlegenheit geben. Sie sind darum in der Geistesgeschichte der Meijizeit als ein *geistiges* Gegengewicht gegen die Ideologie des Liberalismus anzusehen. Die Führer des Meijistaates haben auch ein starkes soziales Gefühl gehabt, das sie die Klassengegensätze der Erwerbsgesellschaft als Gefahr und den Schutz der Arbeiterklasse als Aufgabe empfinden ließ. Es wird berichtet, daß sich Hirobumi Ito gelegentlich als einen „halben Sozialisten" bezeichnete. Wir gehen nicht fehl, wenn wir dieses Wort als einen Ausdruck seiner Übereinstimmung mit den sozialen Ideen Steins usw. auffassen. Die soziale Einstellung der Meijiführer hat bei den Geschichtlern wenig Beachtung gefunden. Es ließe sich gewiß in ihrer Haltung und Politik noch manches aufweisen, was ihre grundsätzlich soziale Einstellung beleuchten würde.

In den Köpfen der Meijiführer verbanden sich die Ideen des sozialen Konstitutionalismus mit konfuzianischen Vorstellungen von der Harmonie der Volksgemeinschaft, die sie in ihrer Jugend in sich aufgenommen hatte, und vor allem mit der Kokutai-Ideologie von der väterlich gerechten und wohlwollenden Herrschaft des Tenno. Dadurch wurden die modernen Ideen des sozialen Konstitutionalismus allerdings in einem patriarchistischen und chauvenistischen Sinne modifiziert. Erst eine Erhellung dieser Ideenmetamophose dürfte uns einen Einblick in das Herzstück der Ideologie des Meijistaates vermitteln.

Viertes Kapitel

Roesler und der deutsche Einfluß in Japan

Die angebliche Deutschfeindschaft Roeslers

Unter den Deutschen in Tokyo redete man davon, daß Roesler in seiner Tätigkeit für die japanische Regierung die deutschen Interessen nicht begünstigte, ja daß er deutschfeindlich eingestellt sei. Der Grund dieses Geredes war, daß in Tokyo von Deutschland her Roeslers frühere öffentliche Kritik an Bismarck bekannt wurde und Roesler selbst mit seinen deutschen Landsleuten und der deutschen Gesandtschaft in Tokyo keinen Verkehr pflegte, ja nicht einmal zu den Geburtstagsfeiern des deutschen Kaisers erschien[1].

Die deutsche Gesandtschaft in Tokyo, die mit Anhängern Bismarcks besetzt war, hat Roesler von Anfang an nicht getraut und nie die Befürchtung verloren, daß er irgendwie seinen Einfluß bei der Regierung gegen die Interessen des Deutschen Reiches gebrauchen könne. Der Gesandtschaftsresident von Gutschmid, bei dem sich Roesler bei seiner Ankunft in Tokyo vorstellte, berichtete am 23. 1. 1879 an den Staatssekretär von Bülow, daß er Roesler bei dieser Gelegenheit „auf die von einem Deutschen im Ausland zu erwartende politische Haltung“ aufmerksam gemacht habe. Er mußte aber zugeben: „Wenngleich die bedauerlichen Verirrungen auf dem Gebiete der heimatlichen Politik ihn als für die Kaiserliche Mission nicht besonders erwünscht erscheinen lassen, so rechtfertigt sein bisheriges Auftreten die Erwartung, daß er sich reichsfeindlichen Bestrebungen bzw. einer publizistischen Tätigkeit nach dieser Richtung hin hier enthalten wird[2].“ Roesler teilte auch im Februar 1885 dem Auswärtigen Amt in Berlin die Verlängerung seines Vertragsverhältnisses, seine Erhebung in die Stellung eines Rates des „Geheimen Kabinetts“ und seine damaligen Arbeiten (Entwurf des Handelsgesetzes, Verwendung in den Geschäften der auswärtigen und inneren Politik usw.) mit und versicherte, daß er, „wie bisher fortfahren werde, für die Pflege der guten Beziehungen zwischen dem Reich und Japan zu wirken“ und daß „ehrfurchvollste Treue und Ergebenheit gegen Kaiser und Reich und S. Königlich-Kaiserlichen Ma-

---

[1] O. Schmiedel, Die Deutschen in Japan, Leipzig 1920, 45.

[2] Zentrales Staatsarchiv, Potsdam (abgekürzt: ZSA), AA Nr. 63499.

jestät hohe Regierung" ihn beseelten[3]. Trotzdem blieb das gegenseitige Verhältnis zwischen Roesler und der deutschen Gesandtschaft sehr kühl. Man konnte ihm zwar nichts Deutschfeindliches vorwerfen. Die deutschen Gesandten wußten sogar sehr wohl, daß er deutsche rechtliche und staatliche Einrichtungen bei der japanischen Regierung empfahl und durchsetzte. Aber das Mißtrauen gegen ihn konnten sie nicht überwinden. Der Unterschied in den politischen und weltanschaulichen Auffassungen zwischen ihnen und Roesler war zu groß. Da Roesler selbst über seine Beteiligung an den wichtigsten und intimsten Staatsgeschäften nicht sprach, war die deutsche Gesandtschaft über seine Tätigkeit bei der japanischen Regierung nur im Allgemeinen informiert. Das zeigen die Gesandtschaftsberichte nach Berlin sehr deutlich. Was sie über Roeslers Tätigkeit zu berichten haben, beschränkt sich auf ziemlich allgemeine Angaben und wird den Leistungen Roeslers nicht gerecht. Die wirkliche Bedeutung Roeslers, die Tiefe und der Umfang seines Einflusses auf die japanischen Staatsmänner, kann man aus den Gesandtschaftsberichten nicht erfahren. Der Gesandte von Holleben (in Japan 1886 - 1892) berichtet 1887, daß sich Roesler des besonderen Vertrauens des Grafen Ito erfreue, daß es ihm aber gelungen sei — so glaubte er wenigstens —, an Stelle des vom japanischen Außenminister designierten Prof. Roesler, „der wegen seiner politischen Ansichten gefährlich erscheint", den Landrichter Mosse in die Kommission für die Vertragsrevision zu bringen[4]. 1888 schrieb er, daß der Entwurf über die Einrichtung des Geheimen Staatsrat (Sumitsu-in) auf Anregung des Grafen Ito von dem „mehrgenannten" Prof. Roesler ausgearbeitet wurde[5], und im folgenden Jahr; „Die neue Verfassung ist in ihrer Hauptsache von deutscher Hand gearbeitet[6]". Er schreibt aber nicht, daß diese Hand die Roeslers war, was ja ein strenges japanisches Staatsgeheimnis war. 1891 berichtet derselbe Gesandte wiederum von der besonderen Vertrauensstellung Roeslers bei Ito und daß er auf Bitten Itos seine beabsichtigte Abreise von Japan verschoben habe[7]. Schließlich schrieb der Nachfolger von Hollebens, von Gutschmid (1892 - 1897 voller Gesandter in Japan), zum Abschied Roeslers von Japan im April 1893 an den Reichskanzler von Caprivi: Ein Versuch des Grafen Ito, „dessen Vertrauen sich der Professor im ungewöhnlichen Grade zu erwerben und zu erhalten verstanden hat, ... den Genannten auch jetzt noch in Japan zurückzuhalten, ist ohne Erfolg geblieben und wird Dr. Roesler in den nächsten Tagen nach Deutschland zurückkehren. Nach

[3] Ebenda, Nr. 29745.

[4] Ebenda.

[5] Archiv Auswärtiges Amt Bonn, A Japan VII.

[6] ZSA Ministerium des Innern, Nr. 4269.

[7] Ebenda AA 29746.

allem, was ich schon von früher der über seine politische Gesinnung weiß, steht zu befürchten, daß er seine Talente in der Heimat nicht gerade in einer reichsfreundlichen Richtung verwerten wird und hätte deswegen sein längeres Verbleiben in Japan vielleicht mehr in unserem Interesse gelegen“[8].

Das konstante Mißtrauen der Gesandtschaft gegen Roesler ist um so befremdlicher, als in der wichtigsten Frage, mit der es die Gesandtschaft damals in Japan zu tun hatte, der Frage der Vertragsrevision, keine wesentliche Verschiedenheit der Auffassungen zwischen Roesler und der deutschen Gesandtschaft bestand. Die deutsche Diplomatie war der Vertragsrevision, im Gegensatz zu England, das sie lange zu verhindern suchte, im Grunde günstig gesinnt.

Daß Roesler in Wirklichkeit einen gewaltigen Einfluß zur Einführung deutscher öffentlicher Einrichtungen in Japan ausgeübt hat, dürfte sein Werk, das ich in den vorhergehenden Kapiteln geschildert habe, über allen Zweifel erheben. Es war kein Einfluß zu Gunsten der damaligen politischen Interessen des Deutschen Reiches, erst recht nicht eine Propaganda für das Deutschland, das Roesler unter der Vorherrschaft des „Preußentums“ sah. Ob Roeslers Bild des Preußentums objektiv richtig war, können wir hier dahingestellt sein lassen. Was immer aber seine Stellung zum Preußentum war, sein Werk in Japan war das Werk eines ausgesprochen deutschen Gelehrten. Es stammt aus dem Geist jenes höheren Deutschlands, an dessen Existenz Roesler glaubte, dessen Bild er sich aus dem Studium der Geschichte, aus seiner Kenntnis und Liebe der idealen Strebungen der deutschen Seele und der großen Werke der deutschen Kultur aufgebaut hatte. Genauer gesprochen: Was Roesler im Grunde in Japan erstrebt hat, war, das Bemühen der deutschen Gesellschaftswissenschaften in der 2. Hälfte des 19. Jahrhunderts, die gesellschaftlichen Probleme der Zeit nicht durch Revolution, sondern Evolution der bestehenden Sozialverhältnisse zu lösen, für den Aufbau des neuen Japans fruchtbar zu machen.

Ich verstehe hier unter „deutsche Gesellschaftswissenschaften des 19. Jahrhunderts“ neben Sozialtheorie und Sozialpolitik die Wissenschaften von der Wirtschaft und der Verwaltung, vom Staatsrecht und vom Verwaltungsrecht. All diese Wissenschaften standen in Deutschland in den sechziger und siebziger Jahren des vorigen Jahrhunderts noch in einem inneren, lebendig gepflegten Zusammenhang und wurden teilweise von denselben Gelehrten ausgebaut. Die Entwicklungslinie dieser eine Einheit bildenden Gesellschaftswissenschaften ist gekennzeichnet durch die Namen R. von Mohl, L. von Stein, O. Bähr, C. F. von Gerber, R. von Gneist, K. Rodbertus, H. Roesler, A. Wagner, G.

---

[8] Ebenda AA 29747.

Schmoller, K. Diehl, H. Pesch u. a. Sie alle in dieser großen Reihe der Entwicklung der deutschen Gesellschaftswissenschaft haben eine „konservative“ Wurzel ihrer Wissenschaft und sind doch für die neuen Gesellschaftsprobleme weit aufgeschlossen. Roesler steht mitten in dieser Entwicklungslinie, was lange unbeachtet war und erst heute wiederentdeckt wird. Sein sozial-rechtliches System, wie es in seinen Hauptwerken über die soziale Wirtschaft und das soziale Verwaltungsrecht vorliegt, war eine bedeutende Vertiefung der betreffenden Ideen Mohls, Steins und Rodbertus' und hat, wenn es auch aus dem Inhalt der gängigen wirtschafts- und rechtswissenschaftlichen Lehrbücher verschwunden ist, wenigstens auf die Entwicklung der neueren kath. Sozialtheorie, vor allem durch H. Pesch, entscheidend eingewirkt. Roesler hat die heute selbstverständliche Idee des „Sozialstaates“ vorweggenommen und die Rechts- und Verwaltungsstruktur dieses Staates tiefer konzipiert, als es viele Vertreter des Sozialstaates heute tun. Ich darf zum Beweis dieser Thesen auf die Untersuchungen von A. Rauscher und H. Roeskens verweisen.

Sein Werk in Japan war eine Anwendung und Ausweitung seiner sozial-rechtlichen Ideen auf die Aufgaben des japanischen Volkes, das den Anschluß an die vom westlichen Geiste geprägte Weltkultur suchte. Es war das Werk eines eminent deutschen Gelehrten, der das Beste der deutschen Wissenschaft dem in eine neue Zukunft aufgebrochenen Volke vermitteln wollte.

Wegen der ihm nachgesagten Preußenfeindschaft ist es wichtig zu beachten, daß in Roeslers deutschem Werk in Japan auch die preußische Tradition und preußische Staatseinrichtungen eine sehr gewichtige positive Rolle spielen. Roesler hat, mit einigen Vorbehalten, immer wieder die preußische Verfassung von 1850 als Muster der japanischen Verfassung empfohlen. Er hat der preußischen Monarchie, in der die Sorge für das Volk die erste Pflicht des Königs war, hohes Lob gespendet[9]. Aber was er an Preußen lobte und empfahl, war das „andere Preußen“[10], jenes Preußen, das sich seiner christlichen Berufung und seiner Verpflichtung gegen das christlich geprägte Deutschtum bewußt war, jenes Preußen, welches das Machtstreben Friedrichs des Gr. und Bismarcks ablehnte und welches auch durch Bismarck nicht ausgelöscht werden konnte. Und die preußischen Einrichtungen, die er den Japanern empfahl, waren ihm ein Ausdruck *dieses* preußischen Geistes. Über das Bismarcksche Preußen und das vom Geiste Bismarcks beherrschte neue deutsche Reich hat Roesler in Japan geschwiegen, soweit er konnte. Die Fragen, die ihm in Japan vorgelegt wurden, hatten in

---

[9] Siehe S. 134.

[10] Vgl. H. Schoeps, Das andere Preussen, Honnef 1957.

allgemeinen wenig mit dem von ihm bekämpften Preußentum zu tun. Die Bismarcksche Reichsverfassung von 1871, die eine Verfassung der Vereinigung der deutschen Staaten ist, wollte niemand im Einheitsstaate Japan nachahmen. Nur die vorbismarcksche preußische Verfassung von 1850 kam für eine Rezeption in Japan in Frage. Die Gründe für den Kulturkampf zwischen Bismarck und der katholischen Kirche hatten in Japan keine Parallele. Zwischen den außenpolitischen Zielen der deutschen Regierung und der Auffassung Roeslers in der Vertragsrevision bestand, wie schon bemerkt wurde, kein Gegensatz. An eine „gelbe Gefahr" (von der Wilhelm II um die Jahrhundertwende sprach) dachte damals die deutsche Diplomatie noch nicht. Es gab also in der Beratertätigkeit Roeslers wenig Gelegenheit, sich gegen Preußen und das neue deutsche Reich auszusprechen. Und Roesler hat solche Gelegenheiten nicht provoziert, und die japanischen Staatsmänner haben ihn nicht über seine Stellung zu Bismarck gefragt, obwohl sie wußten, daß er gegen Bismarck war. Ich finde in seiner ganzen 14jährigen Beratertätigkeit nur einen Fall, wo er sich gegen die Nachahmung einer neupreußischen Einrichtung wandte: sein erfolgloser Kampf gegen die Nachahmung der von Gneist inspirierten (1873 - 1883 geschaffenen) neuen preußischen Verwaltungsorganisation. Der Grund für diesen Kampf war seine Ablehnung der Gneistschen Konzeption der Kreis-, Bezirks- und Selbstverwaltung. Wenn man will, kann man diesen Kampf Roeslers „antipreußisch" nennen.

Die Vorherrschaft des deutschen Kultureinflusses in der Meijizeit

Unter Roeslers deutschem Einfluß standen direkt die Staatsmänner der Meijizeit, denen er die Einführung deutscher öffentlichen Einrichtungen empfahl. Von oben aus aber verbreitete sich dieser Einfluß auf das gesamte japanische Kulturleben. Die japanischen Kulturgeschichtler stellen eine Vorherrschaft des deutschen Kultureinflusses auf Japan für die Jahre 1882 bis zum 2. Weltkrieg fest. Sie sprechen von einer „Germanisierung" der japanischen Staatsorganisation in der Meijizeit. An der Begründung dieses Kultureinflusses hat Roesler dadurch, daß er an der Schaffung des höchsten Gesetzes Japans, der Verfassung, und anderer staatlichen Einrichtungen nach deutschem Vorbild mitwirkte, einen entschiedenen Anteil. Vielleicht kann man sogar sagen, daß es ohne seinen im Hintergrund der japanischen Regierung wirkenden Einfluß nicht zu jener förmlichen Vorherrschaft des deutschen Kultureinflusses in der Meijizeit gekommen wäre. Schon im ersten Dezennium der Meijizeit (etwa bis 1881) herrschte bei den aufgeschlossenen Japanern ein lebhaftes Interesse, von Deutschland zu lernen. Aber in dieser 1. Periode ist doch, was die Aufnahme neuer Ideen und die Nachahmung westlicher Einrichtungen angeht, der Einfluß Englands und Frankreichs vorherrschend. Anlaß und Rückhalt für die entschiedene Hinwendung zur deutschen Kultur war der Entschluß der Regierung im Jahre 1881, Verfassung und Verwaltung nach deutschem Muster zu gestalten. An dieser Entscheidung aber hat Roesler wesentlich mitgewirkt.

Seit der Studienreise Itos nach Deutschland (1882/83) steigt die Zahl der deutschen Regierungsberater, die Fachleute für Recht und Verwaltung waren, bedeutend an. Diese Männer waren von der Berliner Regierung ausgewählt und haben für die Einführung deutscher öffentlicher Einrichtungen Hervorragendes geleistet. Besonders sind hier zu nennen: Hermann Techow, der für das Unterrichtswesen tätig war und am Entwurf der Zivilprozeßordnung mitwirkte, Otto Rudorff, der die Gerichtsordnung entwarf, Karl Rudolph, der für die lokale Selbstverwaltung arbeitete, Albert Mosse, der die lokale Selbstverwaltung organisierte, Gutachten für den Verfassungsentwurf und einen Entwurf des Verwaltungsgerichtsgesetzes schrieb, Wilhelm Höhn, der das Polizeiwesen organisierte, und Jacob Meckel, der die Armee nach preußischem Muster ausbaute. Ferner wurden für Rechts-, Staats- und Wirtschaftswissenschaft deutsche Professoren an die Kaiserliche Universität in Tokyo, die damals noch die einzige Volluniversität in Japan war, berufen. (Auf dem Gebiet der Naturwissenschaften und der Medizin hatten die Deutschen schon etwas früher eine starke Position.) Der Grund, warum mehr und mehr deutsche Berater und Professoren nach Japan berufen wurden, war, daß man für die Umgestaltung des Staates nach deutschem Muster deutsche Rechts- und Staatswissenschaftler und deutsche Verwaltungsfachmänner brauchte. Den wachsenden Einfluß der Deutschen in den achtziger Jahren zeigt folgender Überblick über die in japanischen Diensten stehenden Ausländer (Techniker, Lehrer, Regierungs-Verwaltung):

	1874	1881	1887
Briten	280	80	71
Amerikaner	48	21	26
Franzosen	110	10	11
Italiener	3	6	5
Deutsche	39	32	44
Holländer	14	5	5

In den Ministerien und höheren Verwaltungsstellen gab es 1887 29 Deutsche, denen 19 Briten, 11 Amerikaner und 3 Franzosen bzw. Italiener gegenüberstanden[11].

Roesler hat durch das Ansehen, das er sich durch seine Leistungen bei der japanischen Regierung erwarb, dazu beigetragen, daß mehr und

[11] Nach amtlichen Statistiken, vgl. The Japan Weekly Mail, 1887, Aug. 6.

mehr deutsche Regierungsberater nach Japan berufen wurden. In einem Brief an seine Mutter vom 23. März 1888 schreibt er: „Ich weiß nicht, wie das Gerücht zu Dir kommt, daß ich die Deutschen nicht begünstige. Ich habe hier nichts zu begünstigen. Ich thue einfach meine Arbeit und gebe meinen Rat. *Ohne meinen Einfluß wären diese Deutschen überhaupt nicht hierhin gekommen*“ (Hervorhebung v. Verfasser)[12]. Das war gewiß keine Übertreibung Roeslers, dem alles Sichrühmen fernlag. Auch Roeslers Persönlichkeit, in der sich die echt deutschen Tugenden der Pflichttreue, Gründlichkeit und Gelehrsamkeit verkörperten, hat die Neigung der japanischen Regierungsmänner, Deutsche in Staat und Wissenschaft in ihren Dienst zu stellen, verstärkt.

Roesler und der Verein für die deutschen Wissenschaften

Roesler hat aber auch unmittelbar für die Verbreitung der deutschen Wissenschaft in Japan gewirkt. Die Freunde der deutschen Wissenschaft sammelten sich damals im „Verein für die deutschen Wissenschaften“ (Doitsugaku kyokai), und dieser unterhielt eine Akademie, die „Vereinsschule deutscher Wissenschaften“ (Doitsugaku Kyokai gakuin). Diese beiden Organe haben für die Verbreitung der deutschen Wissenschaft und besonders für die Kenntnis des deutschen Staatsrechts unter den Japanern sehr Bedeutendes geleistet. (Es gibt leider noch keine wissenschaftliche Darstellung ihrer Wirksamkeit.) An der Gründung und Entwicklung des Vereins für die deutschen Wissenschaften war Roesler entscheidend beteiligt. Seine Gründer und Hauptträger waren die Männer aus den Regierungskreisen, mit denen Roesler in enger Verbindung stand: Prinz Kitashirakawa, Aritomo Yamagata, Yajiro Shinagawa u. a. Roesler hat im Verein für die deutschen Wissenschaften Vorträge gehalten und in dessen Verlag einige kleinere Schriften veröffentlicht. Sie sind nur in japanischer Übersetzung erhalten und behandeln folgende Fragen:

1. In „Der Wert der deutschen Wissenschaft für den Staat“ (1883) schildert er die positive Einstellung der deutschen Wissenschaft zum Staat im Gegensatz zu den revolutionären Tendenzen der englischen und französischen Aufklärungswissenschaft.

2. „Über die französische Revolution“ (1884)

Als Beweggrund zur Veröffentlichung dieser Schrift gibt er an, „daß es heute auch in Japan dringende Pflicht ist, ein so verderbliches Gift wie die Ideen der französischen Revolution mit allen Kräften abzuwehren“. Die französische Revolution ist ihm ein Verbrechen und ein Unglück. Sie war ein Ausbruch der niedrigsten Leidenschaften. Ihr Hauptgrund war nicht die Mißwirtschaft und die Entartung des Ancienne Regime, sondern „die fal-

[12] Brief in der Bibliothek der Sophia University, Tokyo.

schen ethischen Lehren, die damals das französische Volk in die Irre führten, sowie der Niedergang der Moral. Schuld an dieser moralischen Entartung war nicht das Königshaus, sondern die Bücher, die damals allgemein in Frankreich in Mode waren, die Bücher eines Rouesseau, Voltaire, Diderot, Helvetius usw. ... Die Ideen und Schriften dieser Männer zerstörten die nationale Sitte und das sittliche Empfinden, sie untergruben Recht und Sitte, auf denen die Erhaltung der staatlichen Ordnung beruht, und verhöhnten Religion, Tugend, staatliches Gesetz, Eigentumsrecht usw. Mit einem Wort, sie suchen alle Grundlagen der menschlichen Gesellschaft zu stürzen". Roesler führt dann aus, in welche Gefahr sich Staaten befinden, die unter dem Einfluß solcher Ideen stehen. „Diese Richtung fordert eine nie zu verwirklichende unbeschränkte Freiheit. ... Es gibt das Recht der Revolution. Diese Einstellung ist für Volk und Regierung höchst gefährlich. Nach dieser Lehre kann die staatliche Ordnung, was den Träger und die Ausübung der Staatsgewalt angeht, jederzeit umgestürzt und der rechtlich anerkannte Träger der Staatsgewalt beseitigt werden." In dieser Kritik kommen die politischen Ideen, die auch die Grundlage der Verfassungslehre Roeslers bilden, gut zum Ausdruck. Zu beachten ist aber, daß Roesler das Recht zur Revolution nur insofern ablehnt, als es keinen sittlichen Grund zur Revolution gibt. Das Jahr 1884 ist die Zeit, wo Roeslers Mithilfe zum Verfassungsentwurf mehr und mehr in Anspruch genommen wurde. Wenn man diesen kleinen Artikel im Zusammenhang mit seinen Gutachten zur Verfassung betrachtet, erscheint er von nicht geringer Bedeutung.

3. „Leitfaden für die deutsche Wissenschaft" (1889)

Dieser Artikel verfolgt einen politisch-pädagogischen Zweck. Er will das in Japan erwachte Interesse für das staatspolitische Schrifttum in bestimmte Bahnen lenken. Durch Charakterisierung der bedeutenderen deutschen staatspolitischen Schriften will Roesler dem wahllosen Lesen und Übersetzen solcher Schriften und besonders der Verwirrung der Geister durch radikale Schriften vorbeugen und auf wertvolle Schriften hinweisen. „Solange ich in diesem Lande weile, ist es mein dringender Wunsch, der Verwirrung der Geister durch radikale und einseitige Bücher vorzubeugen." Zu diesem Zweck werden die Hauptrichtungen der Staats- und Wirtschaftswissenschaften in Deutschland in ihren grundlegenden Ideen kurz dargelegt und das repräsentative Schrifttum der betreffenden Richtung angegeben. Bei den Staatswissenschaften unterscheidet Roesler folgende Richtungen:

1. Die positiv-autoritäre Richtung. Als Vertreter dieser Richtung werden Schriften von Haller, Ancillon, von Radowitz, Zachariä, Leo, Frantz angeführt.

2. Die religiös-politische Richtung. Hier werden Schriften von Müller, Stahl, Walter u. a. genannt.

3. Die bürgerliche Richtung. Das ist die Richtung, die besonders die politischen Ideale des Mittelstandes, d. h. Garantierung der Rechte des Individuums in einem „Rechtsstaate" vertritt. Aufgezählt werden Bücher von Rotteck, Welcker, Schmied, Dahlmann, Waitz, Mohl, Beer, Gneist, Gerber, Bluntschli und Ortzendorff.

4. Die philosophisch-rationale Richtung, vertreten durch Kant, Fichte, Hegel, Ahrens u. a.

5. Die radikale Richtung, die revolutionäre Grundsätze vertritt. In Deutschland ist sie ohne bedeutende Anhänger.

In der Nationalökonomie unterscheidet Roesler folgende Richtungen:

1. Die naturgesetzlich-negative Richtung. Das ist der individualistische Liberalismus, wie er sich im Manchestertum ausprägt. Als Gegner dieser Richtung werden genannt Roscher und Rau.

2. Die politisch-positive Richtung. Sie betont die Verwurzelung der Wirtschaft im gesellschaftlichen Leben und in ethischen Prinzipien. Für diese Richtung werden Veröffentlichungen von Adam Müller, List, Stein, Roesler und Wagner angeführt.

3. Die radikal-sozialistische Richtung wie K. Marx.

In dem Beileidsschreiben, das Yajiro Shinagawa (früher Minister des Inneren) als Präsident des Vereins für die deutschen Wissenschaften und Hiroyuki Kato (erster Rektor der Kaiserlichen Universität Tokyo) zum Tode Roeslers an seine Witwe sandten, heißt es: „Herr Ministerialrat Dr. Roesler hat sich durch die bedeutenden Leistungen, die wir seinen seltenen wissenschaftlichen Fähigkeiten sowie seiner unermüdlichen Pflichttreue verdanken, insbesondere durch seine Verdienste um die Reorganisation unserer Gesetzgebung, den höchsten Anspruch auf die dauernde Anerkennung und Dankbarkeit unseres Landes erworben. Ganz besonders bei dem „Verein für deutsche Wissenschaften“ wird das Andenken des Verewigten, der der von diesem Verein begründeten „Vereinsschule deutscher Wissenschaften“ eine so rege, tätige Teilnahme entgegenbrachte und ihr mit seinem Rat so oft zur Seite stand, immerdar in hohen Ehren bleiben. Ebenso werden die ehemaligen Schüler dieser Anstalt seiner stets mit tiefer, treuer Dankbarkeit gedenken[13].“

Das Weiterleben des Geistes Roeslers in der japanischen Führerschicht

Roesler hat nicht nur die Machthaber um die Mitte der Meijizeit, sondern auch die nachfolgende Generation der konservativen politischen Führer Japans, die bis etwa 1930 reicht, beeinflußt. Die meisten Nachfolger der großen Führer der Meijizeit waren zur Zeit Roeslers in untergeordneten Stellungen der Regierung, als Ministerialbeamte oder Sekretäre der großen Männer tätig. Um nur einige zu nennen, die später auf die höchsten Posten der Regierung aufrückten: Kencho Suematsu[14], Miyoji Ito[15], Kentaro Kaneko[16], Kitokuro Ichiki[17], Nobuaki

---

[13] Brief, ebenda.

[14] 1855 - 1920. Leiter des Gesetzgebungsbüros im 2. und 3. Ito-Kabinett. Postminister. Mitglied des Geheimen Staatsrats.

[15] 1857 - 1934. Talentvoller Helfer Hirobumi Ito's bei der Abfassung der Meiji-Verfassung. Chefsekretär des Kabinetts. Minister für Handel und Landwirtschaft. Mitglied des Geheimen Staatsrats.

[16] 1856 - 1942. Sekretär Ito's, an der Abfassung der Meiji-Verfassung beteiligt. Minister für Handel und Landwirtschaft. Mitglied des Geheimen Staatsrats.

Makino[18] u. a. Sie haben Roesler gut gekannt, haben, etwa durch Übersetzung seiner Gutachten, mit ihm zusammengearbeitet und dabei etwas von seinem Geiste erfahren.

Insbesondere der Geheime Staatsrat hat bis in seine letzten Jahre (abgeschafft 1947) einen Kern von Männern enthalten, die in ihren jungen Jahren direkt oder indirekt unter dem Einfluß Roeslers gekommen waren. Die oben genannten Männer sind dafür ein Beispiel. Der Geheime Staatsrat war der Hüter der Verfassung. Zu seinen Mitgliedern wurden mit Vorzug diejenigen berufen, welche die Anfänge der konstitutionellen Regierung im aktiven Dienst miterlebt hatten und den originalen Geist der Verfassung vertraten. Der Geheime Staatsrat war in seinem Kern immer eine Vertretung des konservativen Konstitutionalismus. Daß er sich in den Jahren vor dem 2. Weltkrieg, als die totalitären Showa-Reformisten die Verfassung außer Kraft zu setzen strebten, im Großen und Ganzen als ein treuer Hort der Verfassung erwies, lag am Einfluß jener Männer, die sich noch etwas vom ursprünglichen Geist der Verfassung, den sie in der Schule Roeslers kennengelernt hatten, bewahrt hatten.

---

[17] 1867 - 1944. Professor des Rechts an der Universität Tokyo. Leiter des Gesetzgebungsbüros, Unterrichtsminister. Mitglied des Geheimen Staatsrats. Minister des Kaiserlichen Haushalts. Vorsitzender des Geheimen Staatsrats.

[18] 1861 - 1949. Sohn von Toshimitsu Okubo. Minister für Handel und Landwirtschaft und Außenminister. Vertrat Japan auf der Pariser Friedenskonferenz. Mitglied des Geheimen Staatsrats. Minister des Kaiserlichen Haushalts. Großsiegelbewahrer. Setzte die vorsichtige Politik des letzten Genro's Kimochi Saionji fort und wurde das Ziel der Angriffe der radikalen Showa-Reformisten.

Fünftes Kapitel

Roeslers persönliches Leben

Roeslers Werk für die Neugestaltung Japans wuchs aus der tiefen Überzeugung, daß Gott ihm eine besondere Mission für Japan anvertraut habe. Äußeres Werk und innere Gesinnung bilden in seinem Leben eine seltene Einheit. Ein Einblick in seine innere Persönlichkeit und sein persönliches Leben dürfte das Verständnis seiner Wirksamkeit in Japan wesentlich ergänzen.

Roesler hat auf alle, die mit ihm zu tun hatten, den Eindruck eines ungewöhnlichen Charakters gemacht[1]. Man merkte, daß hier ein Mann war, der sein Leben ganz in den Dienst hoher Gedanken und Ideale gestellt hatte und der mit unbeugsamer Festigkeit dem nachstrebte, was er als richtig erkannt hatte. Er schien manchmal eigenwillig und die Welt nicht kennend oder verachtend. Aber die, welche ihn näher kannten, verehrten den reinen Edelmut, aus dem sein Verhalten und seine Taten hervorgingen. Die japanischen Regierungsmänner haben Roesler nicht nur wegen seiner Gelehrsamkeit und Leistungen hochgeschätzt. Es war nicht minder sein edler, lauterer und fester Charakter, der sie beeindruckte. Seine Leistungen und sein Charakter haben das Vertrauensverhältnis begründet, das ihn mit den bedeutendsten Staatsmännern der Periode verband. Ich habe dargetan, daß durchaus nicht alle seine Vorschläge von der Regierung angenommen wurden. Aber das störte das innere Vertrauen, das die Besten ihm schenkten, nicht. Man wußte, daß er sachkundig und lauter allein das Wohl Japans erstrebte, und darum wurde er immer wieder zur engsten Mitarbeit an den wichtigsten Staatsgeschäften herangezogen.

Roesler hatte eine große Liebe zu Japan. Die Japaner waren ihm ein Volk der Zukunft, das bestimmt war, seinen Platz unter den Großmächten der Erde einzunehmen. Es war als ob er, der sich aus Gewissensgründen von seinem angestammten Vaterland distanzierte, in Japan sein zweites Vaterland gefunden habe. Sein scharfes kritisches Vermögen in wirtschaftlichen und politischen Fragen hat er in Japan nicht ausgeschaltet. Aber von der Animosität, von der er gegen seine deut-

---

[1] Dieses Kapitel beruht hauptsächlich auf den Erinnerungen der Tochter.

schen wissenschaftlichen und politischen Gegner nicht frei ist, ist gegen Japaner, die verschieden von ihm dachten, nichts zu merken.

Roesler wollte die traditionelle japanische Kultur, wo immer es die notwendige Anpassung an die moderne Weltkultur erlaubte, erhalten haben. Er schätzte das aus dem Konfuzianismus seine Kraft schöpfende japanische Familiensystem. Er trat ein für die Erhaltung der traditionellen Sitten im Familien- und geselligen Leben. Er war ein entschiedener Gegner gegen die Verwestlichung der japanischen Geselligkeitsformen, wie sie von Hirobumi Ito und Kaoru Inoue in den achtziger Jahren gefördert wurde. Besonders die Institution des japanischen Kaisertums war ihm etwas Einzigartiges, das auch für die Zukunft lebensträchtig war, wenn er auch der Propaganda ihrer mythologischen Grundlagen nicht zustimmte.

Einzigartig in der Geschichte der kulturellen Beziehungen Japans zum Westen ist die jahrelange enge Zusammenarbeit zwischen Roesler und Kowashi Inoue. Beide brachten für diese Zusammenarbeit die erforderlichen Charaktereigenschaften mit: umfassendes Wissen, Weitblick und Aufgeschlossenheit, ein leidenschaftsloses Urteil und vor allem absolute Selbstlosigkeit, d. h. den unbedingten Willen, ohne jede Nebenabsicht allein nach bestem Wissen und Gewissen der großen Aufgabe zu dienen. Hier trafen sich zwei Männer, die, getragen von der Idee des Rechts und der Liebe zu Japan, ihre hohen Gaben in den Dienst eines Volkes stellen wollten, das sich eben anschickte, in die Weltgeschichte einzutreten. Darum wurde diese Zusammenarbeit auch nicht gestört, wenn sich gelegentlich Meinungsverschiedenheiten ergaben und einer mit seiner Ansicht nicht durchdrang. Für Roesler war die Arbeit an der Neugestaltung des japanischen Rechts innerste Gewissensangelegenheit, ja ein heiliger Dienst, zu dem er sich von Gott berufen und für den er sich vor Gott verantwortlich fühlte.

Der hervorstechendste Zug seines Wesens war seine Bindung an die Wahrheit. Roeslers ganzer Lebenslauf ist bestimmt von dem Verlangen, der Wahrheit zu dienen. Er erwählte die akademische Laufbahn als Weg zur Erforschung der Wahrheit. Seine Gegnerschaft gegen den Smithianismus entsprang dem Willen, die in diesem System unterdrückten Wahrheiten ans Licht zu bringen. Das isolierte ihn von seinen Fachgenossen. Sein Wahrheitswille machte ihn zu einem Gegner des Preußentums, und er stellte sich mutig der herrschenden Staatsideologie entgegen. Sein Ringen um die Wahrheit führte ihn zum Katholizismus. Der dadurch herbeigeführte Bruch mit seiner Familie und Verlust seiner Professorenstellung schreckten ihn nicht ab, der erkannten Wahrheit zu folgen. Sein Wahrheitswille brachte ihn in Konflikt mit den herrschenden Tagesmeinungen und machte ihn einsam in seinem Berufskreis und in der Gesellschaft. In Japan gab er seine Ratschläge allein nach dem, was er als richtig erkannte, ohne Rücksicht darauf, ob sie gefielen oder nicht. Seine Bindung an die Wahrheit war die Quelle seiner Unabhängigkeit und Kompromißlosigkeit.

Sein unbedingter Wille zur Wahrheit ist auch die Quelle seiner Fehler, seiner Schärfe in der Polemik gegen seine Gegner und seiner Überempfindlichkeit gegen Kritik seiner Einsichten. Aber diese Fehler sind entschuldbar: Er hatte durch gewissenhafteste Forschung in seinem „sozialen Recht“ etwas wirklich Neues und Zukunftsträchtiges entdeckt, und er konnte mit Recht in dem Mißverständnis seiner Ideen einen Mangel an Objektivität bei den Wissenschaftlern erblicken, die von seinen Ideen eine Erschütterung ihres Ansehens befürchteten. Und die „Konspiration des Schweigens“, die er bei seinen Gegnern fühlte, war kein Hirngespinst. Es war zum Schluß sein hoher sittlicher Mut, daß er seine in ernster wissenschaftlicher Forschung gewonnenen Überzeugungen so klar und kompromißlos aussprach.

Der innere Quellgrund von Roeslers Wesen war eine lebendige Religiösität, die er vom Elternhaus her empfangen und durch sein eigenes Ringen um die Wahrheit vertieft hatte. Ohne daß er viel Worte über die Religion machte, merkten die, welche mit ihm zu tun hatten, daß er einen Stand über der Welt hatte. Er war als Katholik bekannt und besuchte regelmäßig den Sonntagsgottesdienst in der katholischen Hauptkirche in Tsukuji. Das katholische Bekenntnis dieses hochangesehenen Mannes hat ohne Zweifel das Ansehen der katholischen Religion, die bei den gebildeten Japanern der damaligen Zeit als abergläubische Volksreligion und dem fortschrittlichen Protestantismus unterlegen galt, gefördert.

Religion war für Roesler nicht etwas rein Innerliches und Transzendentes. Er verwirklichte die christliche Identität von Gottesdienst und Menschendienst. Sein Verhältnis zu andern war der Ausfluß seiner inneren Religiösität. Er begegnete Außenstehenden mit großer Achtung und einer auffallenden Höflichkeit. Die Überzeugung anderer respektierte er stets, auch die religiöse Überzeugung, die von seiner abwich. Sein Wille zur Klarheit in den Prinzipien machten ihn nicht persönlich intolerant gegen Andersdenkende. Kleinlicher Fanatismus lag seinem edlen Wesen ganz fern. Shintoismus und Buddhismus waren für ihn Religionen, die Achtung verlangten und erst recht jede Bedrückung verboten.

Roesler war seinem Charakter nach ein Introvert. Er war ganz Wissenschaftler, der in den Fragen seiner Staatswissenschaft und seines Berateramtes aufging. Ein tiefes Pflichtbewußtsein, das aus dem Bewußtsein seiner persönlichen Lebensmission stammte, beherrschte sein Leben. In dem japanischen Nachruf auf ihn heißt es:

„Roeslers Arbeitseifer in der Erledigung seiner Amtspflichten erfüllte alle, die mit ihm zu tun hatten, mit Bewunderung. Außer in Amtsgeschäften machte er keine Besuche in den Häusern der führenden Persönlichkeiten. Es kam deswegen das Gerede auf, daß er ein Sonderling sei. So etwas ist aber bei einem Gelehrten, besonders einem deutschen Professor, nicht erstaunlich. Es zeigt seine Art, daß er im Amtsgebäude ein eigenes Zimmer hatte und auch mit seinen Amtsgenossen in Geschäften nur schriftlich verkehrte[2].“

Roesler wohnte mit seiner Familie, seiner Gemahlin und drei Kindern, in einem von der Regierung zugewiesenen Haus nicht weit vom Regierungsviertel auf dem Hügel „Reinanzaka“ (hinter der heutigen amerikanischen Botschaft, gegenüber der damals gebauten Reinanzaka-Kirche). Seine Lebensweise war schlicht und einfach. Luxus und Gepränge waren ihm fremd. Er machte kein großes Haus, gab keine Empfänge und machte nur Besuche, wenn die Pflicht es gebot. Darin unterschied er sich sehr von den andern Europäern und Amerikanern in Tokyo, die durchweg ein aufwandreiches gesellschaftliches Leben pflegten. Ein Grund seiner Sparsamkeit scheint gewesen zu sein, daß er, der von Haus ganz vermögenslos war, für seine Kinder ein Kapital ansammeln wollte, mit dem sie im Leben starten konnten.

Sein Familienleben war von den hohen Idealen geleitet, die ihn und seine Gattin beseelten. Seine Kinder waren noch klein. Marian war 1872, Alex 1875, Elisabeth 1879 in Tokyo geboren. Seine Gemahlin Agnes Martha, aus dem englisch-irischen Adelsgeschlecht der Turnour, war eine Frau von seltener Güte, Einfalt und Vornehmheit des Charakters. Sie unterrichtete die Kinder selbst in den Elementarfächern, Fremdsprachen und Musik. Die Erziehung des Vaters war herb und streng, aber die Kinder hingen an ihm mit wahrer Verehrung. Die Tochter Elisabeth berichtet über den Geist des Familienlebens:

„In unserer Familie herrschte ein wunderbarer Geist der Ordnung und Pünktlichkeit. Es war eine ganz auffallende Atmosphäre der Gehobenheit, Reinheit und Würde in unserem Heim, das ich anderswo nie mehr fand. Meine Mutter war die Seele des Heims, und all' dies, was es kennzeichnete, strömte von ihr aus. Meine Mutter hatte eine sehr große Liebe und Anhänglichkeit für Japan und die Japaner. Die Dienstboten verehrten sie fast abgöttisch. Sie besaß eben alle jene Eigenschaften, die eine vornehme Japanerin charakterisieren: Würde, Sanftmut, Beherrschtheit, Vornehmheit der Bewegungen, der Haltung, der Rede, vor allem aber der Gesinnung.“

Die Kinder mußten für ihre höhere Ausbildung nach Europa. Im Juni 1884 verließen ihn die beiden ältesten, um auf österreichischen Schulen ausgebildet zu werden.

In dem ersten Nachruf auf ihn heißt es: „Er besaß eine großmütige Opferwilligkeit, und man darf es jetzt nach seinem Tode wohl sagen,

---

[2] Zeitschrift Taiyo, Tokyo, März 1895.

daß er viel und gern zu religiösen und wohltätigen Zwecken schenkte. Wir führen das um so mehr an, als er mitunter gerade von den Deutschen in Japan wegen seiner großen Einfachheit in seinem ganzen Äußeren und seines bescheidenen Auftreten für karg ausgegeben wurde." Wer sich in der Not an ihn wandte, wurde nicht zurückgewiesen. Bei der Teuerung im Jahre 1889 ließ er in dem benachbarten Armenviertel Tanamachi Geld für Reis verteilen. Seine Frau besuchte arme Familien und brachte ihnen Kleidungsstücke. Im damaligen noch heidnischen und feudalen Japan war es gewiß etwas Außergewöhnliches, daß ein Hochstehender die Hütten der Armen besuchte.

Ganz beträchtliche Summen hat Roesler für die katholische Mission und die von ihr unterhaltenen karitativen Einrichtungen ausgegeben. Es war weit mehr als „der Zehnte", was er gab. Die Missionare und Schwestern wandten sich häufig um Almosen an ihn, und sie wurden nie abgewiesen. Besonders für das Aussätzigenheim, das Pêre Testevuide in Gotemba errichtet hatte und damals von Père Vigroux geleitet wurde, gab er eine große Summe. Er war auch sonst stets bemüht, der katholischen Mission innerhalb und außerhalb seines Amtes zu helfen. Er benutzte sein Ansehen bei den Behörden, um den ausländischen katholischen Missionaren, deren Aktionsfreiheit über die Vertragshäfen hinaus damals noch sehr beschränkt war, Zugeständnisse und Privilegien zu erwirken.

Die Träger der katholischen Mission in Japan, Priester, Ordensbrüder und Schwestern, waren damals ausschließlich Franzosen, und zwar nationalbewußte Franzosen. Es verletzte das Empfinden Roeslers, daß sie auch als Missionare ihr Vaterland und den Katholizismus allzusehr verquickten. Für sie war Frankreich die erste Tochter der Kirche, und sie neigten dazu, französische Formen des katholischen Glaubens allein als echt katholisch anzusehen. Ihre Mission galt beim japanischen Volk als die „französische Mission". Sie pflegten an Feiertagen auf ihren Kirchen die Trikolore zu hissen. Für den Deutschen Roesler hatten sie gefühlsmäßig eher Abneigung als Sympathie. Roesler betrachtete den engen, wenn auch gutgläubigen Nationalismus der französischen Glaubensboten als ein Hemmnis für die universale Ausbreitung des Katholizismus, und er hat in seiner geraden Art seine Kritik nicht verschwiegen. Aber sein grundsätzliches und praktisches Wohlwollen gegen die katholische Mission wurde durch diesen Nationalismus der Missionare nicht gehemmt. Und die bedeutendsten unter ihnen, wie den Bischof Berlioz von Hakodate, den Père Rey — später Bischof der Diözese Tokyo —, den Père Vigroux u. a. konnte er sich zu aufrichtigen Freunden machen.

Während Roesler bei den Männern der japanischen Regierung im hohen Ansehen stand, hatte er unter den Europäern in Tokyo, ausgenommen die Missionare, kaum Freunde. Er lebte zurückgezogen und hatte keinen Verkehr mit seinen deutschen Landsleuten, die meist begeisterte Bismarckanhänger waren. Nur wenige wußten etwas Näheres über seinen Einfluß in der Regierung, Roesler selbst sprach nie davon, das Amtsgeheimnis wahrte er aufs gewissenhafteste. Man wußte, daß er ein Rechtsberater der Regierung war, ein früherer Universitätsprofessor, auch, daß er ein Gegner Bismarcks war. In den Augen der Europäer und Amerikaner war Roesler eine mysteriöse, aszetische Gestalt, dessen Tun man etwas absonderlich fand. Seine Treue zur katholischen Religion wurde von liberal-antikirchlich gesinnten Landsleuten verachtet und war für die Kulturkampfanhänger ein Grund des Mißtrauens. Die anderen ausländischen Regierungsberater beneideten ihn um seine einzigartige Vertrauensstellung in der Regierung und merkten hin und wieder seinen Widerstand gegen ihre Vorschläge. Mitglieder der ausländischen Legationen nahmen es ihm übel, daß er besonders in der Frage der Vertragsrevision Ratschläge gab, die ihrer Politik entgegen waren. Nur mit den diplomatischen Vertretern Österreich-Ungarns, Zalecki und von Biegeleben, scheint er freundlichen Verkehr gehabt zu haben. Roesler stand im Grunde unter den Ausländern in Tokyo allein. Es erschütterte ihn nicht in dem Bewußtsein, daß sein Gewissen ihn richtig führte.

Roesler hat während der ganzen 14 Jahre seines Wirkens in Japan eine Sehnsucht nach der Heimat und den Willen, nach Deutschland zurückzukehren, gehegt. Der Dienst für die Regierung befriedigte ihn. Er konnte sich sagen, daß er in Japan Nützliches, ja Großes zum Wohle des japanischen Volkes wirkte. Er ertrug es mit Gelassenheit, daß einege seiner Vorschläge, auch solche, die ihm viel Arbeit gekostet hatten, wie der größere Teil seines Entwurfes des Handelsrechts, nicht angenommen wurden. Aber Roesler war ein Deutscher, der tief in der Kultur seines Volkes verwurzelt war. Er wußte auch, daß sein Werk für die Entwicklung und Anerkennung des „sozialen Rechts“ in Deutschland nur ein Anfang gewesen war, der weitergeführt werden mußte und ohne seinen weiteren persönlichen Einsatz in Gefahr stand, verschüttet zu werden. Er gab sich keinen Illusionen darüber hin, daß es schwierig und zwecklos sein würde, in die Universitätslaufbahn zurückzukehren. Er dachte wohl an eine Wirksamkeit als Schriftsteller, der von der hohen Warte der Wissenschaft aus seinen Beitrag zur Klärung der aktuellen wirtschaftlichen, sozialen und politischen Probleme des neuen Deutschland leisten würde. Besonders das Verlangen, mit seinen Kindern zusammenzuleben und ihre Weiterbildung, die in Japan unmöglich war, zu leiten, rief ihn nach Europa zurück. Sein Werk für Japan durfte er mit der Verkündung der Verfassung und der Einführung der konstitutionellen Einrichtungen im Wesentlichen als vollendet betrachten. So war Roesler entschlossen, nach Erfüllung seines Ende 1890 ablaufenden Vertrages nach Deutschland oder ein anderes deutschsprechendes Land zurückzukehren.

Aber die Japanische Regierung wollte ihn nicht ziehen lassen. Nur schweren Herzens willigte er in eine weitere Verlängerung seines Dienstverhältnisses bis Ende März 1893 ein[3]. Es bedeutete für ihn die Trennung von seiner Gemahlin und seiner jüngsten Tochter, die noch in Tokyo bei ihm waren. Die jüngste Tochter, die bereits 12 Jahre alt war, mußte auf eine höhere Schule in Europa. Er willigte in die Verlängerung seines Vertrages ein aus Liebe für Japan und aus Liebe zu seinen Kindern. Er sah wohl ein, daß die japanische Regierung seinen Rat in den ungefestigten Anfängen des konstitutionellen Lebens noch gewiß brauchen könne. Und er wollte das Kapital für seine Kinder, das er aus seinem Gehalt ersparte, noch erhöhen. Im Herbst 1891 fuhr sein letztes Kind in Begleitung der Mutter ab. Roesler blieb allein und einsam zurück.

Als Roesler endlich im März 1893 aus seiner Stellung schied, war seine Gesundheit angegriffen. Der Abschied, den man ihm bereitete, war herzlich. Die Höchsten bis hinauf zum Kaiser bezeugten ihm ihre Verehrung. Beim Abschiedsbankett, das der Ministerpräsident Ito für ihn veranstaltete, waren die Großen der Meijizeit, die seinem Rat besonders viel verdankten, Ito, Yamagata und Kowashi Inoue u. a., die Abteilungschefs und Sekretäre des Kabinetts und des Geheimen Staatsrat, die Tag für Tag mit ihm zusammengearbeitet hatten, versammelt. Kowashi Inoue, jetzt Unterrichtsminister, und Kentaro Kaneko, jetzt erster Kabinettsekretär, beide aus der kleinen Kommission, die ehemals die Verfassung ausgearbeitet hatte, hielten die eigentlichen Abschiedsreden. Inoue hob besonders Roeslers Verdienst um den Aufbau der konstitutionellen Regierung hervor und gab der Hoffnung Ausdruck, daß er auch von seiner Heimat aus am weiteren Ausbau mithelfen würde. Richter Motoo übersetzte diese Ausführungen sofort ins Deutsche. Kaneko sprach auf Englisch. Gneist, Stein und Roesler seien die Männer, die um die Einführung der konstitutionellen Regierung in Japan großes Verdienst hätten. Stein sei bereits tot, Gneist noch nie in Japan gewesen. Nur Roesler habe von der Zeit an, wo im Jahre 1877 zum ersten Male die Ken- und Fu-Präfekten sich versammelten, in Japan geweilt, habe die wirklichen Vorgänge miterlebt und sei mit der

[3] JR 115, Anm. 25. — Roesler war unmittelbar dem Ministerpräsidenten unterstellt. Sein Gehalt betrug monatlich 1300 Yen. Der deutsche Gesandte in Tokyo schrieb nach Berlin, er habe gehört, daß der Verlängerungsvertrag nur abgeschlossen wurde, um die Beraterstelle im Etat aufrecht zu erhalten. Roesler habe zurückkehren wollen, sobald er einen Nachfolger gefunden habe. (Zentrales Staatsarchiv, Potsdam A A 29746). Roesler bemühte sich um einen Nachfolger, fand aber keinen geeigneten.

Wandlung dieser Jahre vertraut. Er habe eine Stelle innegehabt, in der er seine ganze Kraft aufs beste für Japan einsetzen konnte. Roesler verband in seiner Erwiderung mit dem Dank für das Wohlwollen, das man ihm während all der Jahre entgegengebracht hatte, eine Bitte um Entschuldigung seiner Fehler[4]. Bei der Abschiedsaudienz drückte ihm der Kaiser mit besonders herzlichen Worten seinen Dank aus und ließ ihm ein Paar mit dem kaiserlichen Wappen geschmückten großen Blumenvasen und 500 Yen als Geschenk überreichen[5]. Anfang April 1893 verließ Roesler Japan.

Roesler hatte beschlossen, sich in Österreich, für das er schon lange Sympathien hatte, anzusiedeln. Das Deutsche Reich, das Bismarck umgeschaffen hatte, war für ihn keine Heimat mehr. Er mußte sich dort mit seinen politischen Anschauungen fremd fühlen. Er wollte den Rest seiner Lebenskraft seiner Familie und der Förderung seiner sozialpolitischen Ideen widmen. Der Tod machte allen seinen Plänen bald ein Ende.

Noch im Jahre 1893 veröffentlichte Roesler bei einem schweizerischen Verlag anonym die Schrift „Die Deutsche Nation und das Preußentum", die er schon in Tokyo verfaßt hatte. In ihr stellt er in einem weiten geschichtlichen Überblick und mit überscharfer Kritik die preußische Politik der letzten Jahrhunderte dar: sie ist ihm eine ständige Bekämpfung und Vereitelung des wahren, christlichen Berufs der deutschen Nation im Verfolg eines ungehemmten Machtstrebens. Gegner des Preußentums können in dieser Schrift eine Vertiefung ihres Standpunktes finden. Aber sie macht einseitig das „Preußentum" für die Übel der Zeit verantwortlich und zeigt keinen gangbaren Weg, diese Übel wirklich zu überwinden. Sie ist im Grunde ein Glaubensbekenntnis zur sittlich-christlichen Mission des deutschen Volkes. Ihre Geschichtstheologie ist Glaube, nicht Wissenschaft[6].

Die Wiedervereinigung der Familie, auf die Roesler sich in Tokyo so sehr gefreut hatte, dauerte nur einige Wochen. Kurz nachdem er bei Bregenz am Bodensee ein Haus gemietet hatte, verließen ihn seine beiden ältesten Kinder. Sie traten in den Ordensstand, Alex bei den Jesuiten, Marian bei den Sacré Coeur-Schwestern. Der Verlust traf den Vater schwer, aber er gab in christlicher Ergebung seine Einwilligung. Eine stille Melancholie ergriff das Gemüt des willensstarken Mannes. Seine Gesundheit verschlechterte sich mehr und mehr. Man stellte ein unheilbares Leiden, Dickdarmkrebs, fest. Als man ihm nahelegte, das mildere Klima der Riviera aufzusuchen, lehnte Roesler ab:

---

[4] Nach Totyo Nichi nichi shimbun, Nr. 6429, 3. März 1893.

[5] Nach den Audienzprotokollen des Kaiserlichen Haushalts.

[6] Vgl. Rauscher, 147 ff.

„Wenn ich schon bald sterben muß, will ich auf deutschem Boden sterben.“ Er begab sich nach Südtirol, nach Schloß Campil in der Nähe von Bozen, das er zu kaufen gedachte. Hier ist er am 2. Dezember 1894 einen wahrhaft christlichen Tod gestorben.

Die Tochter berichtet über die letzten Tage und das Ende:

Das einzige, was ihn in diesen letzten Wochen noch intensiv beschäftigte, war der Feldzug der Japaner gegen China. Er ließ sich täglich die Zeitungsberichte über den Feldzug geben, erkundigte sich immer wieder nach den neuesten Meldungen und freute sich sichtlich über die großen Siege, die seine tapferen Japaner erfochten. „Ich habe mich in ihnen nicht getäuscht“ äußerte er. Das war seine letzte Freude auf dieser Erde!

Trotz der unerhörten Schmerzen, die er zu erdulden hatte, wollte er bis zuletzt aufbleiben. So stand er noch wenige Tage vor seinem Hinscheiden am Flügelfenster seines Wohnzimmers und sah in die herbstliche Landschaft hinaus. Da hob er die Augen auf die umliegenden Berge, — gerade vor seinem Fenster breitet sich das Massiv des Guntscha-Berges aus, auf dessen Gipfel, mitten in Fichten- und Lerchenwäldern, das Dorf St. Genesio liegt; und die Nadelwälder dort oben betrachtend, sagte er wehmütig: „Wenn ich nur da hinauf könnte!“ Der deutsche Wald war diesem Sohn des Fichtelgebirges immer eine ganz besondere Anziehung geblieben.

Er wußte, daß es mit ihm langsam zum Ende gehe. In der Nacht vom ersten zum zweiten Dezember befiel ihn eine heftige Atemnot. Schnell schickte meine Mutter zum Arzt, der auf die Frage meines Vaters, ob er ihm nichts gegen die Atemnot geben könne, sich schweigend von ihm wandte. Nun verstand mein Vater, daß seine einzige Hilfe nur mehr in dem großen Arzte war und daß kein irdischer ihm mehr helfen könne. Meine Mutter, ununterbrochen an seiner Seite verharrend, schickte — es war gegen 2 Uhr nachts — zum Dekan (?) Knoflach, der als emeritierter Pfarrer in nächster Nähe wohnte. Er kam und fing die Sterbegebete an. Da erinnerte sich meine Mutter an das 15. Kapitel des II. Buches der Nachfolge Christi, das meine Schwester dem kranken Vater anempfohlen hatte, und gab es dem Priester, daß er es dem Sterbenden vorlesen möge. Mein Vater folgte aufmerksam dem Wortlaut. [Das Kapitel handelt von der Ergebung in den Willen Gottes.]

Dann holte meine Mutter, einer plötzlichen Eingebung folgend, die Bilder seiner 3 Kinder [sie weilten auf auswärtigen Schulen], legte sie ihm auf die Bettdecke und sagte: „Hier sind sie alle Drei — segne sie, Papa.“ Und er segnete sie, jedes einzeln.

Während meine Mutter und der Priester beteten, erhob sich meine Mutter immer wieder von den Knien, um dem Vater den kalten Schweiß von der Stirn zu wischen, der immer wieder hervorbrach. In diesen letzten Minuten des teuren Sterbenden erinnerte meine Mutter sich noch an eine Bittschrift eines Missionärs aus Japan, der erst kürzlich um seinen Beistand gebeten hatte. Und sie fragte, ob sie dem Missionär etwas schicken solle, worauf mein Vater sofort mehrmals bejahend mit dem Kopfe nickte.

Immer näher kam jetzt das Ende. Meine Mutter holte ein kleines Krucifix und legte es ihm in die erkaltenden Hände, er hielt es bis zuletzt in den Händen fest. Als es seiner Hand einmal entfiel, tastete er sofort danach, und hielt es in den Händen fest. Dann sagte mein Vater mit vernehmlicher

Stimme: „Ich verzeihe allen Menschen alles. Mögen auch sie mir alles verzeihen!" Darauf sagte er noch Worte zu seiner Gattin. Dann kamen noch drei kleine, leise Seufzer, und dann war alles Friede, — Friede. Wie Verklärung lag es auf seinen edlen Zügen, und er erschien um 20 Jahre jünger; sein dichtes Haar war noch schwarz. Es war die Nacht vom 1. - 2. Dezember 1894, um halb 3 Uhr morgens.

Unerwartete Beileidsäußerungen wurden meiner Mutter von Nah und Fern zuteil. Die allerehrendsten Schreiben waren darunter. So schrieb der Großherzog von Mecklenburg-Schwerin herzliche Worte der Teilnahme. Die ehemaligen Freunde des Heimgegangenen in Rostock gaben ihrer Verehrung und Wertschätzung beredeten Ausdruck. Namentlich aber liefen aus Japan Beileidsschreiben der allerehrendsten Art ein."

So das Schreiben des Ministerpräsidenten zur Zeit der Verkündigung der Meijiverfassung, des Grafen Kiyotaka Kuroda und des „Vereins für die deutschen Wissenschaften".

Auf dem alten Friedhof von Bozen wurde Roesler begraben. Bei Aufhebung des alten Friedhofs im Jahre 1931 wurden die Gebeine Roeslers (zusammen mit den Gebeinen seiner 1921 neben im begrabenen Gattin) auf den neuen Friedhof S. Giacomo in Oberau übertragen. Die Inschrift auf der Grabplatte, die heute verschollen ist, lautete (gekürzt):

Hic in Domino pie requiescunt:
C. F. Arminius Roesler,
utrius iuris itemque philosophiae et oeconomiae nationalis
doctor ac professor in Universitate Rostock,
postea referrens consiliarius Caesari regni japonensis.
Vir justus fuit.
Unacum conjuge Agnete M. N. Turnour.
Beati qui lugent. Beati qui persecutionem patiuntur propter
iustitiam, quoniam ipsorum est regnum coelorum. Math. V.

Drücken die Worte der Hl. Schrift am Ende des Grabspruchs den Sinn seines Lebens aus: Ein Leben der Gerechtigkeit, aber von der Welt verworfen? Wenn man nach der geschichtlichen Wirkung Roeslers fragt, so scheint sein Leben ein Mißerfolg gewesen zu sein, ein großes und lauteres Bemühen um die Verwirklichung des Rechts, aus dem keine bleibende Frucht hervorging. Sein wissenschaftliches Werk in Deutschland blieb unvollendet und war bald ganz vergessen. Die wahren Absichten seines Werks in Japan wurden nur teilweise verwirklicht. Der Meiji-Staat entartete zu einem System der Unfreiheit und des nationalistischen Aberglaubens. Und doch: Ist sein Werk wirklich überholt? Oder dürfen wir in einer weiteren Sicht der Geschichte hoffen, daß etwas davon auch heute noch fruchtbar sein kann?

Sechstes Kapitel

Das Schicksal seines Werkes in Japan

Der monarchische Konstitutionalismus der Meijiverfassung ist untergegangen. Die neue Verfassung von 1947 führt die Volkssouveränität mit parlamentarischer Regierung ein. Die Gründe für diese Wandlung sind mannigfaltig. Den entscheidenden Grund sehe ich darin, daß der Kaiser-Mythus die soziale Konzeption des Staates, die Roeslers Ideal war, verdrängte.

Entscheidend für die Interpretation der Verfassung und ihre praktisch politische Anwendung wurden nicht Roeslers soziale Auffassungen, sondern die mythische Auffassung des Art. 1. Die mythische Auffassung vom Kaiser und vom Kokutai hat für die Entwicklung des modernen japanischen Staatsbewußtseins und des konstitutionellen Systems verhängnisvolle Folgen gehabt. Für die Verfassungspraxis wirkte sie sich vor allem dahin aus, die in der Verfassung festgelegte politische Rolle des Kaisers zu verhindern. War der Kaiser ein Wesen, in dem sich die ewige göttliche Ordnung der Menschenwelt verkörpert, so durfte er nicht auf die Ebene der schmutzigen Politik herabgezogen werden. So haben ihn die Japaner von der Leitung der Regierungsgeschäfte ferngehalten. In Wirklichkeit haben statt seiner das Kabinett und die hinter ihm stehenden Gruppen regiert. Die „Regierung des Kaisers" hat sich darauf beschränkt, zu unterzeichnen, was seine Minister ohne seine Beteiligung festgelegt hatten.

Der Ausfall der in der Verfassung vorgesehenen Entscheidungsfunktion des Kaisers schuf im Zentrum des Regierungssystems eine Leerstelle, die von anonymen, außerhalb der Verfassung stehenden und letztlich keinen verantwortlichen Männern besetzt werden mußte. Entscheidend war hier die Weise, wie das nach der Verfassung dem Kaiser zustehende Recht der Ernennung der Minister ausgeübt wurde. Die Verfassung änderte nichts an der Praxis, daß der Kaiser bei Ernennung des Ministerpräsidenten und der Minister dem Vorschlag der führenden Staatsmänner folgte, die den Neubau Japans geschaffen hatten. Diese Gruppe, die man später die Genro nannte, setzte sich fast ausschließlich zusammen aus den Führern der Satsuma- und Choshu-Klans. In den zwei Jahrzehnten nach der Verfassungsverkündigung (1889) waren es vor allem Hirobumi Ito, der Schöpfer der Verfassung, und Aritomo Yamagata, der Schöpfer des Heeres, welche die Kabinette machten. Gegebenenfalls einigte man sich durch Kompromiß über die zu Ernennenden. Nach dem Tode Itos (1909) hatte Yamagata († 1922) fast allein den entscheidenden politischen Einfluß auf den Kaiser. Die häufig wechselnden Minister kamen fast alle aus der führenden Satsuma-Choshu-Gruppe. Die Kritiker des Meijistaates haben das System Oligarchie genannt.

Die Gruppe der Genro war ehrlich davon überzeugt, daß das Wohl des Staates am besten in ihren Händen gesichert sei und daß die Regierung des Kaisers am besten ausgeübt werde, wenn der Thron dem Rate der treuen und bewährten Staatsmänner folgte. Sie dachten sich wohl als beste Form monarchischer Herrschaft einen Bund zwischen dem Kaiser und ihrer eigenen Gruppe, in dem der Kaiser sich mit dem Willen der Besten identifiziert. Sie haben nicht ernstlich mit der Möglichkeit gerechnet, daß der Staatsgeist der den Thron Dirigierenden entarten und der Thron unter den Einfluß unverantwortlicher und verderblicher Machtcliquen kommen könne. Das aber war es, was in Wirklichkeit eintrat: Konmochi Saionji († 1940) war der letzte Vertreter der alten Führergeneration, welche den Kaiser bei der Kabinettbildung beriet. Die Generation der Genro starb aus und keine gleichwertige Elite trat an ihre Stelle. Die Rolle, dem Kaiser den Ministerpräsidenten und die anderen höchsten Staatsbeamten vorzuschlagen, ging über an Höflinge, besonders den Geheimsiegel-Bewahrer, und Bürokraten, den Präsidenten des Geheimen Staatsrates und frühere Ministerpräsidenten. Waren diese Berater auch meist keine Ultranationalisten und Militaristen (siehe S. 149), so widerstanden sie doch nicht genügend dem Druck nationalistischer und militaristischer Machtgruppen. Schließlich gab es keine Ratgeber des Kaisers mehr, die nicht dem an die Macht drängenden Militär nachgaben. So wurde der Thron in den 30er Jahren das Werkzeug einer fanatischen Militärgruppe, die im Namen des Kaisers eine faktische Diktatur errichtete und das Land in den unglücklichen pazifischen Krieg hineinführte.

Das Regierungssystem Japans hätte sich gewiß anders entwickelt, wenn der Kaiser die Funktion, die ihm Roesler und die Verfassung selbst zuwiesen, hätte ausüben können. Das Kaisertum hätte sich vor den Augen der Öffentlichkeit in der Wirklichkeit des politischen Lebens als wirksame moralische Autorität bewähren müssen, statt außerhalb des wirklichen Staatslebens als ein Numen zu thronen, das die jeweils herrschende Klique für die Sanktion ihrer Ziele ausbeutete.

Hätte es sich zu einer heilsamen politischen Institution entwickeln können? Im Licht der wirklichen Entwicklung des Kaisertums im modernen Japan wird man sagen müssen: Roesler hat die reale Möglichkeit, daß der Kaiser wirklich im politischen Sinne regiert und ein Ordnungs- und Ausgleichsfaktor zum Wohl des Ganzen ist, überschätzt.

Er sah das Kaisertum idealisiert, so wie das Königtum sich in Europa im Glanz einer ehrwürdigen Tradition darstellte, und antizipierte daraus für die Zukunft seine wohltätige Rolle im politischen Leben. Er unterschätzte das Gewicht der Tatsache, daß eine solche Tradition königlicher Herrschaft, die eigentlich ihre Wurzeln im Christentum hat, in Japan nicht existierte und daß auch die sogenannte Restauration von 1868 keine Wiederherstellung einer wirklichen Kaiserherrschaft war.

Die Schuld für die verhängnisvolle Entwicklung lag fundamental nicht in der Meiji-Verfassung selbst, wenigstens nicht in der Verfassung, wie Roesler sie auffaßte. Selbst der 1. Artikel war, rein seinem juristischen Gehalt nach betrachtet, harmlos. Die Schuld, warum die Verfassung letztlich versagte, lag daran, daß die japanische Gesellschaft, aus der die Verfassung ihre lebendige Kraft schöpfen sollte, sich anders entwickelte, als Roesler es sich dachte. Seine Verfassungstheorie setzt für die segensreiche Wirkung der Verfassungsbestimmungen und für die organische Weiterentwicklung der Verfassung etwas voraus, was nicht in der Verfassung geschrieben steht und nicht darin enthalten sein kann; sie setzt voraus, daß im Volk und besonders seinen führenden Schichten das Bewußtsein der „sozialen Freiheit" lebt und daß das konstitutionelle System aus diesem Bewußtsein seine eigentliche Lebenskraft zieht. Das Bewußtsein der sozialen Freiheit aber war für Roesler eine Frucht des Christentums. Er identifizierte die modernen Kulturideen mit den Ideen des christlichen Humanismus und er glaubte, daß diese Ideen sich überall in der heutigen Welt durchsetzen würden und die gesellschaftlich-kulturelle Entwicklung Japans bereits in der Richtung dieser Ideen läge. So war ihm der Modernisierungsprozeß Japans im Tiefsten ein Fortschritt im Bewußtsein der sozialen Freiheit — der sozialen Freiheit, wie er sie im Sinne eines christlichen Humanismus verstand. Auf diesem gläubigen Optimismus beruht seine ganze Verfassungstheorie.

In Wirklichkeit vollzog sich in der gesellschaftlich-kulturellen Umgestaltung Japans kein Durchbruch zum christlichen Humanismus. Das Neue, daß man vom Westen annahm, wurde überhaupt nur äußerlich-utilitaristisch übernommen, ohne in einer tieferen weltanschaulichen Gesinnung verwurzelt zu sein. Das Fehlen eines weltanschaulichen Fundaments und Halts im Ansturm der neuen Ideen wurde von den konservativen Führern mit Recht als eine Gefahr für die Staatsgesinnung empfunden. Sie suchten deshalb die Kokutai-Ideologie, den Mythos vom Familienstaat unter der göttlich gegründeten Herrschaft des ewigen Kaiserhauses, zur weltanschaulichen Grundlage des neuen Japans zu machen. Bald nach Erlaß der Verfassung (1890) erging das von Kowashi Inoue verfaßte kaiserliche Erziehungsedikt, welches die

Kokutai-Ideologie zur Norm der Erziehung machte. Von da an wurde die Ideologie mit immer steigendem Nachdruck, der in den Jahren vor dem Kriege seinen Höhepunkt erreichte, dem Volke indoktriniert und als sog. Staatsshinto zur allverpflichtenden Staatsreligion gemacht.

Die Kokutai-Ideologie aber war nicht der Boden, auf dem sich das Bewußtsein der sozialen Freiheit entfalten konnte. Der Mythos vom ewigen Japan war der typische Mythos des totalitären Staates: Die Persönlichkeit hat in sich keinen Wert, nur das ewige Gedeihen des Volkes hat letzten Sinn. In der Atmosphäre dieser totalitären Ideologie konnte sich der Respekt vor der Würde der Person und das Ethos persönlicher Freiheit, Entscheidung und Verantwortung nicht entfalten. Was die Verfassung in dieser Hinsicht verlangte und zu ihrer segensreichen Ausführung voraussetzte, blieb unverstanden.

Der Mythus vom göttlich gegründeten und geleiteten Familienstaat setzte ein falsches Idealbild an die Stelle der sozialen Wirklichkeit. Japan war keine archaisch-patriarchalische Gesellschaft mehr, sondern eine moderne Industriegesellschaft, bedrängt von allen Spannungen und Nöten der kapitalistischen Entwicklung. Die sozialen Probleme, in welche die industrielle Entwicklung Japan hineinstellte, verlangten eine neue soziale Ethik: In Achtung vor der Würde des Menschen sich verantwortlich zu wissen für eine Gestaltung des sozialen und öffentlichen Lebens, in der jedermann in der heutigen Arbeits- und Massengesellschaft sein Menschtum bewahren kann. Für diese sozialen Probleme konnte der offizielle Staatsmythos keine sittlichen Kräfte entbinden. Die offizielle Ethik war ganz zentriert auf den Bestand der eigenen Familie und das Gedeihen von Kaiser und Reich. Auf sie blieb das soziale Verantwortungsbewußtsein beschränkt. Das gesellschaftliche Gebiet, das weder Familie noch Staat ist, der Raum, in dem sich das moderne Erwerbs- und Kulturleben vollzieht, in dem durch freie Zusammenarbeit das freie Kulturleben der freien Gesellschaft aufgebaut werden muß, blieb ohne sittliche Impulse.

Der Vorstellung vom Familienstaat entsprach ein obrigkeitlicher Patriarchismus, in dem die „Initiative von unter“ und die politische Beteiligung des Volkes nicht erwünscht und das allgemeine Wohl in Wahrheit die Sache der Bürokratie war. An der Spitze des Familienstaates aber stand kein verantwortliches Haupt, sondern ein numinöser Sohn des Himmels, der eben als solcher die politische Führungsrolle, die ihm die Verfassung zuwies, nicht erfüllen konnte.

Die Kokutai-Ideologie gebar vor allem den extremen Nationalismus. Sie steigerte das nationale Selbstbewußtsein zum Glauben an die göttliche Berufung des japanischen Kaisers und Volkes zur Weltherrschaft. Und hier liegt das Entscheidende: Dieser religiöse Nationalismus wurde der Lebensimpuls des neuen Japans und machte die Entwicklung eines christlich-humanen Staats- und Freiheitsgedankens unmöglich. Ein Volk, das in dieser Ideologie erzogen wurde, mußte jeder Politik, die der nationalen Ehre und Größe zu dienen schien, mit blinder Begeisterung anhängen und konnte selbst gegen eine unmenschliche Militärdiktatur keine innere Widerstandskraft aufbringen. Dieser in der Kokutai-Ideologie wurzelnde Nationalismus hat die Auswirkung und Weiterentwicklung der Meiji-Verfassung im Sinne eines Wachstums der „sozialen Freiheit", wie es Roesler als Ziel der Verfassung vorschwebte, verhindert und schließlich die Verfassung ganz ausgehöhlt und zu Fall gebracht.

Am Ende des pazifischen Krieges mußte der Kaiser selbst auf die weitreichende Souveränität, die ihm nach der Meiji-Verfassung zukam, verzichten. Er nahm die Potsdam-Erklärung, die eine verantwortliche Regierung auf Grund des frei geäußerten Willens des japanischen Volkes verlangte, und die am 11. Aug. 1945 von den Alliierten gestellte Bedingung, welche die Volkssouveränität verlangte, an. Damit fiel die Grundlage der Meiji-Verfassung, die in Art. 1 sagt, daß „das Großjapanische Reich von dem Tenno aus der für alle Zeiten ununterbrochenen herrschenden Dynastie beherrscht und regiert wird". Eine neue Staatsverfassung war notwendig. Sie wurde von Ober- und Unterhaus mit überwältigender Mehrheit angenommen und trat am 3. Mai 1947 in Kraft.

Die neue Verfassung mußte alles, was die Souveränität des Monarchen betraf, abschaffen. So fiel das ganze I. Kap. der Meiji-Verfassung „Der Kaiser", Art. 1 - 17. Es fiel die Beschränkung der Rechte des Parlaments auf die Gesetzgebung (Art. 37), das Recht des Kaisers zur Ernennung und Entlassung der Minister (Art. 10), das selbständige Verordnungsrecht des Kaisers (Art. 9), und die Beschränkungen des Budgetrechts des Parlaments (Art. 67, 71). Im Art. 1 der neuen Verfassung wird die Stellung des Kaisers definiert: „Der Kaiser ist das Symbol Japans und der Einheit des japanischen Volkes. Seine Stellung ist auf dem Willen des japanischen Volkes gegründet, bei dem die oberste Gewalt ruht." Art. 4: „Der Kaiser vollzieht nur diejenigen Handlungen in Staatsangelegenheiten, die diese Verfassung bestimmt; er hat keine Befugnisse hinsichtlich der Staatsführung." Er hat nach Art. 7 mit Empfehlung und Zustimmung des Parlaments nur zeremonielle Funktionen zu vollziehen. Art. 41 sagt: „Das Parlament ist das höchste Organ der Staatsgewalt und das einzige Gesetzgebungsorgan des Staates." Art. 66, 3: „Das Kabinett trägt bei Ausübung der vollziehenden Gewalt dem Parlament gegenüber gemeinschaftlich die Verantwortung".

Trotz dieser fundamentalen Änderungen kann man die jetzige Verfassung in ihrem II. Kap. „Die Rechte und Pflichten des Volkes" und VI. Kap. „Die Rechtspflege" eine Fortsetzung der Meiji-Verfassung nennen. Die Freiheitsrechte waren, wie wir auseinandergesetzt haben (S. 103 ff.), in der Meiji-Verfassung im Prinzip und ihren wesentlichen Belangen voll anerkannt. Sie sind in der neuen Verfassung, den Bedingungen des sozialen Fortschritts entsprechend, nur der Zahl nach erweitert. Auch Beschränkungen der Freiheitsrechte um des Gemeinwohls willen kennt die neue Verfassung (Art. 13). Sie erhebt auch sozialstaatliche Forderungen und enthält darin sogar etwas von den sozialen Ideen Roeslers, von denen die Meiji-Verfassung schweigt. Art. 25: „Jeder Bürger hat das Recht auf das Mindestmaß an gesunden und kultivierten Leben. Auf allen Gebieten des Lebens hat der Staat sich um die Entwicklung und Mehrung des sozialen Wohls, der sozialen Sicherheit und der allgemeinen Gesundheit zu bemühen." Allerdings sind die betreffenden Artikel so vage, daß sich kaum etwas Greifbares über die sozialen Pflichten der Regierung daraus ableiten läßt. Die Unabhängigkeit der Rechtspflege war einer der Grundartikel der Meiji-Verfassung (vgl. S. 117 ff.). Die neue Verfassung baut auf diesem Fundament die detaillierten Bestimmungen über einen Obersten Gerichtshof und die unteren Gerichte auf, bei denen alle rechtsprechende Gewalt liegt (Art. 76).

Daß die neue Verfassung in all ihren Bestimmungen eine Verbesserung gegenüber der Meiji-Verfassung darstellt, möchte ich nicht behaupten. Der Führer der Mehrheitspartei wird im neuen Verfassungssystem automatisch Ministerpräsident, und der Ministerpräsident hat trotz aller theoretischen Kontrolle des Parlaments tatsächlich eine gewaltige Macht. Wer garantiert, daß diese durch einen Parteiführer ausgeübte Macht immer unparteiisch zum Wohl des ganzen Volkes ausgeübt wird? Es war einer der segensreichsten Pläne Roeslers, im modernen japanischen Staat eine überparteiische Ordnungsgewalt einzurichten (vgl. S. 126 ff.), ein Ideal, das die Erfahrungen mit dem Partei-Kabinett als gültig erwiesen haben.

Das deutsche Staatsrecht war nach Auffassung Roeslers, seines Hauptvermittlers an Japan, offen für die Entwicklung eines sozialen Konstitutionalismus. Es wurde daraus in Japan unter der Herrschaft eines totalitären Staatsmythos eine Tyrannei. Die Lehre, welche die Geschichte der Meiji-Verfassung bietet, kann man im Sinne Roeslers selbst ziehen: Die Ordnung der modernen Gesellschaft lebt aus dem Willen zur sozialen Freiheit, der Freiheit in der Ordnung des sozialen Rechts.

Bibliographie Hermann Roesler

Über den Wert der Arbeit, in: Zeitschrift für die gesamte Staatswissenschaft, Bd. 16 (1860), 232 - 310.

Die rechtliche Natur des Vermögens der Handelsgesellschaften nach römischen Rechte, in: Zeitschrift für Handelsrecht, Bd. 4 (1860/1861), H. 2, 252 - 326.

Von dem Einfluß der Besteuerung auf den Arbeitslohn, Erlangen 1860.

Der deutsch-französische Handelsvertrag, in: Nürnberger Kurier, Jg. 1861, Nr. 137, 138, 139, 140, 141.

Zur Kritik der Lehre vom Arbeitslohn. Ein volkswirtschaftlicher Versuch, Erlangen 1861.

Vorschlag einer Lösung der Frage nach der rechtlichen Natur der Inhaber-Papiere, in: Zeitschrift für Handelsrecht, Bd. 5 (1862), 327 - 330.

Zur Lehre von der internationalen Arbeitsteilung, in: Zeitschrift für die gesamte Staatswissenschaft, Bd. 20 (1864), 2. H., 276 - 319.

Grundsätze der Volkswirtschaftslehre. Ein Lehrbuch für Studierende und Gebildete aller Stände, Erlangen 1864.

Die Volkswirtschaftslehre auf den deutschen Hochschulen, in: (Glasers) Jahrbücher für Gesellschaftswissenschaft, Jg. 1867, 42 - 56.

Über die Grundlehren der von Adam Smith begründeten Volkswirtschaftstheorie, Erlangen 1868.

Volkswirtschaftliche Gespräche, in: Berliner Revue, Bd. 55 (1868), 86 - 94, 118 - 129, 157 - 164, 190 - 195, 221 - 226, 259 - 267, 294 - 300, 327 - 333, 361 - 367, 389 - 396 (Separatabdruck: Berlin 1869).

Über das Wesen des Kredits und die Kreditnatur des Darlehens, in: Zeitschrift für Handelsrecht, Bd. 12 (1868), H. 3, 337 - 420.

Zur Theorie des Wertes, in: Jahrbücher für Nationalökonomie und Statistik, Bd. 11 (1868), 279 - 419.

Zur Lehre vom Einkommen, in: Jahrbücher für Nationalökonomie, Bd. 10 (1868), 302 - 335.

Zur Theorie des Preises, in: Jahrbücher für Nationalökonomie und Statistik, Bd. 12 (1869), 81 - 138.

Rezensionen von Karl Marx, Das Kapital, in: Jahrbücher für Nationalökonomie und Statistik, Bd. 12 (1869), 457 - 464.

Soziales Recht und Privatrecht, in: Berliner Revue, Bd. 60 (1870), 9 - 16, 41 - 44, 91 - 96, 108 - 110, 160 - 163, 196 - 200, 278 - 280, 321 - 326, 377 - 382, 408 - 416, 435 - 440.

Über die Grundlehren der von Adam Smith begründeten Volkswirtschaftstheorie. Zweite, neu bearbeitete und sehr vermehrte Auflage, Erlangen 1871.

Über die geschichtliche Entwicklung der volkswirtschaftlichen Ideen der neueren Zeit, Rostock 1872.

Über die Beziehungen zwischen Volkswirtschaftslehre und Rechtswissenschaft in Deutschland, in: Annalen des deutschen Reiches für Gesetzgebung, Verwaltung und Statistik, Jg. 1872, 510 - 552.

Deutsches Verwaltungsrecht. Das Soziale Verwaltungsrecht. 1. Abteilung, Erlangen 1872. 2. Abteilung, Erlangen 1873.

Über die Grundbegriffe der christlichen Sozialordnung: Arbeit, Eigentum, Freiheit, Recht und Gesetz, in: Das Arbeitsrecht. Sozial-politische Abhandlungen, hrsg. von Joseph Schings. IV und V. Aachen und Würzburg 1873 (Verlag der „Christlich-sozialen Blätter").

Herr Roscher und seine Geschichte der Nationalökonomie in Deutschland, in: Die Gegenwart, Bd. 6 (Berlin 1874), Nr. 49, 353 - 356.

Über Verwaltungsgerichtsbarkeit, in: Zeitschrift für das Privat- und öffentliche Recht der Gegenwart, Bd. 1 (1874).

Rezension von C. S. Grünhut, Das Enteignungsrecht, in: Zeitschrift für die gesamte Staatswissenschaft, Bd. 30 (1874), 712 - 727.

Über die Gesetzmäßigkeit der volkswirtschaftlichen Erscheinungen, in: Annalen des deutschen Reiches für Gesetzgebung, Verwaltung und Statistik, Jg. 1875, 1 - 42, 259 - 298, 371 - 402.

Die alte und die neue Nationalökonomie, in: Zeitschrift für das Privat- und öffentliche Recht der Gegenwart, Bd. 3 (Wien 1876), 227 - 292, 389 - 472.

Der Österreichische Verwaltungsgerichtshof nach dem Gesetze vom 22. Oktober 1875, in: Zeitschrift für das Privat- und öffentliche Recht der Gegenwart, Bd. 4 (1877).

Die Unverletzlichkeit des akademischen Lehramtes und das preußische Kultusministerium, in: Beilage zur Allgemeinen Zeitung, München 1877, I, 3610.

Gedanken über den konstitutionellen Wert der Deutschen Reichsverfassung, Rostock 1877.

Vorlesungen über Volkswirtschaft, Erlangen 1878.

Die deutsche Nation und das Preußentum. Von einem Staatsmann, Zürich 1893. 2., unveränderte Aufl. mit einer Einführung von Frau von Borell du Fernay - Roesler, Paderborn 1919.

Veröffentlichungen in Japan bzw. von Japan her

Briefe aus Japan, in: Allgemeine Zeitung, Augsburg 1879/80, Nr. 210 - Nr. 262.

Übersicht des Japanischen Außenhandels seit dem Jahre 1868, in: Mitteilungen der Deutschen Gesellschaft für Natur- und Völkerkunde Ostasiens, Yokohama, Bd. 3 (1880) 35 - 44.

Entwurf des Handels-Gesetzbuches für Japan, mit Kommentar, 3 Bde., Tokyo 1884.

Shōhō sōan (jap. Übersetzung des Vorigen) 2 Bde., Tokyo 1884.

Shakai gyôseihô-ron (Übersetzung des Sozialen Verwaltungsrechts, 1. Abt. bis § 154, von Chû Egi) Tokyo 1884.

Fukkoku kakumei-ron (Über die französische Revolution). Übersetzung der Nichi-doitsu gakukyokai, Tokyo 1884.

Doitsu-gaku no rigai oyobi kokka ni taisuru no tokushitsu (Wert der deutschen Wissenschaft für den Staat, übers. von Kunizô Arakawa, Tokyo 1883.

Doitsu-gaku hôshin (Leitfaden der deutschen Wissenschaft), übersetzt von Sumizô Seki, in: Gakurin, Bd. 1 Nr. 2, 1889.

Commentaries on the Constitution of the Empire of Japan, Manuskript 1891, veröffentlicht in: Joh. Siemes, Hermann Roesler and the Making of the Meiji State, Tokyo 1968.